Im Kopf eines Teenagers

W0068408

Duden

Im Kopf eines Teenagers

So verstehen Eltern, was Jugendliche bewegt.
In Verbindung bleiben

von Lars Halse Kneppe
Aus dem Norwegischen von
Günther Frauenlob

Dudenverlag
Berlin

Für Mama und Papa

Inhaltsverzeichnis

eins

Die schwierigen Jahre _____ **9**

    Sieben Jahre Schweigen _____ 11

    Teenageramnesie _____ 17

    Das Projekt Jugend _____ 25

    Wann wurden wir Eltern so dumm? _____ 33

zwei

Die heutigen Jugendlichen _____ **41**

    Eine neue Welt für eine neue Generation _____ 42

    Die psychische Gesundheit der Jugendlichen _____ 53

    Die Bad Boys _____ 62

    Die Drama Queens _____ 78

    Die guten Schülerinnen _____ 95

    Die faulen Jungs _____ 114

    Die Emotionalen _____ 125

    Die Unsichtbaren _____ 139

drei

Vom Umgang mit Sorgen _____ **155**

    Wann solltet ihr euch Sorgen machen? _____ 156

    Das schwierige Gespräch suchen _____ 160

    Hilfe von außen annehmen _____ 177

vier

Das Verhältnis zur Schule _____ **183**

    Die Schule als Gesprächsthema _____ 184

    Stress, Leistungsdruck und Prüfungsangst _____ 197

    Wenn Jugendliche nicht zur Schule wollen _____ 216

fünf

Ernährung und Gesundheit _____ **232**

    Ernährung und Sport _____ 234

    Schlaf – ein schwieriges Thema _____ 251

sechs

Grenzen setzen _____ **266**

    Internet und soziale Medien _____ 281

    Let's talk about sex _____ 295

sieben

Gegen die Wand und taube Ohren _____ **304**

    Denkt immer dran: Auch diese Zeit geht vorbei! ____ 306

Quellen und Anmerkungen _____ 312

eins

Die schwierigen Jahre

Sieben Jahre Schweigen

Als ich im Jahr 2006 zu Weihnachten nach Hause fuhr, war ich gerade zwanzig geworden. Ich hatte meine Teenagerjahre hinter mir und studierte im ersten Jahr Journalistik. Kurz zuvor hatte ich auf der Uni gelernt, dass es in jedem Haus dunkle Räume gibt, also mindestens ein Zimmer, in dem all das verstaut wird, über das eine Familie nicht redet. Ich konnte das ziemlich gut nachvollziehen, denn ich war in einem Haus aufgewachsen, in dem es im Keller eine Dunkelkammer gab.

Als junger Mann voll jugendlichem Übermut und dem Glauben an meine eigenen Fähigkeiten als Erwachsener hatte ich zum ersten Mal die Zubereitung des Weihnachtsessens übernommen. Es sollte Rippchen geben. Ich war schon ein paar Tage vor den Festtagen zu Hause angekommen, um genug Zeit zum Probekochen zu haben. Ich wollte doch die Kruste der Rippchen und die Apfelsoße perfekt hinbekommen. Im Laufe der knappen Woche, die ich bei meinen Eltern war, bemerkte ich immer wieder die verwunderten Blicke meiner Mutter, als wollte sie sich vergewissern, dass ich wirklich ich war. Sie betrachtete mich meist dann, wenn ich gerade in eine andere Richtung sah, was also bedeutete, dass sie nicht weiter darüber sprechen wollte. Erst viele Jahre und ein abgeschlossenes Psychologiestudium später sollte ich den Grund dafür verstehen.

Sie hatte damals eine Heidenangst, dass dieses Wunder irgendwann vorbei sein könne.

Nachdem die Rippchen verspeist und der Verdauungsschnaps getrunken war, saßen wir schließlich bei Kuchen und Wein, als sich unsere Blicke erneut trafen. Meine Mutter zuckte zusammen, sah weg und wollte erst nicht antworten - weder mit Blicken noch mit Worten. Doch dann rückte sie mit der Sprache heraus. Ich erwartete ein vernichtendes Urteil, stattdessen versetzte sie meiner Teenagerzeit den Todesstoß - doch das verstand ich erst später. Sie sagte:

» *Es ist nichts. Es ist nur so … schön, dass du wieder so … nett bist. Dass man mit dir reden kann. Ich meine … du hast seit sieben Jahren nicht mehr mit mir gesprochen.*

Es sollten weitere sieben Jahre vergehen, bis ich mich wirklich mit dieser Geschichte auseinandersetzte, sieben Jahre, bis sie mehr als nur die amüsante Anekdote war, wie schlimm ich als Jugendlicher gewesen war. Denn als ich sieben Jahre später wieder an Weihnachten nach Hause fuhr, hatte ich mein zweites Studium abgeschlossen. Dieses Mal: Psychologie. Ich hatte eine Ausbildung zum Jugendpsychologen gemacht und darüber hinaus in derselben Einrichtung eine Stelle gefunden, in der auch meine Mutter arbeitete, im Pädagogisch-Psychologischen Dienst. Sie fand das echt witzig, aber sie freute sich auch aufrichtig darüber, weil sie überzeugt davon war, dass ich das wirklich verdient habe. Ich konnte nur eines hoffen - und vermutlich hofften wir das beide: Dass Heranwachsende heutzutage nicht mehr so still und unzugänglich sind, wie ich es damals gewesen war.

Viele Jahre und viele hundert Jugendliche später kann ich erleichtert berichten, dass tatsächlich nicht alle Jugendlichen so sind, wie ich es war. Auf viele aber trifft das immer noch zu. Und auf jeden schweigenden Jugendlichen kommt mindestens ein besorgter Erwachsener wie meine Mutter. Mein Vater hat mir später einmal erzählt, dass er sich viel zu sehr in mir wiedererkannt hat, um sich Sorgen zu machen. Er wusste, dass diese Schweigephase vorübergehen würde. Für ihn wäre es viel beängstigender gewesen, eine Tochter zu haben. Es ist nämlich wesentlich leichter, sich über etwas Sorgen zu machen, das man nicht versteht und mit dem man sich nicht identifizieren kann.

Mittlerweile habe ich viele besorgte Eltern kennengelernt, dennoch schäme ich mich für all die Sorgen, die ich meiner Mutter - wenn auch unbewusst - bereitet habe. Sie hat mir nämlich keinen Grund geliefert, sie derart zu strafen, und ich hatte auch kaum etwas vor ihr zu verstecken. Sie wusste, dass ich mich manchmal betrank, aber nicht wo, das habe ich ihr nie erzählt. Immer, wenn sie wissen wollte, wohin ich gehe, habe ich nur „raus!" gebrüllt. Ich weiß gar nicht, warum. Sieben lange Jahre habe ich ihr nur dieses eine Wort an den Kopf geworfen - und dabei die Augen verdreht. Warum sollte ich ihr mehr erzählen? Sie verstand mich ja nicht. Niemand verstand mich. Niemand konnte mich verstehen.

Wie idiotisch das Ganze war, begriff ich erst viele Jahre später. Und hätte ich nicht die berufliche Kehrtwendung gemacht, die mich als verständiger und gesprächsbereiter Erwachsener zurück in meine eigene Teenagerzeit katapultierte, hätte ich das alles vermutlich erst mit eigenen, halbwüchsigen Kindern begriffen.

> **„** *Denn Erwachsene können Jugendliche verstehen, und Jugendliche können reden, nur eben nicht mit den eigenen Eltern.*

Mein Buch soll euch, als Eltern von Teenagern, helfen, eure Kinder besser zu verstehen. Was erzählen eure Sprösslinge euch? Was erzählen sie nicht? Warum erzählen sie es euch nicht? Und nicht zuletzt, was brauchen diese Jugendlichen von ihren Eltern, also von euch?

Bei den Begegnungen mit Jugendlichen überrascht mich dabei immer noch am meisten, wie offen insbesondere die älteren Jugendlichen im Grunde sind. Auch wenn es ihnen schwerfällt, über eigene Erlebnisse zu sprechen, haben viele das dringende Bedürfnis, genau dies zu tun. Sie brauchen ein Publikum, um Erfahrungen zu verarbeiten und ihnen einen Sinn zu geben. Daher öffnen sich viele sehr schnell, wenn man ihnen Aufmerksamkeit und echtes Interesse entgegenbringt. Voraussetzung dafür ist jedoch ein Vertrauensverhältnis, das erst durch eine enge Verbindung aufgebaut werden muss und bei dem es oft wichtiger ist, wie man etwas sagt, als was man sagt.

Besonders wichtig ist bei solchen Gesprächen die Ehrlichkeit. Aufgesetztes Interesse werden die Jugendlichen immer entlarven. Erwachsene müssen sich darüber im Klaren sein, dass alles, was sie sagen, mit der Verbindung zusammenhängt, die sie zu dem jungen Menschen aufgebaut haben, und folglich auch mit Blick auf diese Verbindung interpretiert wird. Oftmals erleben Teenager eine Beziehung anders als Erwachsene, woraus sich zahllose Möglichkeiten für Missverständnisse ergeben. Gleichzeitig sind Jugendliche oft überraschend nachsichtig, solange sie das Gefühl haben, dass eine Beziehung dauerhaft auf ehrlichem Interesse und dem Wunsch zu verstehen basiert. In diesem Rahmen verfügen die Erwachsenen über einen Spielraum, in dem sie auch Fehler machen dürfen. Denn jeder macht im Umgang mit Jugendlichen Fehler. Auch ich mache immer noch jeden Tag Fehler.

Darüber hinaus war ich überrascht, dass die heutigen Jugendlichen ihre eigenen Gedanken und Gefühle sprachlich viel besser ausdrücken können, als dies in meiner Generation der Fall war. Sie haben mehr Erfahrung im Teilen als frühere Generationen, weshalb ihnen dies viel selbstverständlicher erscheint. Überraschenderweise gilt dies auch für Jungen. Sie können und wollen über andere Dinge als Saufen und Fußball sprechen.

Auf die Frage, was die einzelnen Jugendlichen konkret erzählen, was sie uns mitteilen wollen, gehe ich später ausführlicher ein. Im ersten Teil meines Buches werde ich vor allem verdeutlichen, dass die Jugendlichen viel auf dem Herzen und noch mehr in ihren Köpfen haben.

Worüber sie mit mir allerdings nie sprechen, sind ihre sexuellen Erfahrungen. Selbst von unschuldigen Küssen erzählen sie mir nichts. Sogar die coolsten Jungs, die schon mit etlichen Mädchen etwas hatten, schweigen darüber. Dieses Thema ist zu peinlich, zu persönlich, auch wenn es das in Wahrheit eigentlich selten ist. Die Mädchen sprechen allenfalls mit ihrer Frauenärztin darüber, wenn es um Verhütungsmittel oder Geschlechtskrankheiten geht.

Die Eigenart, spezielle Informationen nur mit besonderen Personen zu teilen, ist typisch für Jugendliche. Mit einem Psychologen oder einer

Psychologin reden sie über ihre Gedanken und ihre Gefühle, nicht aber über Sex. Mit der Frauenärztin reden sie zwar über Sex, aber nicht notwendigerweise über ihre Gedanken und ihre Gefühle. Mit Lehrkräften sprechen sie über Noten. Und mit den Eltern? Da kann man sich nicht sicher sein, dass sie überhaupt über irgendetwas sprechen. Welche Themen für ein Gespräch zu persönlich sind, hängt von der Rolle des jeweiligen Gesprächspartners ab sowie von den Erwartungen, die die Teens an eben diese Rolle knüpfen. Die Jugendlichen selbst können nur selten eindeutig sagen, warum dies so ist. Meistens erwidern sie dann, dass es sich richtig oder falsch anfühlt.

Oft frage ich die Jugendlichen, warum sie es mir so viel leichter machen, sie zu verstehen, als ihren Eltern. Ihre Antworten variieren - vorausgesetzt, ich bekomme überhaupt eine Antwort. Spontan sagen die meisten: „Keine Ahnung", oder dass es sich falsch oder peinlich anfühlt, ihren Eltern etwas zu erklären. Als frisch ausgebildeter Psychologe dachte ich lange, dass das nur eine Masche sei, um sich um eine echte Antwort zu drücken. Doch wenn ich an meine eigene Jugendzeit zurückdenke, erkenne ich mich darin wieder. Ich wusste damals auch nicht, warum ich nicht mit meiner Mutter geredet habe. Ich hatte keinen Grund, nicht mit ihr zu sprechen, jedenfalls keinen, der die Sorgen, die ich ihr mit meinem Schweigen bereitet habe, im Nachhinein rechtfertigen könnte. Ich vermute, so ist es bei vielen. Dieses Schweigen muss nicht zwangsläufig eine Ursache haben. Es kommt einfach, und ist es erst einmal da, wird es leicht zur Gewohnheit, bei der durch die gegenseitigen Erwartungen ein schmerzhafter Teufelskreis entsteht, aus dem weder Kinder noch Eltern heraus finden.

Bei anderen Jugendlichen kann so ein Schweigen damit zu tun haben, dass sie das Vertrauen in die Erwachsenen verloren haben oder generell nicht mehr daran glauben, dass andere sie verstehen oder ihnen helfen können. Für Menschen und insbesondere für Teenager, die sich selbst und ihre eigenen Verhaltensweisen verstehen wollen, ist es unglaublich beängstigend, sich dem schmerzhaften Gefühl zu stellen, dass die anderen sie auch nicht verstehen. Denn dieses Gefühl bestätigt die verborgene Furcht, mit all dem Übel vollkommen allein zu sein. Gefühle zu offenbaren empfinden junge Menschen als bedrohlich, weil sie dadurch riskieren, bestätigt zu bekommen, dass die anderen sie wirklich nicht verstehen.

Bei Jugendlichen, die sich abschotten, kann der Drang zu schweigen noch zusätzlich verstärkt werden, weil ihnen eine Sprache fehlt, mit der sie anderen ihre Gedanken, Gefühle und Erlebnisse mitteilen können. Deshalb wissen sie oft weder, was sie sagen sollen, noch, wie sie es sagen sollen, geschweige denn, wie andere auf ihre Gedanken und Gefühle reagieren werden. Für diese Teens ist alles unvorhersehbar und somit bedrohlich. Einem solchen Verlust der Vorhersehbarkeit folgt immer die Angst.

Zudem fürchten viele, von ihren Gefühlen überwältigt zu werden oder dass die Eltern das ihnen Anvertraute falsch auffassen oder nicht ertragen. Denn die wenigsten Teenager wollen eine Belastung für ihre Eltern sein, und einige haben Angst davor, dass alles nur noch schlimmer wird, wenn sie die Dinge, die sie beschäftigen oder beunruhigen, laut aussprechen.

" *Jugendliche haben viele Gründe, gegenüber ihren Eltern oder anderen Erwachsenen zu schweigen.*

Das bedeutet jedoch nicht notwendigerweise, dass etwas nicht mit ihnen stimmt oder sie irgendwelche dunklen Geheimnisse haben, die nicht ans Licht kommen dürfen. Sollten sie Geheimnisse haben, handelt es sich dabei - als Ausnahme von der Regel - meistens um Dinge, die auszusprechen wehtun oder für die sie sich schämen, wie beispielsweise Einsamkeit, Mobbing oder der Bruch einer wichtigen Beziehung.

Wenn ich in meiner psychologischen Praxis nach einigen Vor- und Kennenlerngesprächen eine vertrauensvolle Basis zu den Jugendlichen aufgebaut habe und sie schließlich ein bisschen herausfordern kann, frage ich sie gern, was sie ihren Eltern am liebsten sagen oder verständlich machen würden. Nachdem ich ihre Antworten zusammengefasst habe, schließe ich für gewöhnlich die Frage an, was - nach ihrer Ansicht - wohl die beste Art wäre, ihren Eltern dies zu erzählen. Erst in der nächsten Sitzung frage ich weiter, was sie von ihren Eltern brauchen und wie diese auf all das reagieren sollen, was die Jugendlichen ihnen so gern verständlich machen würden.

Die Antworten hängen natürlich immer davon ab, wer vor mir sitzt, und variieren von Person zu Person und von Gespräch zu Gespräch. Doch einige Bedürfnisse und Wünsche tauchen dabei immer wieder auf, auch wenn sie nur selten laut ausgesprochen werden. Normalerweise bekomme ich erst einmal ausführlich erklärt, was die Jugendlichen alles nicht brauchen. Damit verraten sie mir bereits viel über die Themen und Bedürfnisse, die ihnen wirklich wichtig sind.

„ *Was Jugendliche nicht brauchen, sind Eltern, die die Probleme ihrer Kinder nicht sehen wollen und bewusst wegschauen oder die wenigen ausgesprochenen Worte nicht ernst nehmen.*

Alles, was Teenager sagen, ist für gewöhnlich ernst gemeint, auch wenn es sich nicht so anhört oder einen anderen Eindruck vermittelt als das, was die Worte an sich ganz konkret aussagen. Und was die Jugendlichen absolut nicht brauchen, sind Eltern, die auf irgendeine coole Weise versuchen, Verständnis zu zeigen. Eltern sind nicht cool - nicht, wenn es nach ihren Kinder geht. Nicht einmal der große Held meiner Kindheit, David Beckham, ist für seine Teenagersöhne cool.

Ich sage Eltern immer, dass sie etwas falsch machen, wenn sie cool sind. Teenager brauchen keine coolen Eltern. Viel eher brauchen sie etwas langweilige Eltern, da langweilige Eltern häufig auch verlässliche und vorhersehbare Eltern sind, von denen die Kinder genau wissen, wo sie stehen. Cool zu sein, bedeutet, sich nicht wirklich anzustrengen. Eltern von Jugendlichen müssen sich aber immer wieder anstrengen, auch wenn sie dafür nur Ablehnung ernten. Es ist mit anderen Worten weder cool noch leicht, Vater oder Mutter eines Teenagers zu sein. In vielerlei Hinsicht ist es sicher wesentlich leichter, ihr Psychologe zu sein.

Teenageramnesie

Verständnisprobleme zwischen Jugendlichen und Eltern beruhen zumeist auf der Tatsache, dass ihr euch als Erwachsene nicht mehr daran erinnert, wie es war, als ihr selbst jugendlich gewesen seid. In diesem Punkt haben die Jugendlichen durchaus recht. Ihr als Eltern wisst nicht, wie sich eure Kinder fühlen. Die wenigsten Erwachsenen sind sich dieses Umstands allerdings bewusst, da sie sich an die eigene Jugendzeit häufig sehr lebhaft erinnern und sie zu diesen Bildern einen leichten Zugang haben. Unser ganzes Leben hindurch reisen wir in Erinnerungen und Träumen immer wieder in diese Jahre zurück.

In unseren Träumen sind wir allerdings nicht mehr dieselbe Person, von der wir träumen. Wir erinnern uns an unsere Taten und sehen wie in einem Film konkrete Szenen und Geschehnisse vor uns, allerdings gelingt es uns dabei nicht mehr, genau nachzuvollziehen, warum wir getan haben, was wir getan haben. Und somit wissen wir auch nicht mehr, wie wir es erlebt haben. Wir sind nicht mehr dieselbe Person, auch wenn wir es manchmal so empfinden. Diese Ambiguität macht es uns schwer, uns in die Empfindungen der Jugendlichen hineinzuversetzen. Als erfahrene Erwachsene verstehen wir unser jugendliches Selbst nicht mehr.

Der Begriff *infantile Amnesie*[1] beschreibt das Phänomen, dass wir nicht in der Lage sind, uns an die Erlebnisse unserer ersten drei Lebensjahre zu erinnern. Niemand erinnert sich an seine eigene Zeit als Baby oder Kleinkind. Die infantile Amnesie wird häufig damit erklärt, dass das Hirn eines Kleinkindes noch nicht ausgereift genug ist, um Erlebnisse abzuspeichern, weshalb wir als Erwachsene nicht darauf zugreifen können. Eine andere Theorie geht davon aus, dass die Erinnerung daran, wie abhängig und hilflos man einmal war, eine nicht zu bewältigende Menge an Angst und Scham wachruft, vor der sich der eigene Geist durch Verdrängung schützt. Vor einigen Jahren habe ich mich gefragt, ob diese Mechanismen möglicherweise auch für die Jugendzeit gelten, wenn auch in abgeschwächter Form, sodass wir uns als Erwachsene einfach nicht mehr daran erinnern können, wie es war, Teenager zu sein.

Dieser Gedanke traf mich wie ein Schlag. Ich musste tief durchatmen, dann empfand ich plötzlich Scham. In den Augen der Jugendlichen, die wenig später zu mir in die Praxis kamen, spiegelte sich meine eigene Teenagerscham, dieses fürchterliche Gefühl, das ich entweder verdrängt oder einfach vergessen hatte.

Trotz alledem konnte ich diese Scham jedoch nicht richtig verstehen oder sie gar in Worte fassen. Ich konnte mich ganz einfach nicht mit ihr identifizieren. Scham entsteht oftmals durch das Empfinden besonderer Gefühle, die man aber nicht in Worte fassen kann oder will.

So geht es mir, wenn ich einem Jugendlichen zuhöre, der mit all dem kämpft, was ich damals selbst schwierig fand. Ich verstehe es zwar, ich verstehe die Scham darüber, anders zu sein, sich allein zu fühlen, davon überzeugt zu sein, dass niemand einen lieben kann, aber trotzdem gelingt es mir nicht, diese Gefühle so zu empfinden wie dieser Teenager. Möglicherweise ist es mir peinlich, mir eingestehen zu müssen, dass auch ich einmal so unreif und naiv war und gedacht habe, dass niemand mich jemals versteht. Vielleicht ist es mir zudem peinlich, dass einige der prägendsten Erfahrungen und wichtigsten Entscheidungen meines Lebens von einer genauso unfertigen und labilen Person getroffen worden sind.

Der Mensch, der ich geworden bin, und das Leben, das ich führe, sind zu einem gewissen Teil eine Folge der Entscheidungen eines naiven, krankhaft selbstzentrierten Emotionalen. Und genau dieser Junge hat damals die Richtung meiner ersten Schritte ins Erwachsenenleben bestimmt. Wie soll ich heute damit umgehen? Wie komme ich mit diesem Zufall zurecht? Die Antwort lautet: gar nicht. Stattdessen sollte ich anfangen, *mich* zu verteidigen, und nicht mehr von demjenigen sprechen, der ich *war*, sondern von dem, der ich *bin*.

Wenn ich also an meine Jugend zurückdenke, laufe ich daher als relativ selbstbewusster 30-Jähriger in löchrigen Chucks und der zerschlissenen Jeans durch die engen Flure der weiterführenden Schule in Jessheim. Aber eben nicht als der emotional labile Junge, der all seine Noten für einen Blick des Mädchens geopfert hätte, in das er heimlich verliebt war. Oder als der Sonderling, der immer in zu engen T-Shirts herumlief, selbst wenn es im Winter bitterkalt war, und der den heiß geliebten Familienhund gegen eine Party mit den coolen Älteren eingetauscht hätte. Dieser Junge existiert nicht mehr. Das bin ich nicht mehr, nicht einmal in meiner Erinnerung, ja nicht einmal in meinen Träumen.

Das ist vermutlich einer der Gründe, warum es für uns Erwachsene so schwierig ist, Jugendliche zu verstehen.

" *Wir können uns nicht mehr in unser Selbst aus einer anderen Zeit hineinversetzen.*

Stattdessen versuchen wir, die Jugendlichen aus Sicht unseres erwachsenen Ichs zu verstehen, also aus Sicht eines hoffentlich selbstbewussteren, gefestigteren Menschen.

Zudem tappen wir oft in die Falle, den Teenager über das süße Kind verstehen zu wollen, das sie einmal waren. Das Kind, zu dem wir einen besseren Draht hatten und das wir besser verstanden. Dabei ist die Teenagerzeit nur ein flüchtiger Zustand, der im Grunde nur aus dem ganz eigenen Blickwinkel der Jugend heraus zu verstehen ist. Sie ist ein Balanceakt zwischen Kindheit und Erwachsenenleben, bei dem so widerstrebende Bedürfnisse wie das nach Nähe und das nach Abstand aufeinandertreffen.

Weil wir jedoch solche Schwierigkeiten haben, uns an die Gefühle unserer eigenen Jugend zu erinnern, ist die logische Folge, dass wir nicht in der Lage sind, den Jugendlichen zu erzählen, wie es uns in dieser Zeit selbst ergangen ist, welche Fehler wir gemacht haben und wie wir darüber hinweggekommen sind. Ich frage die Heranwachsenden in meinen Stunden oft, wie sie mit ihren Eltern über das Jungsein sprechen:

> *Was weißt du darüber, wie es deinen Eltern ging, als sie in deinem Alter waren? Ging es ihnen ähnlich? Hatten sie vielleicht dieselben Probleme und Schwierigkeiten wie du? Glaubst du, dass sie sich in einigem von dem, was dich beschäftigt, wiedererkennen würden?*

Für gewöhnlich erwidern die Teens, dass ihre Eltern ziemlich wenig über die eigene Jugend erzählen. Sie reden häufiger über ihre Kindheit und ihr Studium, und wenn doch einmal die Teenagerzeit zur Sprache kommt, reden sie mehr darüber, wie es war, und nicht darüber, wie sie sich gefühlt haben. Sehr wenige der Jungen und Mädchen in meiner Praxis glauben, dass ihre Eltern ihre eigene Jugend als ebenso problematisch empfunden haben wie sie selbst. Das wiederum hat zur Folge, dass sich die Jugendlichen häufig mit ihren Erfahrungen und Fragen allein gelassen fühlen. Sie bekommen keine Antworten auf das, was sie am meisten beschäftigt, nämlich ob und wann diese schwierige Zeit endlich vorbei ist, und was dann geschieht:

> *Wird das irgendwann besser? Geht das immer so weiter?*

Eigentlich sollten alle einen älteren Bruder oder eine ältere Schwester haben, junge Menschen, die einem etwas über die kommende Zeit sagen können. Denn wenn es nicht einmal den Eltern so ergangen ist wie einem selbst, glaubt man schließlich immer weniger daran, dass man bei anderen auf Verständnis stoßen kann. Und das hemmt noch mehr, sich anderen anzuvertrauen. Es tut weh, nicht verstanden zu werden, vor allem, wenn man sich nicht einmal selbst versteht. Die Jugendlichen bleiben mit ihren schwierigen Gedanken und unbeantworteten Fragen allein. Dabei könnten wir diese Fragen ziemlich einfach beantworten:

> » *Ja, es geht vorbei. Es wird nicht immer so weitergehen. Es ist normal, dass man sich als Teenager schlecht fühlt. Es ist, glaub es oder nicht, die Zeit im Leben, in der die meisten Menschen unglücklich sind. Das ist aber nicht gefährlich.*

Allerdings kann das, was ihr als Eltern über vergangene Zeiten erzählt, bei den Jugendlichen völlig unbeabsichtigt als Kritik ankommen. Die Teens könnten denken, dass sie keinen Grund für ihre Gefühlslage haben und sich einfach zusammenreißen sollten. Denn früher war ja alles schwieriger, Und gleichzeitig auch viel besser. Jede Zeit hat ihre eigenen Herausforderungen, aber das versteht man erst, wenn man schon ein paar Jahrzehnte hinter sich hat.

Teenager begreifen das häufig nicht, so wie sie auch nicht glauben, dass ihre Eltern ihr Gefühlschaos verstehen können. Oftmals kommt es dann zu dem Missverständnis, dass die Jugendlichen glauben, ihre Eltern meinten, dass sie nicht das Recht haben, sich schlecht zu fühlen, und sich einfach nur zusammenreißen müssen. Die Jugendlichen verstehen nicht, dass wir manchmal Witze machen, wenn wir sie bitten, doch einfach mal vor die Tür zu gehen und Holz zu hacken. Jugendliche verstehen selten, dass auch Erwachsene ironisch sein können.

Einen ähnlichen, ebenso unbeabsichtigten Effekt kann es haben, wenn Eltern ihre Jugendlichen zu früh mit konkreten Lösungen für die Herausforderungen des Alltags konfrontieren. Aus den vielen Gesprächen mit den Teens habe ich gelernt, dass sie nur selten konkrete Lösungen für konkrete Probleme wollen. Viel größer ist ihr Bedürfnis nach Verständnis und Fürsorge. Sie benötigen eine Bestätigung dafür, dass ihr Gefühlschaos völlig in Ordnung ist und dass immer jemand für sie da ist. Wenn sie in einer solchen Situation nur mit konkreten Lösungsvorschlägen konfrontiert werden, fühlen sich viele nicht ernst genommen. Sie glauben dann, dass wir Erwachsenen ihre Probleme entweder nicht verstehen oder bagatellisieren.

Abgesehen von diesen Missverständnissen deuten einige Jugendliche das elterliche Verhalten so, als würden die Eltern es nicht ertragen, dass ihre Kinder Schwierigkeiten haben, und als ob sie diese Probleme deshalb am liebsten unter den Teppich kehren würden. Was dann wiederum zu dem falschen Schluss führt, dass die Eltern einen nur ertragen, wenn es einem gut geht.

So können Jugendliche Liebe und Fürsorge als etwas erleben, das sie nur bekommen, wenn es ihnen gut geht. *Wenn es mir gut geht, sind Mama und Papa zufrieden mit mir. Geht es mir nicht gut, wollen sie mich verändern.* Ausgehend von dieser Einstellung ist es nicht mehr weit bis zu der Annahme, dass die Eltern einen nur dann lieb haben, wenn es einem nicht schlecht geht. Sobald ich als Erwachsener daran zurückdenke, kann ich kaum glauben, dass auch ich so empfunden habe. Das Ganze kommt mir schon fast unnatürlich vor. Habe ich wirklich nicht verstanden, dass meine Eltern mich auf jeden Fall geliebt haben?

In den Gesprächen mit den Jugendlichen müssen all diese - möglichen - Fallgruben berücksichtigt werden.

" *Die Jugendlichen erleben die Welt anders, als wir dies tun, und wir als selbstbewusste Erwachsene können uns nicht mehr vollständig in ihre Erlebniswelt hineinversetzen.*

Das dürfen wir nie vergessen.

Nur über das Wenige, das die Jugendlichen mit uns teilen, bekommen wir einen Zugang zu ihren Gedanken und Gefühlen. Alles andere ist die erwachsene Interpretation einer Erlebniswelt, die alles andere als erwachsen ist. In der Welt der Jugendlichen sind wir dumm. Deshalb brauchen sie ehrliches Interesse und echte Neugier.

Abschließend will ich kurz darauf eingehen, welche Folgen all diese Erkenntnisse für mich als Psychologen in der Begegnung mit Jugendlichen haben. Ich hoffe, daraus einige Gedanken ableiten zu können, wie ihr selbst auf die jungen Leute zugehen könnt. Wenn ich Teenager kennenlerne, ist es für mich wichtig, dass die Erfahrungen, die ihre Eltern mit ihnen gemacht haben, außen vor bleiben. Das bedeutet im Umkehrschluss, dass mein Beitrag nur auf den Erlebnissen basieren kann, die ich mit den Jugendlichen gemacht habe, durch die Gespräche mit ihnen, ihren Fragen, meinen Antworten, ihren Zusammenfassungen und unseren wilden Deutungen. Genau das teile ich den Jugendlichen auch mit.

> **" Im Umgang mit Jugendlichen muss man immer ehrlich sein, auch was die eigenen Grenzen angeht.**

Ich nutze in meinen Sprechstunden sehr oft das Mittel der Zusammenfassung. Immer wieder resümiere ich, was sie mir erzählt haben, und begründe das damit, dass ich nur so sicher sein kann, dass ich die Situation richtig verstehe und den Faden nicht verliere. Wenn ich etwas zusammenfasse, versuche ich, so oft wie möglich ihre eigenen Worte zu benutzen. Sie sollen ihre Ausdrucksweise wiedererkennen und sicher sein, dass wir die Dinge auf dieselbe Weise benennen und verstehen. Sollte das nicht der Fall sein, müssen sie mich korrigieren. So vermittele ich, dass ich wenigstens versuche, sie zu verstehen, auch wenn kein Erwachsener Jugendliche wirklich verstehen kann.

Nur selten biete ich konkrete Lösungen an, da es den meisten Jugendlichen viel wichtiger ist, Verständnis zu bekommen. Dies mache ich auch bei denen, die anfangs nach Lösungen fragen. Wenn wir uns kennenlernen, ist es wichtig, dass die Jugendlichen mich als jemanden wahrnehmen, mit dem sie reden können. Solange sie sich etwas weniger allein fühlen, kommt es gar nicht mehr auf schnelle Lösungen an. Außerdem ist es für jeden Menschen viel befriedigender, selbst eine Lösung zu finden.

> **„** *Es geht viel mehr darum, gute Fragen zu stellen, als gute Antworten zu geben.*

Wenn ich Fragen stelle, erkläre ich, warum ich diese Frage stelle, und präzisiere, dass es für mich in Ordnung ist, wenn nicht alle Fragen beantwortet werden. Die Jugendlichen dürfen meine Frage auch unbeantwortet lassen. Sie müssen das Gefühl haben, die *Kontrolle*[2] zu behalten, denn nur so fühlen sie sich sicher. Versuche ich mich an einer meiner wilden Erwachseneninterpretationen, präzisiere ich, dass ich eigentlich nur rate und sie mir sofort sagen sollen, wenn sie sich darin nicht wiedererkennen. Oder nur ein bisschen, aber eben nicht ganz. Im Grunde fordere ich sie damit auf, uneins mit mir zu sein und mir zu widersprechen.

Dafür gibt es zwei Gründe: Zum einen will ich ihnen zeigen, dass Uneinigkeit nicht gefährlich ist. Es ist sehr gut möglich, nicht einer Meinung zu sein, ohne dass das in Streit oder Beschimpfungen ausartet. Das ist ein extrem wichtiger Lernprozess, weil es das Reden und die Ehrlichkeit einfacher macht. Zum anderen ist es entscheidend, dass die Jugendlichen sich nicht bedrängt fühlen und die Definitionsmacht über ihre eigenen Erfahrungen behalten. Es geht ihnen, wie es ihnen geht, und das ist ihr gutes Recht. Sie sind es, die diese Erfahrungen machen, und ich versuche nicht, ihre Wahrnehmung zu verändern, außer sie wünschen das selbst. Es ist nicht schlimm, uneinig zu sein, solange man offen über diese Uneinigkeit sprechen kann.

Um Nähe zu Teenagern aufzubauen, müssen wir als Erwachsene versuchen, den Jugendlichen die Entscheidung zu überlassen, wie weit sie sich nähern wollen, während wir ruhig an unserem Ausgangspunkt stehen bleiben. Wir müssen da sein und echtes Interesse zeigen, auch wenn wir meistens zu starr und verbohrt sind, um irgendetwas richtig zu verstehen. Die Jugendlichen begreifen, dass wir sie nicht verstehen. Und sie verzeihen uns das, solange sie das Gefühl haben, dass wir es trotzdem versuchen und offen sind für die Dinge, die wir nicht verstehen.

Das Projekt Jugend

Die Teenagerjahre sind eine merkwürdige Zeit. In dieser Phase schwanken die Menschen zwischen den Extremen. Mal wollen sie noch Kind sein und dann wieder erwachsen, etwa so wie Britney Spears es in ihrem Song „I'm Not a Girl, Not Yet a Woman" vor Jahren besungen hat. Damals war ich allerdings noch zu jung, um verstehen zu können, was sie meinte. Heute betrachte ich die Teenagerzeit als eine unscharf abgegrenzte Periode, in der wir bewusst oder unbewusst experimentieren, indem wir zwischen unseren Entwicklungsschritten und Reifegraden hin- und herswitchen, bis wir eines Tages plötzlich erkennen, dass wir erwachsen sind.

Für mich kam dieser Tag erst, als ich wieder mit Jugendlichen sprach. Erst da begriff ich, dass ich nicht mehr wie ein Jugendlicher dachte, und das vermutlich schon seit mehr als acht Jahren. Und da erst erkannte ich auch, dass mir der direkte und persönliche Zugang zu ihrer inneren Logik versperrt war.

Diese Erfahrung können vermutlich viele Eltern bestätigen. Sie machen sie häufig in dem Moment, in dem sie mit Schrecken erkennen, dass

sie ihr eigenes Kind nicht mehr verstehen und die Kommunikationska-
näle sich immer weiter verschließen. Weil wir keinen Zugang mehr zu
unseren eigenen Teenagergefühlen haben, kommen uns die Heranwachsenden mit einem Mal fürchterlich irrational vor. Wir sind einfach nicht
mehr in der Lage, sie zu verstehen. Und wenn wir etwas oder jemanden
nicht verstehen, bekommen wir selbstverständlich Angst, besonders,
wenn es um das eigene Kind geht. Dieses Gefühl aber erschwert es weiter,
die Jugendlichen zu verstehen, da Angst den eigenen Fokus einschränkt
und damit die Fähigkeit zur *Empathie*[3] begrenzt. Bei den meisten von uns
führt das dazu, dass wir automatisch versuchen, in die Rolle des anderen
zu schlüpfen. Aber im Umgang mit Jugendlichen ist das für Erwachsene
nur selten eine gute Strategie. Auf diese Weise versuchen wir nämlich
nur, den Jugendlichen aus unserer Erwachsenen-Perspektive zu verstehen, und greifen dabei auf unsere Fähigkeiten zu organisieren, zu interpretieren und die Welt um uns herum zu analysieren zurück.

Zunächst müsst ihr eins verstehen: Teenager sind noch keine Erwachsenen. Ihre Logik erscheint uns deshalb nicht notwendigerweise als
sinnvoll. Das heißt aber nicht, dass Heranwachsende grundsätzlich irrational sind, sondern lediglich, dass ihre Rationalität anderen Gesetzen
und Regeln folgt als denen, die wir als Erwachsene anwenden. Als Erwachsene müsst ihr die Teenager besser kennenlernen, um zu verstehen,
warum sie auf eine bestimmte Art handeln oder reagieren.

99 *Die Wahrnehmung der Jugendlichen ist ein buntes Chaos.*

Um das zu begreifen, müsst ihr erst die Person genauer kennen, die dieses Chaos organisiert und erschafft. Erst dann bietet sich euch die Möglichkeit, eure Teenager und ihr Leben zu verstehen.

Meistens konzentriert sich Letzeres in erster Linie darauf, rein physisch den schmerzhaften Prozess des Erwachsenwerdens zu überleben.

Meistens geht es den Jugendlichen einfach darum, den Tag mental zu überstehen und dabei die eigene Würde, das eigene *Selbstwertgefühl* [4] gegen Angriffe von außen und vor der Scham zu schützen. Gleichzeitig versuchen sie, ihren Erfahrungen Sinn und Logik zu verleihen. Gerade dieser letzte Punkt fällt ihnen schwer, da sich der eigene Standpunkt ständig verändert.

> **"** *Die Teenagerzeit ist die Phase im Leben, in der die Jugendlichen die geringste Fähigkeit besitzen, erlebte Gefühle zu regulieren, man nennt diese Fähigkeit Emotionsregulation* [5].

Der Prozess des Erwachsenwerdens ist also schwierig und schmerzhaft. Und diese Wachstumsschmerzen stecken nicht nur im Körper.

Um die Motivationen, Entscheidungen und das scheinbar irrationale Verhalten der Jugendlichen zu verstehen, müsst ihr zunächst einmal wissen, wie sie sich selbst und ihr Selbstwertgefühl gegen Angriffe von außen schützen. Das Wissen um die Grundpfeiler ihres Selbstwertgefühls ist dafür sehr wichtig. Wenn ich in den verschiedenen Klassen der weiterführenden Schulen die Jugendlichen frage, was für ihr Selbstwertgefühl und ihre Selbstakzeptanz am wichtigsten ist, vermuten sie, dass für andere der eigene Körper und die Schule am wichtigsten sind, für sie selbst ist jedoch das soziale Umfeld wichtiger als ein Six-Pack oder gute Noten. Der soziale Status, die soziale Identität und die Gruppenzugehörigkeit beeinflussen das Verhalten der Jugendlichen am stärksten.

Das heißt allerdings nicht, dass Noten und Aussehen nicht auch für das Selbstwertgefühl von Bedeutung sind. Diese Punkte sollten wir aber eher als Schritte auf dem Weg zu der angestrebten Zugehörigkeit ansehen. Sie fungieren als Türöffner für den Zugang zu verschiedenen Gruppen. Denn um in manche Peergroups hineinzukommen, muss man schön oder klug sein, oder sogar beides.

> **„** *Jugendliche definieren ihren Wert über die Menschen in ihrem Umfeld.*

Deshalb scheint die Gruppenzugehörigkeit für viele die wichtigste Säule zu sein, auf die sich ihr Selbstwertgefühl stützt. Klug und schön zu sein, kann die Bedingung für die Zugehörigkeit zu einer Gruppe sein, für andere Gruppen muss man beispielsweise böse, „slutty" (also eine Schlampe), oder rebellisch sein. Wesentlich ist, dass Jugendliche ihr Selbstwertgefühl stärken, indem sie Mitglied in bestimmten sozialen Gruppen werden. Jugendliche sind buchstäblich so wie die, mit denen sie Umgang pflegen.

Damit setzen sich Jugendliche natürlich in hohem Maße einem *Gruppenzwang*[6] aus, auch wenn sie das nur selten direkt aussprechen, weder in den Gruppen selbst noch nach außen. Gemeinsam entwickeln sie eine Gruppenidentität mit klaren Erwartungen an die Mitglieder der Gruppe. *Mit* jemandem in einer Gruppe zu sein, heißt, *wie* jemand zu sein. Die Alternative dazu fühlt sich für viele einfach nur an, wie ein *Niemand* zu sein. So ein Niemand zu sein, ist jedoch die größte Angst vieler Jugendlicher. Damit genau das nicht passiert, opfern sie bereitwillig Noten, persönliche Werte und familiäre Bindungen.

Aus dieser Perspektive betrachtet ist es auf einmal gar nicht mehr so verwunderlich, wenn Jugendliche, die bisher anscheinend keine Probleme hatten, sich plötzlich in einen Bad Boy verwandeln und sich prügeln, nur um Mitglied der richtigen Clique zu werden. Vor allem am Ende der Schulzeit sind diese Cliquen das sichtbarste Zeichen für Zugehörigkeit und sozialen Status. Man ist so wie die anderen in einer Clique, und findet man dort keine Aufnahme, steigt die Furcht, als ein Niemand zu enden. Also baut man lieber Mist, prügelt sich und „erkauft" sich einen Platz, auch wenn das eigentlich gar nicht zu den eigenen Normen und Erwartungen passt. Alles ist besser, als ein Niemand zu sein. Das dürfen wir Erwachsenen nicht vergessen, sobald wir mit Jugendlichen zu tun haben, die die in sie gestellten

Erwartungen nicht erfüllen. Für einige kann es eben keine Alternative sein, an dem Tag, an dem die Freunde zum ersten Mal kiffen, als einziger nicht dabei gewesen zu sein. Und wer will schon mit dem befreundet sein, der die anderen im Stich gelassen hat, als es Streit mit den Idioten aus der anderen Gruppe gab? Wenn ein Mädchen sich nicht als Bitch inszeniert und keine Nacktfotos von sich an ältere Jungs schickt, kann das für sie heißen, dass sie als die „Spaßbremse" abgestempelt wird und deshalb allein bleibt.

Für Erwachsene ist das unverständlich. Wer zwingt schon seine Freundinnen, es mit einem Jungen zu treiben, um in irgendeiner Gruppe aufgenommen zu werden? Und wer gibt diesem Druck nach, der streng genommen so etwas wie Zwangsprostitution ist? Leider lautet die Antwort in beiden Fällen: Jugendliche. Denn ganz normale Jugendliche fühlen sich bei dem Versuch, ihr eigenes, brüchiges Selbstwertgefühl aufrechtzuerhalten, gezwungen, jeden Tag ihre eigene Grenze zu überschreiten. Die Teenager müssen das tun, was die anderen in ihrem Umfeld tun, und leider werden die Normen und Regeln ihrer Clique häufig von deren extremsten Mitgliedern aufgestellt.

Zu welcher Gruppe die Heranwachsenden dazugehören wollen, hängt in hohem Maße davon ab, in welche Gruppe sie hineinkommen können. Aus Angst vor Ablehnung unternehmen viele gar nicht erst den Versuch, in eine Gruppe zu kommen, die ihnen die kalte Schulter zeigen könnte. Folglich suchen sie sich Gruppen, die den eigenen, sozialen oder körperlichen Voraussetzungen entsprechen. Einige Jugendliche sind hübsch, andere klug, wieder andere weder das eine noch das andere.

99 *Selten wird die Welt so hierarchisch erlebt wie in den Teenagerjahren.*

Die Heranwachsenden müssen mit den Karten spielen, die sie bekommen haben. Sie müssen sich ihre Identität rund um die eigenen Stärken schaffen.

Aber nichts ist dümmer, als gegen verschlossene Türen anzurennen. Wer sich offensichtlich Mühe gibt, muss auch erfolgreich sein. Alle anderen brauchen eine gute Entschuldigung. Und die beste Entschuldigung von allen ist, dass einem alles egal ist. Besonders ausgeprägt ist diese Einstellung bei Jungs. Sie bringen nur selten die Leistung, die sie schaffen könnten, außer sie sind sich sicher, dass es klappt. Für einen Jungen ist es eine größere Niederlage, mit viel Arbeit eine Drei zu schaffen, als durch Schwänzen eine Fünf zu kriegen. Besser man versucht es gar nicht erst, als mit Mühe nur ein Mittelmaß zu erreichen. Es ist ein Mythos, dass nur Mädchen Angst vor Misserfolg haben. Für ein Mädchen mit *Prüfungsangst*[7] sitzen in jeder Klasse drei megacoole Jungs, die das eigene Lernen bewusst sabotieren aus Furcht, sich zu blamieren. Die coolen Jungs schützen damit ihr Selbstwertgefühl.

,, *Es ist viel cooler, faul als dumm zu sein.*

Auch Zorn gibt Jungen viel mehr Sicherheit, als Angst zu haben - aber darauf gehe ich in dem Kapitel über »Die Bad Boys« (s. S. 62) noch ausführlich ein.

Jugendliche arbeiten also gleichzeitig daran, ihr Selbstwertgefühl zu schützen und ihren eigenen Erfahrungen Sinn zu verleihen. Dies ist ein dynamischer Prozess, da die Jugendlichen sich ja ständiger weiterentwickeln. Durch die fortwährende Veränderung müssen ihnen aber ihre Erfahrungen immer ziemlich chaotisch vorkommen. Und in diesem Chaos versuchen sie, Sinn und Stabilität zu finden.

Wenn sie diesen Zustand selbst in Worte fassen sollen, sagen die Teens gern, dass alles um sie herum total chaotisch ist oder „brodelt". Sobald das eigene Umfeld nicht vorhersehbar ist, antworten Gehirn und Körper mit Angst, weshalb die meisten von uns automatisch nach dem Bekannten und Vorhersehbaren streben, um diese Angst zu reduzieren. Jugendliche, für die soziale Beziehungen von Natur aus sehr wichtig sind, provozieren daher vorhersehbare Reaktionen bei anderen.

Das trägt nicht selten unglückliche und anscheinend irrationale Früchte, denn es führt häufig dazu, dass die Jugendlichen negative Bestätigungen suchen, die mit ihren früheren Erfahrungen übereinstimmen. Die Teenager sind es vielleicht gewöhnt, mit Eltern und Lehrkräften in Streit zu geraten. Diese Konflikte werden zwar als negativ erlebt, gleichzeitig sind sie aber vertraut und damit sicher und vorhersehbar. Für einige Jugendliche ist es viel beängstigender, auf positive Bestätigung zu stoßen als auf eine negative Reaktion. Mitunter sind die Heranwachsenden wahre Experten für Konflikte, während ihre anderen sozialen Fähigkeiten nur begrenzt sind. Vielleicht wissen sie nicht, wie sie auf Lob reagieren sollen, vielleicht haben sie Angst davor, mit neuen, unbekannten Erwartungen konfrontiert zu werden. Da ist es einfach sicherer, einen Streit zu provozieren.

Paradoxerweise sind dieselben Mechanismen für extrem unterschiedliches Verhalten verantwortlich. Die Bandbreite reicht von übertrieben ausgelebter Sexualität über Drogen oder auffälliges Verhalten in der Schule bis hin zum direkten Gegenteil, nämlich der zu starken und vollkommen einseitigen Fokussierung auf Schulerfolg oder Sporttraining. Jugendliche schützen ihr Selbstwertgefühl mit den Mitteln, die ihnen zur Verfügung stehen, und schaffen daher immer wieder die Situationen, die sie kennen und in denen sie sich sicher fühlen. Auch wenn das häufig zu nicht nachvollziehbaren Reaktionen und Handlungen führt, steckt dahinter fast immer eine unbewusste Logik, auch wenn diese im Gespräch mit Erwachsenen nur selten offenbart wird. Denn dafür ist das Thema viel zu unangenehm und mit Scham belastet.

Jugendliche erleben es als peinlich, verletzlich zu sein und von den Bestätigungen der anderen abzuhängen. Täglich werden sie mit dieser Abhängigkeit konfrontiert, aber was sollen sie dagegen tun? Wenn die Alternative Einsamkeit heißt, gibt es keine freie Entscheidung mehr, denn das einzige, was noch beschämender ist als Einsamkeit, ist der Versuch, etwas daran zu ändern. Ist man einsam, muss man das verbergen, und so tun, als würde man das selbst wollen, und dabei möglichst cool und abweisend wirken. Auf keinen Fall darf man darüber reden, mit niemandem. Das ist zu beklemmend, denn so würde man ja zugeben, dass man auf dem wichtigsten Schlachtfeld - dem sozialen nämlich - ein Loser ist. Am Ende ihrer Teenagerzeit beschrieb ein Mädchen mir einmal das Gefühl, sich die eigene Einsamkeit einzugestehen, sei wie in Scham zu ertrinken. Ihre ganze Teenagerzeit hindurch hat sie gekämpft und sich abgestrampelt, um nicht in dieser Scham unterzugehen.

Auch wenn die wenigsten ihre Teenagerzeit so drastisch beschreiben, erkennen sich doch viele Jugendliche in dem Gefühl wieder, wie verrückt für ihr Überleben kämpfen zu müssen.

99 *Die Teenagerjahre sind in vielerlei Hinsicht ein Kampf.*

Die wenigsten von uns kraulen elegant von der Kindheit ins Erwachsenenleben, die meisten strampeln und rudern mit den Armen, um den Kopf über dem dunklen Wasser aus unkontrollierbaren und überwältigenden Gefühlen zu halten und das weit entfernte Ufer nicht aus dem Blick zu verlieren. Und irgendwann sind sie da - ganz plötzlich sind sie erwachsen und stehen auf dem trockenen Land. Denken wir Erwachsene heute daran, dass wir plötzlich festen Boden unter den Füßen hatten, wird klar, dass schon einige Zeit vergangen ist, seit wir das rettende Ufer erreicht haben. Doch während die Jugendlichen im Wasser strampeln, müssen sie zu sich selbst finden und Entscheidungen fällen, die sie später ans richtige Ufer bringen. Es ist eine Reise voller Fallstricke und Untiefen, und oft denke ich, dass es an ein Wunder grenzt, wenn jemand da gut durchkommt, und dass er irgendwo unterwegs eine Rettungsboje gefunden oder von jemanden eine Schwimmweste bekommen haben muss. Solche Schwimmwesten ziehen Jugendliche aber nur selten freiwillig an. Sie wollen auf ihre ganz eigene Weise zu sich selbst finden, auch wenn sie dabei den meisten Idolen und Idealen mit einer solchen Leidenschaft folgen, zu der sie sich später als Erwachsene nicht mehr bekennen können. Zu diesen Idolen gehören nur selten die Eltern oder andere ihnen nahestehende Menschen. Diese fungieren eher als notwendige Referenzpunkte, zu denen sie Abstand gewinnen wollen. Die eigene Identität entwickelt sich, indem man sich von den Menschen, die einem am nächsten sind, löst. Erst wenn man die 30 überschritten hat, kann man sich eingestehen, dass man der Sohn vom Vater oder die Tochter der Mutter ist. Ab dann brauchen die eigenen Eltern keine Rettungswesten mehr für einen selbst bereitzuhalten.

So habe auch ich lange darauf beharrt, dass ich mich total von meinem Vater unterscheide. Dadurch wollte ich meine eigene Identität unterstreichen. Ich musste erst 29 werden, um mir von meinem Vater erklären zu lassen, wie man die Reifen seines Fahrrads flickt. Bis dahin bin ich lieber mit platten Reifen gefahren.

Wann wurden wir Eltern so dumm?

Eltern von Jugendlichen mutieren oftmals über Nacht von allwissenden Superhelden zu den peinlichsten Wesen der Welt. Die Jugendlichen distanzieren sich mit einem Mal von den Menschen, zu denen sie als Kind aufgesehen und bei denen sie Schutz gesucht haben. Dies geschieht den meisten Eltern, dennoch ist die Erkenntnis, plötzlich abgelehnt und aus dem Leben derjenigen ausgeschlossen zu werden, die man am meisten liebt, nicht weniger schmerzhaft. Automatisch denken Eltern, dass etwas nicht stimmt oder sie etwas falsch gemacht haben. Es muss etwas vorgefallen sein, aber nur selten war es etwas, was sie gesagt oder getan haben. Es ist kein Fehler, dass sie so dumm und engstirnig sind, diese Rolle müssen Eltern einfach irgendwann einnehmen. Früher oder später werden wir in den Augen unserer jugendlichen Kinder alle peinlich. Das gehört zur Wandlung in der Wahrnehmung vom eindimensionalen Superhelden zum ganzen Menschen. Die Alternative wäre, für den Rest unseres Lebens in den reduzierten Rollen als Elternteil oder Kind zu verharren.

Ich bin der Meinung, dass wir uns erst dann richtig kennenlernen können, wenn das enge Band aus gegenseitiger Abhängigkeit zwischen Eltern und Kindern gelockert wird. Erst dann werden wir für unser Kind zu einem Menschen, und unser Kind für uns selbst zu einem eigenständigen Erwachsenen. Häufig kann dieses Band aber nur langsam, Stück für Stück, gelockert werden, weshalb die Jugendlichen immer wieder mit der Loslösung experimentieren. In den Teenagerjahren neigen viele Jugendliche dazu, übertrieben weit auf Abstand zu gehen, um sich dann später, im Übergang zum Erwachsenenalter, wieder an die Eltern anzunähern.

Der Moment, von dem aus man sich als Menschen richtig kennenlernen kann, ist allerdings immer noch geprägt von ziemlich stereotypen Rollen, in denen eigentlich niemand er oder sie selbst sein kann. Eltern sind in erster Linie Vater oder Mutter ihres Kindes, wie das Kind eben Sohn oder Tochter ist. Die Personen, die ihr bei der Arbeit seid, wo ihr euch mit anderen Erwachsenen umgebt und ihr die Hauptperson eures eigenen Lebens seid, gibt es für eure Kinder oder Jugendlichen nicht. Auch noch für eure Teens bleibt ihr vor allem Mama oder Papa.

Für die Jugendlichen spielen wir nur eine Nebenrolle, wir sind diejenigen, die immer alles regeln.

❞ *Für Teenager haben Erwachsene kein eigenes Leben.*

Das ist auch nicht verwunderlich, da wir uns selbst zurücknehmen, um uns um unsere Kinder zu kümmern. Für eine gewisse Zeit sind wir dazu verdonnert, einfach als selbstverständlich hingenommen zu werden. Deshalb kann es für Jugendliche schwierig sein, in ihren Eltern mehr zu sehen als Eltern. Die Berufe der Eltern und auch deren Gefühle sind ihn gleichgültig. Wie könnt ihr denn verliebt sein oder Liebeskummer haben, wenn ihr doch nur für euer eigenes Kind lebt?

Für Kinder, Jugendliche oder junge Erwachsene ist die Erkenntnis, dass Papa oder Mama auch nur Menschen sind, immer angsteinflößend, und normalerweise reagieren sie auf diese Angst mit Aggression, weil das am sichersten ist. Es ist unangenehm, begreifen zu müssen, dass diejenigen, die man für Superhelden gehalten hat, ganz normale Menschen sind, die scheitern, zu kurz kommen oder sogar sterben. Die Welt wird auf einmal viel bedrohlicher, wenn es in ihr niemanden gibt, der einen retten kann.

Kindern kann es Sicherheit geben, einen Papa zu haben, der nie Angst bekommt, oder eine Mutter, die nie traurig ist. Eltern sind die Supermenschen. Zwischen Kindern und Eltern vermitteln diese klaren Rollen über viele Jahre ein Gefühl der Sicherheit, weil sie die Beziehung vorhersehbar machen.

> **"** *Auf lange Sicht führen diese Rollen aber zu einer Distanz, die verhindert, dass man sich richtig kennenlernt.*

Die Rollen erlauben es weder der einen Seite, noch der anderen, verletzlich zu sein und als ganzer Mensch diese Beziehung zu gestalten.

Glauben deshalb so viele Menschen, dass sie ihren Vater nie richtig gekannt haben, weil er sein Leben hindurch immer nur ihr Vater geblieben ist? Weil er sich nie erlaubt hat, sich in der Beziehung als er selbst zu zeigen, sondern stattdessen in der sicheren Erzieherrolle verharrte?

Die Feststellung, dass das eigene Kind nicht mehr nur Kind ist, kann auch für die Eltern unangenehm sein, denn nun müssen sie einen heranwachsenden Mensch neu kennenlernen. Beide Seiten müssen sich in dieser Phase neu entdecken - und zwar als ganze Menschen. Für alle Beteiligten steckt darin die Angst vor Veränderung, die man auch als eine verborgene Angst vor dem Tod interpretieren kann. Solange alles so bleibt, wie es war, und wir an unseren Rollen festhalten, halten wir die existenziellen Ängste auf Abstand.

Deshalb greifen Jugendliche nur selten die elterlichen Rollen an, außer es geht um Grenzen oder Grenzziehungen. Teenager fühlen sich am sichersten, wenn die Eltern ihren Rollen treu bleiben und sie selbst weiterhin die Hauptrolle in ihrem eigenen Leben spielen dürfen. Denn es dreht sich alles um ihr Leben. Denn ihr Leben steht auf dem Spiel.

> ❞ *Heranwachsenden fehlt die Fähigkeit zu begreifen, dass die anderen um sie herum auch Menschen sind, mit einem eigenen Leben, eigenen Gedanken und Gefühlen.*

Wenn die Jugendlichen die Hauptrolle ihres eigenen Lebens einnehmen, spielen wir anderen folglich nur noch Nebenrollen oder werden sogar zu helfenden Statisten *degradiert*[8]. Die Jugendlichen interessieren sich nur selten für unser langweiliges Erwachsenenleben. Wir sind nur für sie da, um sie mal zu frustrieren, mal ihre dringendsten Bedürfnisse zu befriedigen. Außerhalb ihrer unmittelbaren Erfahrungswelt hören wir auf zu existieren. Das mag sich unsympathisch anhören, aber das war bei fast allen von uns so. Zum Glück können wir uns in späteren Jahren kaum noch daran erinnern. Ebenso schwer fällt uns die Erinnerung, wie wir als Jugendliche die Erwachsenen verstanden haben, dabei ist genau das der Schlüssel zu dem Verständnis, wie unsere Jugendlichen uns heute verstehen.

Und wie verstehen Jugendliche ihre Eltern und uns Erwachsene? Jugendliche sehen die Welt und die Menschen um sie herum auf Basis ihrer eigenen Reflexionsfähigkeit und ihres Erfahrungsschatzes. Sie wissen nicht, wie es ist, erwachsen zu sein und ein Kind zu haben, um das man sich ständig Sorgen macht, oder einen Jugendlichen, der nicht mehr mit einem redet.

Deshalb versuchen sie, sich aus ihrer jugendlichen Sichtweise in unsere Rolle hineinzuversetzen. Sie überlegen, wie sie selbst reagieren oder die entsprechenden Situationen handhaben würden. Mit anderen Worten: Sie begehen exakt denselben Fehler, den auch wir Erwachsenen machen, wenn wir sie verstehen wollen. Wir versetzen uns in die Situation des anderen und gehen davon aus, dass wir uns ähnlicher sind, als es tatsächlich der Fall ist.

Viele Jugendliche verstehen uns von ihrem eigenen, egozentrischen Standpunkt aus, in dem sie selbst der Mittelpunkt, das Zentrum des Sonnensystems sind. Als Erwachsene haben wir aus ihrer Sicht - wie schon gesagt - kein eigenes Leben mehr. Deshalb beziehen die Teens unsere Handlungen auf ihr eigenes Leben, sehen unser Verhalten als das Resultat ihres eigenen Daseins. Wenn wir traurig sind, sind wir das wegen irgendetwas, das sie getan haben. Freuen wir uns, tun wir das, weil wir herausgefunden haben, was sie getan haben. Und sind wir glücklich, so sind wir das nur, weil sie uns stolz gemacht haben. Alles andere, was unser Leben beeinflusst, existiert in der Teenagerwelt nicht. Deshalb sind viele Jugendliche extrem sensibel für die Stimmungen und Launen ihrer Eltern. Wenn ihr müde und fertig von einem langen Tag auf der Arbeit nach Hause kommt, deuten die Jugendlichen das schnell mal als Enttäuschung über sie selbst. Wenn ihr wütend seid, seid ihr in ihren Augen wütend auf sie und nicht auf euren Chef oder eure Kollegen. Für die Jugendlichen geht es immer um sie selbst, außer ihr sagt es ihnen ganz klar - aber das tun längst nicht alle Eltern, weil sie ihre Kinder nicht mit den Problemen ihres eigenen Lebens belasten wollen. Mit der Folge, dass die Jugendlichen sich selbst für das Problem halten.

Das heißt nun aber nicht, dass ihr als Eltern eure Kinder mit all euren Erwachsenenproblemen belasten oder die Jugendlichen gar als Gesprächstherapeuten nutzen sollt. Es kann daher klug sein, die Jugendlichen hin und wieder darauf hinzuweisen, dass nicht sie der Grund für eure Gefühlslage oder euer Verhalten sind. Manchmal reicht es, ihnen zu erzählen, dass ihr auf der Arbeit gerade etwas unter Druck steht, ohne genauer darauf einzugehen. Oder ihr sagt, dass ihr gerade ein Problem wälzt und deshalb vielleicht etwas abwesend oder traurig wirkt. Wichtig ist der klare Hinweis, dass nicht der oder die Jugendliche der Grund für eure Stimmung ist. Für gewöhnlich nehmen Heranwachsende das auch gern an.

Aber die Teenager platzieren nicht nur die Eltern in dieser Erwachsenenrolle. Auch Lehrer und andere Menschen jenseits der 23 reduzieren sie automatisch zu Repräsentanten der Erwachsenenwelt. Ihr seid dann nicht mehr cool, ganz gleich, wie sehr ihr euch auch anstrengt. Das bedruckte T-Shirt oder der Kapuzenpulli bringen dann gar nichts. Kauft euch ruhig euren ersten Pullover mit V-Ausschnitt, die Jugendlichen haben euch ohnehin längst in diese Schublade gepackt.

Ein Mädchen, mit dem ich gearbeitet habe, kam zu mir, nachdem der Vertrauenslehrer sie überredet hatte, doch einmal mit diesem „jungen, coolen Psychologen" zu reden. In der Woche danach erzählte sie dem Lehrer von unserer ersten Stunde. Ja, es sei alles gut gelaufen und sie wolle auch weiter mit mir reden, aber *eine* Sache müsse sie allerdings klarstellen: Ich sei nicht sonderlich jung und ganz sicher nicht cool. Außerdem trüge ich so einen Pullover mit V-Ausschnitt. In diesem Moment begriff ich, dass ich wirklich erwachsen geworden war.

Erwachsen zu sein, ist eine ganz eigene Rolle. Sobald ihr in den Augen von Jugendlichen erwachsen seid, seid ihr keine ganzen Menschen mehr, mit einem eigenen Leben und einer eigenen Gefühlswelt. Erst wenn die Teens selbst erwachsen werden, lernen sie, diese Erwachsenenrolle mit eigenen Inhalten zu füllen. Erst dann sehen sie ein, dass man auch nach Abschluss der Teenagerjahre ein Mensch bleibt und auch dann noch das Bedürfnis hat, auf Partys zu gehen, mit anderen Quatsch zu machen oder Blödsinn zu reden. In Anwesenheit von Kindern und Jugendlichen verhalten wir uns anders, wir reden anders, wir reißen uns zusammen, fluchen weniger und geben nicht mehr so viel dummes Zeug von uns. Deshalb glauben Jugendliche, dass Erwachsene auch dann vernünftig sind, wenn sie unter sich sind. Sie glauben ziemlich lange, dass wir unserer Rolle rund um die Uhr entsprechen. Und diese Rolle unterscheidet sich so radikal von ihrer eigenen Rolle, dass die Heranwachsenden zwangsläufig glauben müssen, dass wir unmöglich verstehen können, wie sie sind und wie sie sich fühlen. Aus ihrer Sicht sind wir engstirnig und dumm.

Damit das Zusammenleben von uns Erwachsenen mit Jugendlichen funktioniert, sollten wir immer bedenken, dass sie uns oft aus eben diesem Rollenverständnis heraus beurteilen. Die Jugendlichen vergessen, dass auch wir eigene Gefühle haben und dass diese Gefühle unser Wohlbefinden beeinflussen. Wir verkraften auch nicht alles. Worte können uns verletzen.

> **Wegen dieser strikten Rollenverteilung können die Jugendlichen es als unangenehm oder gar bedrohlich empfinden, wenn wir aus unserer zugewiesenen Rolle ausbrechen und ihre Erwartungen nicht erfüllen.**

Ein Beispiel dafür ist, wenn wir Erwachsenen im Beisein der Jugendlichen ironisch werden. Teenager kennen Ironie durchaus und nutzen sie selbst, aber eben nicht dann, wenn wir Erwachsenen sie nutzen. Ironie entspricht nicht den Erwartungen, die sie uns gegenüber haben, sodass sie das Gesagte oft wörtlich nehmen oder als Sarkasmus auffassen. Dies geschieht oftmals in der Schule und führt dann dazu, dass Schüler und Schülerinnen auf die Lehrenden sauer sind oder sich gemobbt fühlen. Als Erwachsene müssen wir mitunter vorsichtig sein, wenn wir mit Jugendlichen Spaß haben wollen. Sie verkraften einfach nicht alles, und von uns Erwachsenen verkraften sie Späße noch weniger als von anderen Jugendlichen. Hierbei spielt die Tagesform eine wichtige Rolle: An manchen Tagen sind die Heranwachsenden unerschütterlich, an anderen höchst sensibel. Manchmal begreifen sie alles. Dann wieder missverstehen sie alles. Manchmal sind sie Kinder, dann schon fast Erwachsene. So ist es, wenn man Teenager ist, und so ist es im Umgang mit Jugendlichen. Mitunter verstehen wir alles, an den meisten Tagen aber verstehen wir schlichtweg gar nichts.

zwei

Die heutigen Jugendlichen

Eine neue Welt für eine neue Generation

In unserer Zeit gibt es bereits die erste Generation, die in einer von sozialen Medien geprägten Welt aufgewachsen ist. Um zu verstehen, wie diese Menschen fühlen, müsste man eigentlich selbst Jugendlicher sein. Die Konsequenzen dieses kollektiven, sozialen Experimentes, an dem wir alle gerade teilnehmen, werden wir jedoch erst im Nachhinein erkennen. Und die Pioniere werden am meisten darüber zu berichten haben.

Wegen der sehr widersprüchlichen Darstellungen der Teenager in den Medien oder durch die öffentlich geführten Debatten über sie ist es allerdings auch nicht leicht, sich von der heutigen Jugend ein klares Bild zu machen. An einem Tag ist die Rede davon, dass die heutige Jugendgeneration leistungsorientierter ist, weniger Drogen nimmt, mehr mit den Eltern redet und glücklicher ist als vorangegangene Generationen. Am nächsten Tag heißt es dann, die Jugendlichen seien in hohem Maße psychisch belastet, würden unter dem Stress einknicken und unter Angst, Niedergeschlagenheit und Einsamkeit leiden. Die Jugend bräuchte Yogaunterricht und Anti-Stress-Kurse, um den Alltag überhaupt bewältigen zu können.

Als Erwachsener schlussfolgert man daraus fast automatisch, dass die gesamte Generation bipolar ist oder wir es mit einer Zwei-Klassen-Generation zu tun haben, in der die Unterschiede zwischen den erfolgreichen und denen, die durchs Raster fallen, größer sind als früher – wodurch letztendlich auch die sozialen und emotionalen Kosten eines Misserfolgs deutlich höher ausfallen. Eine andere Erklärung könnte lauten, dass die heutigen Jugendlichen einen hohen psychischen Preis für all das zahlen, was sie leisten und erfolgreich hinter sich bringen. Es ist anstrengend, alles schaffen zu wollen. Es ist anstrengend, immer Leistung zu bringen.

**" *Teenager zu sein - dem sind längst nicht mehr alle gewachsen.*

Was mich anfangs bei meinen Gesprächen mit den Heranwachsenden überrascht hat, war die Tatsache, dass ich meine sorglose und unkomplizierte Jugendzeit nicht mehr wiederfand. Als wären die heutigen Jugendlichen viel erwachsener, als wir es vor gerade einmal zehn Jahren gewesen sind. Sie kommen mit Erwachsenenproblemen und Erwachsenensorgen zu mir, die noch bis vor wenigen Jahren Studenten oder anderen jungen Erwachsenen vorbehalten waren. Überdies wirkt es so, als wären sie emotional deutlich reifer und hätten ganz andere Beziehungskompetenzen, wobei sie ambitionierter und nicht so sehr auf Belohnungen aus sind.

Auffällig ist, wie viel die heutigen Jugendlichen über psychische Krankheiten und psychologische Mechanismen wissen. Am meisten aber hat mich überrascht, wie viele Dinge sie gleichzeitig bewältigen können.

In früheren Generationen reichte es normalerweise, in einer Sache gut zu sein. Als Junge kam man schon sehr weit, wenn man ein guter Fußballer war, und als Mädchen genügte es, schön *oder* gut in der Schule zu sein. Heute muss man gut aussehen *und* klug sein und darüber hinaus ein aktives und sichtbares Sozialleben führen. Erfolgreich oder auch nur „in Ordnung" zu sein, ist einfach zu wenig. Dabei sind die Ansprüche nicht nur umfassender geworden, sondern auch gestiegen. Ein hübsches Gesicht genügt nicht mehr, der Körper muss dem schon entsprechen, und es reicht auch nicht mehr, gut in Sprachen zu sein, wenn man in den Naturwissenschaften nicht mitkommt. Am wichtigsten von allem aber ist das soziale Leben. Man muss ein enger Freund oder eine gute Freundin sein und wird darüber hinaus noch an der Anzahl der Freunde gemessen.

Zusätzlich ist durch die sozialen Medien jederzeit ersichtlich, wie erfolgreich man ist. Durch die Anzahl an Likes, Freunden und Kommentaren existiert dafür heutzutage ein konkreter Zahlenwert, eine Art soziales Kapital, über das wir früher nur spekulieren konnten. Dennoch es gibt Dinge im Leben, die man weder wissen noch in Zahlen fassen sollte, und wie erfolgreich man auf der sozialen Bühne ist, gehört sicher dazu. Heute hingegen wissen die Jugendlichen nicht nur, wie erfolgreich sie selbst sind, sondern auch, wie es um die anderen steht. Das steht schwarz auf weiß auf unzähligen gesprungenen Smartphone-Bildschirmen. Die Teens sehen es an ihren geposteten Bildern. Daran, ob sie fotografiert werden, mit wem sie zusammen sind und wer die Bilder likt oder kommentiert. Daraus können sie zudem ziemlich unzensiert entnehmen, was die anderen von ihnen und ihrem Lebensstil halten. Als Erwachsener hätte ich es nicht ertragen, all das zu lesen, was die Jugendlichen einander schreiben. Entweder hätte ich total abgehoben oder wäre am Boden zerstört. Vielleicht auch beides.

Es macht etwas mit den Menschen, wenn sie ständig von anderen beurteilt werden. Schließlich geht es dabei nicht nur um das, was man konkret getan hat, sondern auch darum, wer man ist. Dies ist in der kurzen Zeit im Leben, in der das Selbstwertgefühl am stärksten schwankt und zum größten Teil von der Meinung der anderen abhängig ist, besonders problematisch. In gewisser Weise ist es so, als würde man Noten oder schriftliche Kommentare für alles bekommen, was man an einem Tag so tut. So verwundert es nicht, dass einige Teenager das Gefühl haben, dass sie auch in der Freizeit Leistung bringen müssen. Überall müssen sie super sein: beim Mitmachen, beim Chillen und nicht zuletzt beim Partymachen. Vermutlich waren auch wir vor Jahren Meister im Feiern, ich glaube aber, dass wir uns damals kaum Gedanken darüber gemacht haben. Feiern, Mitmachen und Chillen waren Dinge, die wir gemacht haben, um abzuschalten und nicht um Leistung zu zeigen.

99 *Wie soll man abschalten und neue Energie gewinnen, wenn auch das Abschalten bewertet wird?*

Wann kann man mal durchpusten und richtig entspannen? Ständig müssen die Jugendlichen Entscheidungen treffen, die nicht unwesentlich dazu beitragen, wie sie sich als Menschen definieren. All diese Entscheidungen sagen etwas über sie aus. Früher mussten wir viel weniger Entscheidungen fällen. Alles hatte seine Zeit und brauchte seine Zeit. Wenn ich aus meinen Gesprächen mit den heutigen Jugendlichen etwas gelernt habe, dann das: Ich bin froh, dass ich ein Kind meiner Zeit war. Heute würde ich entweder total versagen oder komplett außen vor bleiben. Vermutlich wäre ich vor Stress zusammengebrochen.

Nach einem Vortrag, den ich für das Lehrerkollegium einer weiterführenden Schule in Oslo gehalten habe, wurde ich von einem Lehrer gebeten, ein paar positive Charakterzüge der heutigen Jugend zu nennen. Die Frage zeigte mir, dass ich in meinem Vortrag etwas ganz Wesentliches vergessen hatte. Ich musste nachdenken, bevor ich ihm eine Antwort geben konnte. Und das beschäftigte mich auch später noch.

Meine Antwort lautete schließlich, dass die heutige Jugendgeneration eine sehr hohe Sozialkompetenz hat, bindungsfähiger und zielgerichteter ist als frühere Generationen.

**" *Die heutigen Jugendlichen sind bereit, über längere Zeit intensiv und fokussiert zu arbeiten, um ein Ziel zu erreichen, und sie können dabei hart zu sich selbst sein.* **

Viele besitzen so etwas Ähnliches wie eine Leistungssportlermentalität, gepaart mit dem stark ausgeprägten Glauben, dass sie immer noch mehr Leistung bringen können. Die Kehrseite dieser Medaille ist allerdings, dass sie nie gut genug sind.

Die große Herausforderung für diese Generation ist im Grunde, eine Definition für das zu finden, was gut genug ist. Aber eine solche Definition passt einfach nicht zu dem Gedanken, dass man immer noch besser sein könnte.

Stattdessen orientieren die Jugendlichen sich an abstrakten oder globalen Maßstäben und versuchen, gut und erfolgreich zu sein, um den eigenen Anspruch wirklich erfüllen zu können. Dabei sind gut und erfolgreich nur selten klar definiert. Das Streben nach Gutsein gerät im Alltag zum Versuch, immer besser zu werden, was jedoch dazu führt, dass man nie gut genug ist. Weil es keine klar definierte Ziellinie gibt, lässt sich diese auch immer wieder leicht verschieben. Bei einigen führt dieses unentwegte Erfolgsstreben zu einer Lähmung, sodass die Leistung nachlässt und die Psyche Schaden nimmt. In dem Kapitel »Die guten Schülerinnen« (s. S. 95) gehe ich darauf genauer ein.

Hier möchte ich zunächst deutlich machen, dass das Streben nach mehr Erfolg nicht nur den guten, stressresistenten Schülerinnen vorbehalten ist, sondern eine Eigenart der gesamten Generation ist. Dies führt dazu, dass einige sowohl in der Schule als auch in anderen Bereichen bessere Leistungen bringen, als sie es im Normalfall tun würden. Die Kluft zu denen, die ohne diese Leistungssportlermentalität die Schule absolvieren, wird dadurch jedoch immer größer. Viele werden besser und die Guten wollen sehr gut werden, wodurch der Abstand zu den Erfolglosen entsprechend zunimmt und die Furcht vor einem Misserfolg noch größer wird.

Ein weiterer Faktor, der die Versagensangst ebenfalls anfeuert, ist der Umstand, dass es keine äußeren Gründe mehr für einen Misserfolg gibt. Die heutige Jugend ist mit dem schönen Gedanken aufgewachsen, dass aus jedem etwas werden kann, wenn er nur hart genug arbeitet. Diese Idee bürdet jedem Einzelnen die schwere Verantwortung für sein eigenes Schicksal auf. Immer wieder zu hören, dass einem alle Türen offenstehen, kann auch als Verpflichtung aufgefasst werden, all diese Chancen auch zu ergreifen. Eine solche Last können in so jungen Jahren einfach nicht alle Teens tragen. Einige überfordert das.

Sobald es jedoch keine äußeren Begrenzungen oder Entschuldigungen mehr gibt, muss man sich andere erschaffen. Und keine Entschuldigung ist besser als die, dass man keinen Bock auf den Stress hat und es daher gar nicht erst versucht. Um sicherzugehen, dass alle um einen herum auch verstanden haben, wie egal einem das alles ist, muss man das sichtbar machen und sich entsprechend verhalten und darstellen. Die Furcht, nicht gut genug zu sein, und der soziale Druck, nicht mithalten zu können, sind zwei der Faktoren, die in den öffentlichen Debatten häufig als Erklärung genannt werden, warum im glücklichsten Land der Welt so viele junge Menschen psychische Probleme haben. Andere Faktoren sind die Ansprüche an den eigenen Körper und der Leistungsdruck, wie auch die Ansprüche, die die Gesellschaft in den Augen der Jugendlichen an sie stellt. Häufig nennen die Jugendlichen selbst diese Faktoren. Hinzu kommt die immer größere Rolle der sozialen Medien. Dass über immer mehr psychische Probleme der jungen Generation berichtet wird, kann aber auch daran liegen, dass mehr junge Menschen bereit sind, über diese Probleme zu sprechen und sich zu ihren psychischen Schwierigkeiten zu bekennen. Dies ist eine Folge der größeren Offenheit im Umgang mit psychischen Erkrankungen in der Öffentlichkeit wie auch in den Medien. Keine Jugendgeneration zuvor hat eine so geringe Stigmatisierung von psychischen Erkrankungen erlebt wie die aktuelle Generation. Es ist, im Gegensatz zu früher, keine so große Schande mehr, psychische Probleme zu haben. Man geht zum Psychologen, um mit jemandem reden zu können, und nicht, weil man verrückt ist.

Die heutigen Jugendlichen sind sich viel stärker ihrer eigenen psychischen Gesundheit und der der anderen bewusst. Durch das Internet, über Blogger, Google und Wikipedia wissen sie viel mehr über das Thema als frühere Generationen. Sie kennen die Symptome einer *Depression*[9] oder einer *Angststörung*[10], und wenn sie dazu etwas wissen wollen, finden sie die Antworten in ihren Smartphones. Vor fünfzehn Jahren mussten wir Bücher in der Bibliothek ausleihen, um diese Antworten zu finden, und dabei bestand immer das Risiko, dass die Bibliothekskräfte wissen wollten, wie es einem gehe. Meistens ließ man es dann und hoffte einfach, dass die eigenen Probleme irgendwie von selbst vergehen, was häufig auch der Fall war. Das meiste ging vorbei, und ein Großteil von dem, das sich blieb, spielte sich irgendwie ein.

Über die größere Offenheit im Zusammenhang mit psychischen Erkrankungen wird viel gesprochen und geschrieben, insbesondere unter Psychologen und Psychologinnen, die lange schon gegen die damit verbundene Scham und die Stigmatisierung ankämpfen.

> 99 *Gegenüber anderen zu verbergen, dass es einem schlecht geht, ist gleichbedeutend mit dem Eingeständnis, dass die eigene Gefühlslage nicht in Ordnung ist.*

Man ist in der Erwartung gefangen, dass andere diese Gefühle nicht dulden würden. Häufig ist es aber gerade die Scham über die eigene Krankheit, die eine Heilung verzögert oder gar verhindert. Ein wichtiger Teil des Genesungsprozesses ist nämlich die Akzeptanz der eigenen Gefühle und die Erkenntnis, dass andere Menschen durchaus damit umgehen können. Wir Psychologen und Psychologinnen sind daher froh über den Trend zu mehr Offenheit und den Abbau der Stigmatisierung. Dieser Trend reduziert die Scham bei denen, die wirklich Probleme haben. Zu wissen, dass es in Ordnung ist, psychische Probleme zu haben, macht die Krankheit weniger schmerzhaft. Indem man seinen Schmerz mit anderen teilt, öffnet sich ein Raum für Veränderungen und man erfährt Akzeptanz.

Es gibt viele gute Gründe, noch offener mit psychischen Erkrankungen umzugehen, denn vielen tut diese Offenheit gut. Sie kann allerdings auch unbeabsichtigt dazu führen, dass immer mehr Menschen bereits die eigenen Gefühlsschwankungen für Symptome einer psychischen Störung halten, statt in ihnen einfach eine natürliche Reaktion auf die Herausforderungen des eigenen Umfeldes zu sehen. Dies gilt auch für Jugendliche. Dass die Teenagerzeit schwierig und schmerzhaft ist, ist altbekannt. Neu ist jedoch der Rahmen, in dem wir diese jugendlichen Empfindungen platzieren.

Vor zehn bis fünfzehn Jahren waren wir vor Prüfungen auch gestresst und vielleicht haben wir uns vor dem Prüfungstag gefürchtet, aber eine

Angststörung war das nicht. Gingen Beziehungen in die Brüche, ganz gleich, ob platonisch oder nicht, waren auch wir mies drauf. Aber deshalb hatten wir noch keine Depression. Und in jedem Frühjahr waren wir müde, weil es so viele Prüfungen und so viele Partys gab. Manchmal waren wir so müde, dass wir es nicht in die Schule schafften, Kopf- und Gliederschmerzen hatten, aber das hatte für uns nichts mit Stress zu tun. Das war einfach so.

Als Psychologe erlebe ich, dass die heutige Jugendgeneration ihre emotionalen Reaktionen und Schwankungen in einem weit höheren Grad als früher als psychische Krankheit auffasst. Die Heranwachsenden sind nicht schlecht drauf, weil sie eine Trennung hinter sich haben, sondern weil sie deprimiert sind. Vor den Abiprüfungen graut es ihnen nicht mehr, sondern sie haben eine Angststörung oder bekommen *Panikattacken*[11]. Und im Frühling haben die Jugendlichen nicht einfach nur zu viel zu tun, sie sind vielmehr gestresst. Das mag wie eine sprachliche Nuance erscheinen, ich denke aber, dass solche sprachlichen Nuancen dazu beitragen, wie man auf sein Leben und seine eigenen Emotionen und Stimmungsschwankungen reagiert.

Zum einen hat man ganz automatisch größere Angst vor den eigenen Emotionen, was diese wiederum verstärkt. Wenn es beängstigend ist, Angst zu haben, weil das ein Anzeichen für eine Angststörung sein könnte, wird die Angst nur noch größer, bis sie irgendwann zur Todesangst wird. Und wenn man Angst davor hat, schlecht drauf zu sein, weil das ein Anzeichen für eine Depression sein könnte, bekommt man nicht nur Angst, sondern ist erst recht schlecht drauf. Und wenn man Angst vor Stress hat, weil das zu Panikattacken führen kann, ist das für viele das Eingangstor zu eben jener Angst und lässt den Stresslevel über einen längeren Zeitraum ansteigen. Es wirkt viel beängstigender, Symptome eines psychischen Leidens zu haben, als einfach nur emotionale Hochs und Tiefs. Bei einigen lässt vermutlich die Angst vor den natürlichen Reaktionen des Körpers tatsächlich psychische Krankheiten entstehen.

Zum anderen trägt das Stressempfinden dazu bei, eigene Gefühle und Reaktionen von den auslösenden Situationen und Umständen zu trennen. Gefühle sind die Sprache unseres Körpers. Sie zeigen, wie wir auf die Umwelt reagieren. Gefühle sind vollkommen okay und dazu gedacht, nach außen zu kommunizieren, wie es uns geht. Stress ist die Antwort des Körpers auf zu hohen Druck. Trauer auf Verlust und Angst auf Gefahr. Gefühle sind der innere Kompass des Körpers, doch wenn wir die eigenen Gefühlsreaktionen nicht mehr mit den Herausforderungen der Umwelt in Verbindung bringen, verlieren die Gefühle ihre Rolle als Wegweiser.

Indem wir uns von unseren eigenen Gefühlen distanzieren oder sie auf etwas Ignorierbares reduzieren, übersehen wir den eigentlichen Sinn der Gefühle, nämlich dass sie Signale sind, dass wir unser Verhalten ändern sollten. Die heutige Jugend scheint weitaus interessierter daran zu sein, die eigenen Gefühle zu kontrollieren, als auf sie zu hören. Deshalb ist es für viele natürlicher, Entspannungsübungen zu machen, als das eigene Stressniveau zu senken und die vollkommen überzogenen Ansprüche ihres Alltags herunterzuschrauben. Die Jugendlichen fokussieren sich eher darauf, sich selbst und ihre Reaktionen zu ändern als die Umstände und Ansprüche, die ihre schlechten Gefühle erst hervorrufen.

" *Es sind aber nur selten die Jugendlichen oder ihre Reaktionen, mit denen etwas nicht stimmt, sondern die überzogenen Ansprüche, die an sie gestellt werden.*

Diese Ansprüche müssen geändert werden, nicht die Jugendlichen. Das sollten wir als Erwachsene immer bedenken und daran auch unsere Jugendlichen immer wieder erinnern.

Eine andere Folge der Fokussierung der Jugendlichen auf die psychische Gesundheit ist, dass auch wir Erwachsenen die Reaktionen unserer Teenager in höherem Maße mit Blick auf eine psychische Erkrankung zu deuten versuchen. Wir machen uns größere Sorgen darüber, wie es unseren jugendlichen Kindern geht. Wir fürchten um ihre psychische Gesundheit und haben das Bedürfnis, mit ihnen darüber zu sprechen. Natürlich ist das sehr positiv, sowohl für uns als auch für die Jugendlichen. Es gibt allerdings einen Haken: Sobald sie erleben, dass ihre Reaktionen uns Angst machen, übertragen wir unsere Angst auf sie.

Kinder lernen, was in der Welt gefährlich ist, indem sie die Furcht in den Augen ihrer Eltern erkennen. Wenn das Baby an die Kante des Wickeltisches krabbelt und die Panik in den Augen seiner Mutter sieht, versteht es, dass es dort gefährlich ist. Das Gleiche passiert, sobald traurige Jugendliche, die Furcht erkennen, die ihre Trauer im Blick der Eltern weckt, oder wenn gestresste Jugendliche die ängstlichen Blicke der Erwachsenen registrieren. Diese Blicke machen ihnen klar, dass es gefährlich ist, traurig oder gestresst zu sein.

Aus Erfahrung weiß ich, dass viele Jugendliche diese Furcht in den Augen ihrer Eltern beängstigend finden. Die Augen und die Blicke der anderen nutzen wir Menschen immer als unmittelbaren Anhaltspunkt, wenn es darum geht, Gefahren zu erkennen. Indem wir Furcht signalisieren, schüren wir die Furcht des anderen. Deshalb empfehle ich Schülern und Schülerinnen mit Prüfungsangst immer, ihren Eltern nicht zu sagen, wann genau die Prüfungen anstehen. Angst ist ansteckend, und wenn sich zwei ängstliche Blicke treffen, stacheln sie diese Angst gegenseitig an. Man spricht in solchen Fällen auch von *emotionaler Ansteckung*[12].

Damit Jugendliche daran glauben können, dass die schwierige Zeit vorbeigeht, müssen zuerst wir Erwachsenen daran glauben, dass sie vorbeigeht.

Zusammenfassend lässt sich sagen, dass die größere Offenheit der Gesellschaft in Bezug auf psychische Erkrankungen dazu geführt hat, dass die Scham bei psychischen Problemen kleiner geworden ist. Gleichzeitig jedoch ist die Angst vor ganz normalen emotionalen Reaktionen gestiegen. Mit der Erkenntnis, dass psychische Krankheiten jeden treffen können, wächst auch die Wahrscheinlichkeit, selbst daran zu erkranken. Wenn immer mehr Jugendliche die Hilfe von Vertrauenslehrkräften oder praktizierenden Psychologen und Psychologinnen brauchen, um normale Gefühle zu regulieren, bekommen sie dadurch allerdings auch den Eindruck, dass sie ihre Emotionen allein nicht mehr in den Griff bekommen.

Sie gehen dann davon aus, dass sie ihrem Gefühlsleben hilflos gegenüberstehen, was wiederum dazu führt, dass ihnen das typische emotionale Auf und Ab der Jugendzeit bedrohlich erscheint. So wird ihnen die Möglichkeit genommen, zu erleben, dass Gefühle auch vorübergehen, sogar die schlimmen. Wenn Jugendliche bei anderen Zuflucht suchen und sich helfen lassen, sobald die Angst am größten ist, wächst die Gefahr, dass ihnen damit bestätigt wird, dass ihre Angst gefährlich ist und sie selbst außerstande sind, sie zu kontrollieren. Das Ergebnis ist eine Hilflosigkeit gegenüber den eigenen Gefühlen.

Betrachtet man die heutige Situation aus dieser Perspektive, so ist es nicht verwunderlich, dass derzeit mehr Jugendliche als früher unter Symptomen von Angst und Depressionen leiden, obwohl sie in vielen anderen Bereichen gut zurechtkommen. Häufig bekommen Jugendliche Angst vor ihren eigenen Gefühlen, während andere ihre eigenen Gefühle einfach zu lange und zu gut kontrolliert haben, um den übertriebenen Ansprüchen zu genügen, denen sie sich heute stellen und für deren Erfüllung sie sich manchmal völlig verausgaben. Sie zahlen einen hohen Preis, um in den verschiedensten Bereichen erfolgreich zu sein und dem unrealistischen Hochglanzstandard der sozialen Medien wenigstens ansatzweise zu entsprechen.

Die psychische Gesundheit der Jugendlichen

Wie im vorangehenden Kapitel beschrieben gibt es Anzeichen dafür, dass mehr Jugendliche als früher unter psychischen Problemen leiden und Symptome psychischer Erkrankungen zeigen. Aktuellen Studien ist zu entnehmen, dass in Norwegen ein Drittel der Jugendlichen bis zum Alter von sechzehn Jahren psychische Probleme hat[13]. Das heißt, dass in jeder Klasse der weiterführenden Schulen etwa zehn Heranwachsende sitzen, die psychische Probleme haben oder schon einmal hatten. In Deutschland stellte man 2017 bei mehr als einem Viertel aller Kinder eine *psychische Störung oder Verhaltensauffälligkeit* fest[14]. Bedenkt man, dass in Norwegen die Hälfte aller Menschen und in Deutschland mehr als ein Viertel der Erwachsenen[15] im Laufe ihres Lebens psychisch erkranken, sagt das viel darüber aus, wie kritisch die Teenagerjahre sind. Die Jugendzeit ist zudem die Phase im Leben, in der die meisten Menschen mit dem Gefühl der Einsamkeit zurechtkommen müssen. In der Gruppe der Jugendlichen mit psychischen Problemen sind Mädchen deutlich überrepräsentiert. Zwei von drei norwegischen Jugendlichen, die psychisch erkranken, sind weiblich[16]. In Deutschland leiden mehr Jungen an Entwicklungs-, Verhaltens- und emotionalen Störungen, während Mädchen häufiger neurotische und Belastungsstörungen aufweisen[17].

In diesem Kapitel gehe ich näher auf die größten Schwierigkeiten dieser Jugendlichen ein und auf die immer wieder auftauchenden Gemeinsamkeiten. In den nachfolgenden Kapiteln skizziere ich dann einige Jugendtypen, mit denen ich als Schulpsychologe zu tun habe, und erläutere, wie ihr mit diesen Jugendlichen umgehen und sprechen oder sie zumindest verstehen könnt.

Aber zunächst möchte ich kurz die häufigsten Symptome der psychischen Erkrankungen bei Jugendlichen umreißen und wie diese sich von den Symptomen bei Erwachsenen unterscheiden.

Eine Gemeinsamkeit der sehr heterogenen Gruppe der Jugendlichen, mit denen ich Kontakt habe, ist, dass ihre Symptome meist sehr vielfältig sind und sie unter einem relativ hohen, selbstgemachten Druck leiden. Nur selten treffe ich jemandem, der nur unter einer Sache oder an nur einem bestimmtem Symptom leidet. Häufig zeigen die Jugendlichen gleichzeitig Symptome für Depression und Angst, die wiederum zu Schlafproblemen, *Essstörungen*[18] oder Drogenmissbrauch führen können. Außerdem leiden viele sehr unter ihren familiären Lebensbedingungen oder dem Freundeskreis. Das ist ein entscheidender Unterschied zu Erwachsenen, die häufiger eindeutige Symptombilder entwickeln.

Die variierenden, vielschichtigen Symptome erschweren es mitunter, eine klare Diagnose zu stellen. Daher müssen die Symptome oftmals ganzheitlich betrachtet werden. In ihrer Gesamtheit offenbaren sie, wie schwer die Jugendlichen leiden und mit welchen widersprüchlichen Maßnahmen sie versuchen, ihre schmerzhaften Gedanken und Gefühle in den Griff zu bekommen, beispielsweise durch Drogenkonsum, krankhaftes Essverhalten oder Selbstverletzung.

So kann es eine Weile dauern, bis man sich als Therapeut oder Therapeutin einen Überblick über all die infrage kommenden Ursachen und Bewältigungsstrategien verschafft hat, denn einige sind so sehr mit Scham oder Schmerz behaftet, dass die Jugendlichen kaum darüber sprechen. Vielen fällt es besonders schwer, über Selbstverletzung oder Selbstmordgedanken und die Gründe dafür zu reden. Dies braucht Zeit und Vertrauen, vor allem aber Sicherheit und den festen Glauben daran, dass beide Seiten ein Gespräch darüber auch verkraften können.

Unter den psychisch Erkrankten sind *internalisierende*[19] Störungen, also Angst und Depression, am häufigsten. [20]

> *Angst ist die weitverbreitetste psychische Störung, sowohl bei Jungen als auch bei Mädchen, gefolgt von Depressionen.*

Die Symptome von Angst und Depressionen fallen bei Jungen und Mädchen oftmals verschieden aus, da sie schmerzhafte Gedanken und Gefühle mit unterschiedlichen Strategien zu meistern versuchen. Generell neigen Mädchen eher zum Internalisieren, also dazu, ihre Frustration nach innen zu richten, während Jungen häufig externalisieren und ihren Frust nach außen tragen. Vereinfacht und stereotypisch gesagt: Mädchen fressen ihre Probleme in sich hinein, verschließen sich und werden traurig, Jungen werden zornig und rasten aus.

Dies kann nach meinen Beobachtungen dazu führen, dass Mädchen häufiger für psychisch krank gehalten werden und mit ihren Problemen auf Verständnis stoßen, während die Jungen bloß ermahnt werden, sich zusammenzureißen. Möglicherweise suchen Jungen daher weniger häufig nach Hilfe; insofern könnte die Dunkelziffer bei Jungs deutlich höher sein als bei Mädchen. Jungen vertrauen den Hilfsangeboten weniger und sind es zudem weniger gewöhnt, ihre belastenden Gedanken und Gefühle anderen anzuvertrauen. Sie glauben ganz einfach nicht daran, dass es sinnvoll ist, darüber zu reden, vielleicht haben sie auch die Erfahrung gemacht, dass dadurch alles nur schlimmer wird oder man sie wieder nur auffordert, sich zusammenreißen. Da sie ihre Gefühle nicht mitteilen, erleben sie durch ihr näheres Umfeld auch keinen Druck, sich Hilfe zu suchen. Sie werden so aber auch seltener von Freunden aufgefangen, die sich um sie sorgen. Ein typisches Beispiel ist der schweigsame Junge, der still und heimlich zur ersten Sitzung beim schulpsychologischen Dienst erscheint, die Hände tief in den Taschen vergraben. Das Mädchen, das nach ihm seinen Termin hat, kommt weinend in der Begleitung von zwei Freundinnen, die resolut an die Tür klopfen. Vielleicht begegnen sie einander noch auf dem Flur, was den Jungen dann möglicherweise davon abhält, ein zweites Mal zu kommen, weil andere ja viel dringender Hilfe brauchen als er. Gefühlt kommt er irgendwie klar, schließlich weint er fast nie.

In meinem Unterricht über psychische Gesundheit frage ich die Jugendlichen immer, warum sie glauben, dass Mädchen deutlich häufiger unter psychischen Störungen litten als Jungen. Damit auch die Jungen sich an der Diskussion beteiligen, muss ich häufig erst noch die Folgefrage stellen, warum Jungen weniger anfällig für psychische Belastungen seien. Für gewöhnlich bringt diese Frage die Klassendiskussion erst richtig in Gang.

Von den Jungen kommt oft die schnelle Antwort, dass das bei den Mädchen sicher mit den vielen Hormonen und ihrer Periode zu tun hat, was die Mädchen dann mit der Aussage kontern, dass sie einfach mehr nachdenken und weniger in den Tag hineinleben. Normalerweise geht der Schlagabtausch eine Weile hin und her und mündet dann in der Diskussion, warum Mädchen als „Flittchen" gelten, wenn sie mit mehreren Jungs „rumgemacht" haben, während Jungs als cool angesehen werden, je mehr Mädchen sie hatten. Als Diskussionsleiter oder Moderator muss ich den Mädchen zum Teil recht geben. Sie denken mehr, obwohl auch die Jungs eigentlich ständig an etwas denken. Der Unterschied ist allerdings, dass Mädchen meist über ernste Dinge nachdenken, während Jungen oft nur Spiel und Spaß im Kopf haben. Mädchen bereiten sich beispielsweise intensiver auf die Schule vor, während Jungen mehr an ihre Freizeit denken - wovon sie ja auch mehr haben, weil sie der Schule weniger Aufmerksamkeit widmen. Was den sozialen Bereich angeht, beschäftigen sich Mädchen mehr mit den emotionalen Bindungen zwischen den Menschen, während die Jungen eher die Inhalte im Blick haben. Mädchen machen sich Gedanken darüber, wie etwas gesagt wurde, während Jungen an das denken, was gesagt wurde, dies dann aber oftmals sofort wieder vergessen.

Gleichzeitig scheinen Mädchen in deutlich heikleren Bereichen miteinander zu konkurrieren und sich zu vergleichen als Jungen, in Bereichen also, die für ihr Selbstwertgefühl bedeutsamer sind. Während Mädchen um Aussehen, Charakter und sozialen Status wetteifern, geht es bei Jungen eher darum, wer sich am häufigsten betrinkt, im Rausch die blödesten Dinge anstellt, mit die meisten Mädchen abschleppt oder sich am besten mit Computerspielen auskennt. Es hat deshalb den Anschein, als konkurrierten Jungen in Bereichen, die für das Selbstwertgefühl nicht ganz so wichtig sind, während Mädchen sich in Bereichen vergleichen, die für das noch unsichere jugendliche Selbstwertgefühl fundamental sind. Es ist einfach nicht so schlimm, bei einem Computerspiel oder beim Wettsaufen zu verlieren, als auf der sozialen Rangliste abzustürzen.

In diesem Zusammenhang möchte ich allerdings erwähnen, dass dieses Phänomen kein Privileg der Jugend ist, das spürt man deutlich, wenn man mal an einem 10- oder 15-jährigen Abitreffen teilgenommen hat. Die Frauen vergleichen sich in puncto Karriere, Familie und Aussehen, während die Männer noch immer um die Wette trinken und sich alte Geschichten erzählen, wer damals die verrücktesten Dinge angestellt hat. Deshalb ist es auch kaum verwunderlich, dass Frauen vor der Teilnahme an solchen Treffen häufiger zurückschrecken als Männer. Für die Männer geht es ums Feiern und Spaßhaben, während für die Frauen so eine Veranstaltung bitterer Ernst ist.

In der Teenagerzeit kommt jedoch noch dazu, dass Jungen und Mädchen die Gründe für die eigenen Leistungen grundsätzlich unterschiedlich deuten.

**" *Jungen suchen nach Erklärungen, die ihr Selbstwertgefühl schützen, während Mädchen das eigene Selbstwertgefühl geradezu angreifen.* **

Jungen nehmen ihre Erfolge gern an, während sie die Niederlagen von sich schieben. Besteht ein Junge eine Prüfung mit guten Noten, liegt das für ihn daran, dass er klug ist, während er schlechte Noten meist auf äußere Umstände oder Zufälle zurückzuführt, weil beispielsweise die Lehrkraft blöd ist, der Stift nicht funktioniert hat, er einfach Pech mit der Aufgabe hatte oder gerade die Frage gestellt bekommen hat, die er nicht gelernt hatte. Bei Mädchen ist es genau umgekehrt. Erfolge in der Schule führen sie häufig darauf zurück, Glück mit den Aufgaben gehabt zu haben, oder dass die Lehrkraft bei der Bewertung sicher ein Auge zugedrückt hat, während sie Misserfolge als Folgen ihrer Dummheit bewerten.

So haben Jungen in der Schule häufiger als Mädchen das Gefühl, erfolgreich zu sein, und strahlen ein größeres Selbstvertrauen aus, obwohl die Mädchen im Durchschnitt eine halbe Note besser sind als sie. Mit anderen Worten: Jungen setzen auf einen Deutungsansatz, der sie aufbaut und ihr Selbstwertgefühl stützt. Er führt allerdings auch dazu, dass sie weniger für die Schule lernen und ihnen die Noten weniger wichtiger sind als den Mädchen. Vereinfacht könnte man sagen:

** " *Jungen geht es gut, während Mädchen gute Arbeit abliefern.***

Diese Ergebnisse sind allerdings Durchschnittswerte größerer Gruppen. Individuell gibt es sowohl bei den Jungen als auch den Mädchen große Unterschiede.

Mädchen und Jungen, die von sich aus Hilfe suchen, tun dies häufig als Folge eines ganz konkreten Triggers, bei dem ihre früheren Bewältigungsstrategien nicht mehr funktionieren. Dadurch haben sie einen legitimen Grund, Kontakt mit einem Psychologen oder einer Psychologin aufzunehmen. Häufig sind eine gescheiterte Beziehung, eine klare Drohung, dass etwas in die Brüche gehen könnte, oder eine nicht bestandene Prüfung die Auslöser. Die meisten kommen jedoch für gewöhnlich erst, wenn sie das Gefühl haben, wirklich nicht mehr allein weiterzuwissen.

Bei denen, die auf Anraten oder Initiative anderer kommen, gibt es nur manchmal klare Trigger, obwohl ich nach einer Weile des Zuhörens nicht selten das Gefühl habe, dass es auch bei ihnen einen konkreten Auslöser gibt.

Fehlt so ein Auslöser, suchen viele erst einmal keinen Kontakt zum Psychologen oder zur Psychologin, weil ja nichts Dramatisches geschehen ist und sie das Gefühl haben, dass sie eigentlich keinen wirklich guten Grund haben, sich Hilfe zu suchen. Sie haben sich an ihre Schwierigkeiten gewöhnt und fürchten, dass alles nur noch schlimmer wird, wenn sie die schmerzhaften Gedanken in Worte fassen und mit anderen darüber sprechen.

Die meisten Jugendlichen, mit denen ich rede, weisen sehr komplexe Symptome auf, nämlich belastende Gedanken und schmerzhafte Gefühle. In Kombination mit den unterschiedlichsten, widersprüchlichen Bewältigungsstrategien führt dies zu einem relativ hohen Druck, der sich an verschiedensten Stellen bemerkbar macht. Die Jugendlichen erklären das oft damit, dass die Belastungen einfach zu groß geworden sind, ihnen alles über den Kopf gewachsen ist oder sie einfach nicht mehr können. Sie wollen wieder entspannen und tief durchatmen und brauchen eine Pause von ihrem Gedankenkarussell. Normalerweise wünschen sie sich von mir, den gefühlten Stress zu reduzieren.

Mit den Worten *Stress* oder *krankhafter Stress* beschreiben die Jugendlichen ihren Zustand am häufigsten. Vielleicht liegt es an der Allgegenwart in den Medien, dass Stress als Erstes genannt wird, vielleicht fühlt es sich für sie aber auch sicherer an, über Stress zu sprechen, als über andere schmerzhafte Gefühle. Es ist nicht ganz so gefährlich, gestresst zu sein, wie Angst zu haben, obwohl es sich dabei streng genommen um dasselbe Gefühl handelt, nur eben mit einer anderen Dauer und Intensität. Manchmal habe ich den Eindruck, als benutzten die Jugendlichen das Wort *Stress* als einen Sammelbegriff für alle Arten von negativen Gefühlen. Es ist eine Art emotionaler Knoten in einem Knäuel, das neu aufgewickelt werden muss. Da alle Gefühle jedoch die Funktion haben, uns etwas mitzuteilen, kann Stress nicht mit Stress regulierenden Maßnahmen bekämpft werden, denn im Grunde geht es ja nicht um den Stress.

Wenn ich anfange, den Knoten zu lösen und das Knäuel auseinanderwickele, zeigt sich oft, dass das emotionale Unbehagen, das die Jugendlichen empfinden, durchaus auch aus Angst und Trauer oder Schuld und Scham bestehen kann.

Hierbei dürfen wir nicht vergessen, dass das Gefühl von Stress signalisieren soll, dass man nicht mehr genug Ressourcen für die Herausforderungen hat, die sich einem vermeintlich stellen, oder dass man einfach zu viel zu tun hat. Dieser Stress muss weder behandelt noch als irgendein Symptom betrachtet werden, man muss daraus die Konsequenzen ziehen und etwas an seinem Lebensstil ändern.

99 *Stress ist ein Signal, dass die Jugendlichen ihr Leben aufräumen und ihre Schwerpunkte anders gewichten müssen.*

Unsere Aufgabe als Erwachsene besteht weder darin, überzogene Ansprüche zu normalisieren, noch normale Reaktionen in Krankheitsbilder zu verwandeln.

Wenn wir uns ausschließlich darauf beschränken, das Gefühl von Stress zu bekämpfen, führt das in vielen Fällen dazu, dass die Jugendlichen weniger sensibel für die Signale des eigenen Körpers werden und das Problem nur vor sich herschieben, es aber nicht lösen. Für viele bedeutet das, nur kurzfristig aufgebaut zu werden, um später aus einer viel größeren Höhe abzustürzen. Bei anderen bleiben Probleme bestehen oder werden möglicherweise sogar größer, weil die Heranwachsenden sich nie um die Dinge in ihrem Leben gekümmert haben, die diesen Stress verursacht haben. Gleichzeitig gewöhnen sie sich daran, dass es normal ist, zu viel zu tun zu haben, und dass man jeden Abend Entspannungsübungen machen muss, um ein paar Stunden schlafen zu können.

Die heutige Teenager-Generation hat - wie bereits erwähnt - viel zu tun, sie muss vieles bedenken, und es gibt einiges, wovor es ihr graut.

> **99** *Deshalb sind aber ihre emotionalen Reaktionen nicht gleich unnormal oder krank, viel eher sind die heutigen Lebensumstände und Ansprüche vollkommen überzogen und ungerechtfertigt.*

Es ist absolut legitim, müde zu sein, Angst zu haben oder sich schlecht zu fühlen, wenn das Leben zu viel von einem verlangt. Das muss nichts mit einer psychischen Krankheit zu tun haben. Die meisten Menschen sind gestresst, wenn sie zu viel zu tun haben, und die allermeisten werden traurig, wenn der Partner die Beziehung beendet oder die Eltern streiten.

Auch wenn viele Herausforderungen, vor denen Jugendliche stehen, sich ähneln, können diese auf sehr unterschiedliche Weise ausgedrückt werden. Eine emotionale Reaktion ist immer das Resultat aus einer Begegnung eines Individuums mit der Welt. Jugendliche unterscheiden sich untereinander ebenso stark wie alle anderen Menschen und entsprechend unterschiedlich gestalten sie ihr Leben und drücken sie Dinge auf ganz unterschiedliche Art aus. Einige werden zornig, andere bekommen Angst. Für wieder andere fühlt es sich sicherer und natürlicher an, sich kalt zu geben und auf Konfrontation zu setzen, statt sich verletzlich zu zeigen.

In den nächsten Kapiteln werde ich die Probleme der Jugendlichen differenzieren und nuancieren, indem ich auf bestimmte Typen von Jugendlichen eingehe, mit denen ich oft zu tun habe. Die meisten Jugendlichen werden nicht zu hundert Prozent in nur eine dieser Gruppen passen, sondern Züge aus mehreren in sich vereinen. Trotzdem hoffe ich, auf diese Weise einige wiederkehrende Mechanismen aufzeigen zu können.

Die sechs Typen von Jugendlichen, die ich vorstelle, sind: *die Bad Boys* und *die Drama Queens*, *die guten Schülerinnen* und *die faulen Jungs* sowie *die Emotionalen* und *die Unsichtbaren*. Das heißt aber nicht, dass es nicht auch Bad Girls oder männliche Drama Queens gibt, gute Schüler und faule Mädchen. Diese weitverbreiteten, menschlichen Züge finden sich über alle Geschlechtergrenzen hinweg, sind aber häufiger bei den Geschlechtern verbreitet, die ich in der jeweiligen Gruppe vorstelle.

Die Bad Boys

Wer sie sind und wie ihr sie verstehen könnt

In jeder Klasse sitzt normalerweise mindestens ein Bad Boy, ein Rebell ohne oder aus unbekanntem Grund. Er sitzt ganz hinten und opponiert ständig gegen Lehrende und Schule. Die meisten Lehrkräfte wünschten, er wäre krank, und die Direktion hofft, dass er bald die Schule wechselt:

> » *Hoffentlich kommt er nächstes Jahr nicht wieder. Unmöglich, ihn in eine normale Klasse zu integrieren. Er schadet dem Klassenklima und stört die lernwilligen Schüler und Schülerinnen. Er muss auf jeden Fall mit einem Psychologen oder einer Psychologin reden. Wenn er das nicht macht, fliegt er von der Schule.*

Erst nach so einer Drohung nimmt der Bad Boy Hilfsangebote wahr. Andere schicken ihn zu mir, Lehrkräfte verweisen ihn des Unterrichts oder die Sekretärin bringt ihn in mein Büro. Nie kommt er auf eigene Initiative und selten früh genug. Er kommt, wenn es brennt oder schon etwas niedergebrannt ist. Auf den Brand folgt das resignierte Schweigen, denn meist ist er fest entschlossen, nicht mit mir zu reden. Wortlos verteidigt er sich gegen jeden Annäherungsversuch. Jedes Signal von Verständnis beantwortet er mit einem drohenden Blick, mit dem er mich zum Teufel wünscht. Er will, dass ich ihn ablehne, moralische Reden schwinge oder schlicht und einfach aufgebe. Ich soll zugeben, dass ich mich ihm gegenüber nicht positionieren kann, was im Psychologenjargon bedeutet, dass ich nicht an ihn herankomme und es nicht schaffe, ihn in ein Gespräch zu verwickeln.

So geht es jedes Mal. Bad Boys sind diese Situation gewohnt und beherrschen sie. Sie wurden so oft abgelehnt und beschimpft, dass sie verunsichert sind, wenn jemand plötzlich anders reagiert. In ihren Augen wird die Lage dadurch unvorhersehbar. Deshalb tun sie alles, um negative, aber für sie vertraute Reaktionen bei anderen hervorzurufen. Sie provozieren so lange, bis ihr Gegenüber keine andere Wahl hat - es sei denn, wir sind bereit, uns bis zu einem gewissen Grad zu blamieren. Für eine Lehrkraft ist dies oft keine Alternative, zumindest nicht vor der Klasse, weshalb es unweigerlich zur Konfrontation kommt.

Für uns andere Erwachsene gibt es jedoch Alternativen, zumindest für mich. Mir macht es nichts aus, mich ein bisschen zu blamieren, und ich trete gern aus der Psychologen- oder Erwachsenenrolle heraus, um hilfsbedürftige Heranwachsende zu erreichen. Manchem mag dies als Niederlage erscheinen, für andere ist es eine Befreiung. Auf jeden Fall ist es eine Voraussetzung, um den Kontakt zu einem Menschen herzustellen, der weder mit einem Psychologen noch mit einem anderen Erwachsenen reden will, auch weil er gegen seinen Willen zu mir geschickt wurde. Es gibt kaum etwas, wozu Bad Boys weniger Lust haben, als mit einem Psychologen oder einer Psychologin zu reden - es sei denn, sie bekommen die Gelegenheit, ihre Unlust und ihr Misstrauen ihnen gegenüber auszudrücken. Genau das versuche ich, ihnen zu ermöglichen.

> *Bad Boys hegen meist eine große Verachtung gegenüber jeglichen Hilfsangeboten.*

Nur Schule und Lehrende ernten noch größere Ablehnung. Wir alle werden zu Repräsentanten der autoritären Erwachsenenwelt reduziert, zu der sie kein Vertrauen mehr haben. Sie haben gelernt, vor uns Erwachsenen auf der Hut zu sein und dass nur selten auf uns Verlass ist. Sie sind es gewohnt, dass wir nicht für sie da sind, wenn es darauf ankommt. Mit anderen Worten: Sie haben uns aufgegeben und sind nur sich selbst und Gleichaltrigen überlassen.

Misstrauen gegenüber Erwachsenen

Deshalb entwickeln sie oft feste Beziehungen zu ihren Freunden. Auf diese können sie zählen, weshalb sie zu vielem bereit sind, um diese Freundschaften zu erhalten. Sie sind bereit, sich für ihre Kumpels zu schlagen. Wollen wir verstehen, warum Bad Boys sich prügeln, sollten wir eher herausfinden, *für* wen sie sich prügeln, als *mit* wem. In den meisten Fällen schlagen sie sich, um jemanden zu beschützen, seltener, um jemandem eins auszuwischen. Außerdem bietet die Prügelei vorübergehend ein Ventil für ihren verborgenen Frust. Wen es dabei trifft, ist oft Zufall oder eine Frage der Gelegenheit.

Schule, Polizei oder andere Autoritäten sind beliebte Zielscheiben diffuser Frustration. Innere Rastlosigkeit und existenzielle Unruhe suchen stets nach einer vermeintlichen Ursache für den Frust. Wenn ich einen Bad Boy etwas besser kennenlerne, frage ich immer, ob er auch noch wütend wäre, wenn es keine Schule oder Polizei gäbe, und falls ja, auf wen. Es überrascht kaum, dass dann meist die Eltern oder andere Erwachsene genannt werden, die den jungen Mann seiner Meinung nach im Stich gelassen haben. Oft kommt er zu dem Schluss, dass er selbst zu früh erwachsen werden musste, weil die Erwachsenen es nicht waren oder nicht für ihn da waren.

Für gewöhnlich gibt es einen Grund, dass er so ist - was im Übrigen für uns alle gilt. Es gibt eine Ursache für sein kritisches Verhältnis zu Erwachsenen und für sein Verhalten, das uns zum Aufgeben zwingen soll. Wir sollen versagen, ganz wie er es von uns erwartet. Mit dieser Haltung erkennt er nicht, dass wir es gut mit ihm meinen. In der Schule ist er nicht erwünscht, weil er stört. Auch zu Hause ist es am Mittagstisch ruhiger, wenn er nicht da ist. Fast überall ist er unerwünscht. Eigentlich wäre es besser, wenn er fortbliebe. Er erlebt Erwachsene als Menschen, die wünschen, dass es ihn nicht gäbe.

> **Niemand fühlt sich unerwünschter und weniger willkommen als ein Bad Boy.**

Zuerst in der Familie, zum Wohl der anderen Kinder, dann in der Schule, zum Wohl der anderen Schüler. Und wenn er da ist, schimpfen Erwachsene mit ihm und machen ihm Vorwürfe.

Nach meiner Erfahrung kann man so viel schimpfen, wie man will, solange er weiß, dass er trotzdem zurückkommen darf. Sobald er sich erneut unerwünscht fühlt, empfindet er jedoch jeden Vorstoß als Kritik oder den Beginn einer neuen Konfrontation. Für Lehrkräfte liegt darin ein Großteil des Problems. Weil sie die Verantwortung für die gesamte Klasse tragen und Grenzen setzen müssen, erfüllen sie rasch die Rolle der unbarmherzig Strafenden, die den zornigen jungen Mann loswerden wollen. Für sie scheint es fast unmöglich, ein Verhältnis zu diesen Jugendlichen aufzubauen.

Um Letzteres zu erreichen, müssen wir jedoch bereit sein, die Rolle des Erwachsenen und professionellen Helfenden ein Stück weit zu verlassen. Wir müssen uns erlauben, voll und ganz Mensch zu sein. Dies bedeutet, dass wir bisweilen auch unsere eigenen Lebenserfahrungen mit ihm teilen müssen. Als Psychologe muss ich zulassen, dass unser Verhältnis zumindest am Anfang stärker auf Gegenseitigkeit beruht als das übliche Verhältnis zwischen Arzt und Patient.

Vertrauen aufbauen

Ich muss quasi als Freund akzeptiert werden, weil er sich auf niemand anderen als auf seine Freunde verlässt. Und weil Freunde alles teilen, muss ich ebenfalls mit ihm teilen - mit der Folge, dass die Bad Boys der Stadt inzwischen mehr über meine Jugend wissen als meine Eltern.

Erst später kann ich schrittweise, indem ich zunächst in die Rolle eines großen Bruders oder jungen Onkels schlüpfe, die Rolle des Psychologen einnehmen. Dafür muss ich mir allerdings sicher sein, dass er sich bei mir willkommen fühlt, ganz gleich, was er angestellt hat. Er muss mir vertrauensvoll davon erzählen. Es dauert lange, dieses Vertrauen aufzubauen - und kann in Sekundenbruchteilen wieder zerstört werden.

Mein Verhältnis zu den Bad Boys beruht auf zwei Erfahrungen, die ich mit unterschiedlichen Teenagern gemacht habe, nicht nur mit zornigen: Zum einen hüten sich Teenager vor zu großem Einfluss durch uns Erwachsene. Zum anderen sind sie es nicht gewohnt, dass wir sie ernst nehmen.

Der zweite Punkt hat zur Folge, dass ich die Erzählungen und die Erlebnisse eines Jugendlichen stets ernst nehme, ganz gleich, wie töricht sie auch klingen mögen. Oft wollen gerade die scheinbar törichten Dinge ernst genommen werden, weil sie dazu führen können, dass Teenager sich selbst regulieren und mäßigen. Sie wissen selbst, wenn sie etwas Dummes tun. In den meisten Fällen wollen sie uns damit schockieren, um das Verhältnis zueinander zu testen.

❞ *Erträgst du mich wirklich, auch wenn ich mich total daneben benehme?*

Die einzig mögliche Antwort auf diese Frage besteht darin, ihre Erfahrungen ernst zu nehmen. Erst dann fühlen sie sich sicher genug, und wir können das Erlebte analysieren, allerdings nur, wenn wir es unvoreingenommen akzeptieren - wonach die Jungs sich meist sehnen. Akzeptanz hat es für sie bis dahin immer nur unter der Bedingung gegeben, dass sie sich benehmen. Weil sie dies aber nicht schaffen, schützen sie sich durch aufrührerisches Verhalten. Sie legen es darauf an, abgewiesen zu werden.

Und lieber führen sie die Abweisung selbst herbei, als sie als Folge einer unvermeidlichen Niederlage hinnehmen zu müssen. So bewahren sie ihr Selbstwertgefühl.

Ihre extremen Erlebnisse ernst zu nehmen hat eine weitere positive Auswirkung: Es führt dazu, dass sie sich mehr und mehr beherrschen, weil ihr Bedürfnis zu schockieren schrittweise abnimmt. Dann erlebe ich, dass sie sehr wohl zur Selbstbeherrschung fähig und meist viel klüger und reflektierter sind, als ihr Zeugnis es besagt. Diese Entwicklung gehört zu den positivsten Überraschungen meiner Arbeit.

Umgekehrt sind auch zornige junge Männer leicht zu überraschen, denn sie tauchen mit den schlimmsten Erwartungen bei mir auf. In den meisten Fällen komme ich schon weit, wenn ich ernst nehme, was sie erzählen und am Ende der Stunde betone, wie nett es war, mit ihnen zu reden - was fast immer der Wahrheit entspricht. Ich muss das aber in glaubhafte Worte fassen, denn sie sind es nicht gewohnt, dass Erwachsene ihnen zuhören und das auch noch nett finden.

>> *Bad Boys brauchen häufige und positive Bestätigungen.*

Unterschiedliche Wahrnehmungen

Gleichzeitig müssen wir berücksichtigen, dass Teenager dem Einfluss durch Erwachsene generell kritisch gegenüberstehen. Ihr Leben lang haben sie erlebt, dass wir sie beeinflussen oder verändern wollen und sie nur unter der Bedingung akzeptieren, dass sie sich ändern oder bessern, was bis dahin kaum funktioniert hat. Es ist daher kein Wunder, dass sie sich gegen diesen Einfluss wehren. Jeder Versuch einer Beeinflussung impliziert, dass sie nicht gut genug sind und sich ändern müssen, um akzeptiert zu werden und erwünscht zu sein. Deshalb müssen wir klar zwischen unserer und ihrer Wahrnehmung unterscheiden. Ich versuche nie, ihre Erfahrungen umzudeuten, sondern stelle vorher klar, dass ich nur meine individuelle Sichtweise dazu äußere.

>> *Die Jungs müssen die Deutungshoheit über ihre eigenen Erfahrungen behalten.*

Nur dann fühlen sie sich sicher genug, um ihr Verhalten zu hinterfragen.

In der Praxis bedeutet dies, dass ich viel Zeit darauf verwende, ihre Erlebnisse und Gedanken in einer Sprache zusammenzufassen, die ihrer Sprache so nahe wie möglich kommt. Sie müssen sich darin wiedererkennen. Erst dann präsentiere ich alternative Interpretationen von meinem Standpunkt aus. So bleiben wir beide für unsere Deutungen verantwortlich, und ich zwinge meine Eindrücke nicht jemandem auf, der nicht darum gebeten hat. Ich muss allerdings wissen, dass mein Gegenüber bereit ist, meine Meinung zu hören. Daher frage ich immer in meinen Worten, ob es in Ordnung ist, wenn ich meine Gedanken dazu äußere.

Soll ein Gespräch mit einem Bad Boy Veränderungen bewirken, so muss es zwischen zwei Menschen stattfinden, die einander akzeptieren, die sich über die Rahmenbedingungen einig sind und dem anderen gestatten, auch Dummheiten zu äußern. Diese Toleranz müssen auch wir Erwachsene aufbringen, denn wir selbst sagen oft falsche oder dumme Dinge, die ohne die notwendige Toleranz eine Beziehung zerstören würden.

Selbst wenn die Beziehung ausreichend gefestigt ist, um auf Veränderungen hinzuarbeiten, müssen wir dieser Spielregel folgen. Denn nur so gewährleisten wir Stabilität und Vorhersehbarkeit. Wir müssen vor allem immer Geduld aufbringen, da Veränderungen bei zornigen jungen Männern nur langsam stattfinden und selten stabil sind. Andernfalls riskieren wir einen Rückfall in das altbekannte Szenario von Konfrontation, Konflikt und Ablehnung, was damit endet, dass man den jungen Mann als unerreichbar abschreibt, nur um sich als Psychologe nicht zu blamieren.

Angst wird zu Aggression

Veränderung braucht Zeit, besonders bei Menschen, die mit Hilfe ihrer Persönlichkeit und Lebensweise ihre tief sitzende Angst vor Ablehnung kompensieren. Sie beschützen sich vor dieser Angst, indem sie sie in Aggression umwandeln. Dann fühlen sie sich sicherer und mächtiger. Zornig sein ist immer einfacher, als sich zu fürchten, was nicht nur für junge Männer gilt. Auch viele Mädchen ziehen den Zorn der Angst vor.

Leider befreit Aggression niemanden von der Angst. Ganz gleich, wie hart der Bad Boy auch zuschlägt, er verdrängt damit bloß die Furcht, dass er nie so sein wird, wie wir Erwachsene es von ihm erwarten, damit wir ihn akzeptieren und gern um uns haben. Ihm fehlen die nötigen Werkzeuge und die Erfahrung, um sich selbst zu verändern oder zu verbessern. Trotzdem akzeptieren wir ihn nur, wenn es ihm gelingt.

Mit dieser Haltung zwingen wir ihn, es gar nicht erst zu versuchen. Durch übertriebene Ansprüche schieben wir ihn weiter von uns weg, wir geben auf und schicken ihn zur nächsten Instanz.

Es kann lange dauern, bis Jugendliche selbst akzeptieren, dass ihnen die notwendigen Werkzeuge fehlen, um ihre Emotionen zu regulieren und ihren Zorn zu beherrschen. Sie werden sich lange wehren, indem sie ihre Probleme externalisieren, das heißt, die Schuld auf andere schieben. Sobald sie glauben, dass sie unerwünscht sind, tut es ihrem Selbstwertgefühl besser, die ablehnenden Personen als Idioten abzustempeln. Das ist einfacher, als den Grund der Ablehnung bei sich selbst zu suchen. Zornige junge Männer schieben die Verantwortung meist auf andere, für gewöhnlich auf Erwachsene und insbesondere Lehrkräfte oder andere Repräsentanten des Systems, das sie als autoritäre Erwachsenengesellschaft empfinden. Bei unseren Treffen sprechen sie viel über andere Menschen und nur selten über sich selbst. Dafür gibt es zwei Erklärungen: Zum einen ist es die natürliche Folge ihrer Neigung, die Ursachen für ihr Versagen bei anderen zu suchen, zum anderen ist es ein Versuch, mir gegenüber das Gesicht zu wahren. Sie wissen, dass sie zu Hause und in der Schule versagt haben, und es ist ihnen peinlich, dies einzugestehen, insbesondere vor einer Person, die ihnen glaubt. Darauf muss ich Rücksicht nehmen, weshalb die Arbeit langsamer vorangeht als bei anderen Teenagern.

Abschied von der Coolness

Bevor ein Bad Boy sich im Unterricht zusammenreißt, muss er zugeben, dass er in der Schule etwas erreichen will. Wenn er dann sein Verhalten den Lehrenden gegenüber ändert, gesteht er sich gleichzeitig ein, dass die Lehrkräfte einen triftigen Grund für ihre Ablehnung hatten. Beides führt also zu Gesichtsverlust und gekränktem Stolz, was besonders schmerzhaft ist, da das Selbstwertgefühl bis dahin hauptsächlich auf Stolz und Wahrung des Scheins fußte.

In der Schule ist es besonders schwierig, eine Veränderung herbeizuführen, weil die Verteidigungsmechanismen des Bad Boys sich dort tief eingeschliffen haben. Vielleicht hat er seinen Lernprozess von Beginn an selbst sabotiert, um sich vor Niederlagen zu schützen, immer mit der Entschuldigung, dass es ihm egal wäre.

" *Es ist einfacher, sich gar nicht erst zu bemühen, als zu versagen.*

Lieber cool, als dumm, denkt er.

Wenn ich einen Bad Boy ermuntere, in der Schule sein Bestes zu geben, bitte ich ihn also gleichzeitig, sich vor der Klasse zu demütigen. Ich bitte ihn, von cool zu dumm zu wechseln, und das vor seinen Mitschülern und Mitschülerinnen. Indirekt fordere ich ihn damit auf, seiner Klasse all das zu zeigen, was er nicht kann oder verpasst hat, ohne sich hinter der Fassade aus cooler Gleichgültigkeit zu verstecken. Das ist schmerzhaft und braucht besonderen Einsatz. Der Teenager muss bereit sein, Demütigung und Blamage zu riskieren, und zum ersten Mal seinen Teil der Verantwortung dafür übernehmen, dass seine Beziehung zu Lehrkräften und Schule gestört ist.

» *Es ist nicht allein die Schuld des Lehrers, wenn er hofft, ich würde nie wieder in die Schule kommen. Er hat seine Gründe. Er mag ja ein Arschloch sein, aber irgendetwas stimmt tatsächlich nicht mit mir.*

Dieses Eingeständnis kann besonders schmerzhaft sein, weil es die grundlegende Angst berührt, er könne nie so werden, dass er von anderen akzeptiert und gewollt wird. Zornige junge Männer verschwenden einen großen Teil ihrer Schulzeit darauf, sich vor dieser Angst zu schützen, indem sie bewusst provozieren und damit selbst die Kontrolle über die Ablehnung durch andere übernehmen.

Angst vor Ablehnung

Es ist jedes Mal dasselbe Spiel: der unausweichliche Konflikt zwischen dem Provozierenden und der Person, die ihn zum Schluss ablehnt. Der Bad Boy kann sich angesichts einer drohenden Ablehnung nicht anders verhalten. Er will lieber als Mistkerl abgelehnt werden als aufgrund seines wahren Charakters. Dieses Szenario ist ihm wohlbekannt und vorhersehbar, die Konfrontation ist die Alternative, die bei ihm am wenigsten Angst hervorruft.

> **"** *Er ist ein Experte der Konfrontation, aber ein Anfänger im Gespräch.*

Motiviert man einen Bad Boy zur Veränderung, zwingt man ihn, zu seiner Rolle Stellung zu nehmen und sich vielleicht von dieser Rolle zu distanzieren, die seine Mitmenschen von ihm erwarten. Kaum eine Rolle ist so festgelegt wie seine, was seinen Handlungsraum einschränkt. In seiner Rolle gibt es keinen Spielraum: Entweder er erfüllt sie oder er tritt aus ihr heraus. Letzteres kann bedeuten, dass er sich von seinen engsten Freunden distanzieren muss, weil er nicht mehr die Rolle erfüllt, die seine Clique von ihm erwartet.

Die meisten Betroffenen werten dies als schmerzhaft und illoyal, weil ihre Freunde ihnen am nächsten stehen. Auf sie ist Verlass, und sie können sich umgekehrt auch auf ihn verlassen. Leider bedeutet manche Veränderung zwangsläufig, dass der junge Mann nicht mehr für seine Freunde einstehen kann. Er kann sich nicht mehr in eine Schlägerei stürzen oder sich betrinken, weil ein Freund dies braucht. Ein Schritt aus der Rolle als Bad Boy bedeutet fast immer einen Schritt fort von den Personen, die ihm am wichtigsten sind.

Eine Veränderung ist für den zornigen jungen Mann wesentlich mehr als nur Selbstbeherrschung. Sie hat Demütigung und Isolation zur Folge, ohne dass es eine Garantie auf Erfolg gibt. Und höchstwahrscheinlich wird sie ihm nicht einmal ansatzweise gelingen, weil ihm die notwendigen sozialen Werkzeuge dafür fehlen. Er riskiert, dass sich seine größte Angst bewahrheitet, nämlich weiterhin abgelehnt zu werden, obwohl er sein Bestes tut. Hinzu kommt, dass er als zorniger junger Mann vermutlich auch mehr Erfolg bei den Mädchen hatte. Daher ist Selbstbeherrschung für ihn mehr als ein „kleines Opfer", denn er muss sich seiner Angst direkt stellen.

" *Selbstbeherrschung braucht Mut und Motivation, und beide funktionieren nur, wenn sie von innen kommen.*

Zudem braucht der Bad Boy eine glaubwürdige Entschuldigung für sein früheres Auftreten. Es reicht nicht zu sagen, er sei unmöglich gewesen. In der Schule muss er daher einen anderen Grund als seine vermeintliche Dummheit für sein schulisches Versagen finden.

Eine Erklärung kann lauten:
» *Dass du etwas nicht kannst, bedeutet nicht, dass du dumm bist. Du hast einfach nicht alles gelernt, was du lernen solltest.*

Indem ich dem Jungen helfe, solche Erklärungen zu finden, möchte ich ihm klarmachen, dass der Versuch mindestens so wichtig ist wie der Erfolg. Er muss nicht immer Erfolg haben, wenn er sich bemüht. Mit dieser Einsicht fühlt er sich sicherer. Für viele bedeutet sie sogar, dass sie nicht länger ihre eigenen Entschuldigungen erfinden müssen. Sie müssen sich nicht mehr selbst sabotieren und ihre eigene Niederlage herbeiführen, denn zum ersten Mal haben sie einen echten Grund, sich anzustrengen. Dieser Grund dreht sich nicht nur um sie selbst und hat nichts damit zu tun, dass sie nicht schlau genug wären. Erst wenn sie das begreifen, sind sie bereit, es zu versuchen, sowohl zu Hause als auch in der Schule. Oft müssen sie diese Erkenntnis erst von mir hören.

> » *Ich bin nicht dumm, ich habe nur vieles verpasst, was die anderen gelernt haben.*

Später können wir dies auch auf andere Lebensbereiche als die Schule ausweiten. Wir versuchen, ein empathisches Selbstverständnis zu finden, das den Ursachen ihres Verhaltens auf den Grund geht. „Dumm" oder „unmöglich" sind dabei keine Erklärungen mehr:

> » *Ich bin nicht schlimm oder unmöglich, ich habe nur Dinge durchgemacht, die andere nicht erlebt haben.*

Dies braucht Zeit und Unterstützung. Um sich selbst neu zu sehen, brauchen diese jungen Männer Menschen, die sie ebenfalls mit anderen Augen sehen - entweder in der Schule oder zu Hause. Aber selbst dann kann es dauern, bis sie wirklich daran glauben.

Für uns Erwachsene bedeutet dies, die Beziehung zu den jungen Männern so gut wie möglich aufrechtzuerhalten. Wir müssen bereit sein, wenn die Jugendlichen uns auf ihrem Weg brauchen, und für sie da sein, wenn sie die Teenagerjahre hinter sich lassen. Wir sollten immer bedenken, wie sehr sie in diesen Jahren gereift sind. Bei den zornigen jungen Männern dauert dies bloß etwas länger. Viele von ihnen erlangen erst im Militär- oder Zivildienst, im Praktikum oder auf einer einsamen Auslandsreise ausreichend Abstand, um das Gute zu zeigen, das in ihnen steckt.

★ Wie ihr besser mit eurem Bad Boy redet

Seinen Eltern gegenüber sucht der zornige junge Mann oft den Streit. Er ist es gewohnt, dass die Kommunikation mit Erwachsenen im Konflikt endet, weshalb er dies gern selbst vorwegnimmt, indem er die Konfrontation beschleunigt. Seinen Eltern stellt er damit indirekt die Frage, ob sie ihn auch akzeptieren und tolerieren, wenn er seine schlimmste Seite offenbart.

Leider kommuniziert er dies oft auf so extreme Weise, dass er eine negative Antwort provoziert. Genau wie in der Schule, übernimmt er bewusst oder unbewusst die Regie und benimmt sich so, dass die Eltern keine andere Wahl haben, als ihn abzulehnen. Irgendwo müssen sie schließlich Grenzen setzen, doch damit bestätigen sie gleichzeitig seine größte Angst, nämlich dass nicht einmal seine Eltern ihn ertragen. Und wenn sie das nicht können, so kann es keiner.

Also kann er ebenso gut aufgeben und denselben alten Streit beginnen, bei dem es keinen Sieger gibt, und der stets damit endet, dass einer wütend den Raum verlässt.

Eltern fühlen sich in dieser Situation verzweifelt und glauben, die Kommunikation sei festgefahren. Ganz gleich, was man sagt, es ist falsch, und ganz gleich, wo man die Grenze zieht, es gibt Streit.

Und so wird es weitergehen, bis zu dem Moment, an dem ihr als Eltern eurem Jungen endlich klarmacht, dass ihr ihn auch akzeptiert, selbst wenn er sich von seiner schlimmsten Seite zeigt. Ehe er sich dessen nicht sicher ist, wird er euch weiter testen und weiterhin Konflikte provozieren.

Die beste Methode, wie ihr eure Akzeptanz zeigen könnt, ist ihm zuzuhören und seine Worte ernst zu nehmen. Am besten kommuniziert ihr ihm dies durch Zusammenfassungen. Fasst seine Empfindungen und Erfahrungen zusammen, ohne etwas hinzuzufügen. Sagt beispielsweise:

» *Du empfindest das also so … Okay.*
» *Du meinst also, dass … Okay.*

Mehr nicht. Manchmal versteht der Junge dies als Aufforderung, noch etwas zu sagen. In diesem Fall solltet ihr erneut zusammenfassen. Fasst so lange seine Aussagen zusammen, bis ihm die Worte ausgehen.

Ihr könnt es folgendermaßen formulieren:
» *Also noch einmal. Du findest, dass …*
» *Also noch einmal. Du meinst also, dass …*
» *Habe ich dich richtig verstanden, dass du …*
» *Du glaubst also, dass …*
» *Du fühlst dich also …*

Indem ihr seine Aussagen zusammenfasst, ohne sie zu interpretieren, zu kommentieren und ohne Lösungen vorzuschlagen, signalisiert ihr, dass ihr ihn verstanden habt, ihn ernst nehmt und toleriert. Er darf sich von seiner schlimmsten Seite zeigen, ihr nehmt ihn ernst und zeigt Verständnis. Keiner von euch verlässt den Raum. Erst dann ist der zornige junge Mann imstande, sich in der Kommunikation mit euch selbst zu regulieren. Sobald er begreift, dass ihr auch seine schlimmste Seite ertragt und toleriert, muss er diese nicht länger hervorkehren. Er beruhigt und mäßigt sich.

Dies ist auch ein Signal dafür, dass er nun offener dafür ist, dass ihr als Eltern auch eure Standpunkte, Deutungen und Fragen vortragt. Mit etwas Empathie und Mitgefühl könnt ihr eure Zusammenfassungen vorsichtig ausweiten und vermuten, wie es ihm geht:

» *(Zusammenfassung), aber wenn du mich fragst, … Darf ich?*
» *Ja? Du musst sagen, wenn ich unrecht habe, versprochen?*
  Das ist wichtig, weil ich dich wirklich verstehen möchte.

> » *Heißt das, du findest, dass wir …*
> » *Lass mich raten, aber sag, wenn es nicht stimmt.*
>   *Du empfindest es als …*

Indem ihr klarstellt, dass ihr nur ratet, erreicht ihr zwei Dinge: Erstens signalisiert ihr damit ein gewisses Maß an Demut. Ihr gebt zu, dass ihr als Eltern nicht genau wisst, wie es eurem Sohn geht. Er wird diese Haltung als weniger aufdringlich empfinden und sich entsprechend weniger verteidigen. Gleichzeitig stellt ihr damit seine Vorstellung infrage, dass wir Erwachsene nie bereit wären, uns zu ändern, und es nur von ihm verlangt würde.

Zweitens erweitert ihr damit den Spielraum des Gesprächs. Sobald ihr klarstellt, dass ihr nur ratet, spielt es keine Rolle, ob ihr euch irrt. Es ist sogar eine Chance. Wenn ihr zugebt, dass ihr nicht alles versteht, wird euer Junge weniger wütend auf euch sein, und ihr kommuniziert den Wunsch, ihn besser kennenzulernen. Darüber hinaus übt ihr, unterschiedliche Meinungen zu äußern, ohne dass es im Streit endet.

Je mehr ihr einander sagen könnt, ohne die Stimme zu erheben, desto seltener werdet ihr dies tun müssen. Auch dies könnt ihr in Worte fassen:

> » *Merkst du, wie schön es ist, miteinander zu reden, ohne zu schreien?*
> » *Ich kann dich auf jeden Fall viel besser kennenlernen, wenn wir so miteinander reden. So kann ich dich viel besser verstehen. Und das ist wichtig, denn ich glaube, ich habe dich ziemlich missverstanden.*

Es scheint eine Art Paradox zu sein, dass die Bad Boys, die sich nach außen so stark zeigen, trotzdem so viel Anerkennung von uns Erwachsenen brauchen. Deshalb ist es entscheidend, dass ihr verbal bestätigt, wie sehr ihr es schätzt, mit eurem Sohn zu reden, und euch für das Gespräch bedankt. Dabei solltet ihr betonen, dass ihr viel Wert auf die neue Offenheit legt. Beispielsweise so:

» *Hat mich sehr gefreut, heute mit dir zu reden. Danke, dass du so ehrlich warst.*

» *Ob du es glaubst oder nicht, es ist mir sehr wichtig, dass du ehrlich zu mir bist und mich berichtigst, wenn ich Unrecht habe. Dann kann ich dich besser verstehen.*

Damit vermittelt ihr, dass ihr euren Sohn ernst nehmt und bereit seid, mit ihm wie mit einem jungen Erwachsenen zu reden. Oft ist dies die wichtigste Betätigung, die er braucht, weil ihr dadurch auch einen Neubeginn in Aussicht stellt. Dann ist die Situation nicht mehr aussichtslos und festgefahren.

Notizen

Die Drama Queens

Wer sie sind und wie ihr sie verstehen könnt

Eine Drama Queen tritt häufig genug so auf, dass sie ein voll besetztes Klassenzimmer allein mit ihrem Blick verstummen lässt, selbst wenn eine Lehrkraft im Raum ist. Nicht selten haben die Unterrichtenden den größten Respekt vor so einem Mädchen, das häufig bereits wie eine junge Frau aussieht. Meistens sitzt die Drama Queen mit ihren beiden besten Freundinnen zusammen, die ihr nachzueifern versuchen. Sie steht als unangefochtene Anführerin immer im Mittelpunkt. Alles dreht sich um sie. Die Drama Queen ist die Hauptperson, nicht nur in diesem Kapitel oder in diversen amerikanischen High-School-Filmen, sondern auch in ihrer eigenen Wahrnehmung. Sie ist das attraktive Mädchen, nach dem sich Jungs wie Mädchen umdrehen, sei es aus Bewunderung oder aus Angst. Sie ist das Mädchen mit der scharfen und gleichzeitig verführerischen Zunge, dem man nie ganz vertrauen kann. Hat man sich an ihr erst die Finger verbrannt, weiß man, dass sie zu allem fähig ist und für gewöhnlich die Konfrontation sucht, aus der das Gegenüber immer wieder gedemütigt hervorgeht. Die Drama Queen weiß, wie sie andere verletzen kann, ist in ihrem Umfeld sozial stark und eine Expertin für die Schwächen der anderen. Mit diesen Waffen führt sie einen Dauerkrieg gegen alle, vor denen sie sich vermeintlich schützen muss. Folglich greift sie immer als Erste an und schlägt am härtesten zu. Sie ist es gewohnt, ihre Kämpfe zu gewinnen, und ist dafür bereit, Grenzen zu überschreiten, vor denen andere zurückschrecken. Folglich ist sie die Letzte in der Klasse, mit der die Lehrkräfte die Konfrontation suchen, worüber sie sich vollkommen im Klaren ist. Sie weiß, welche Wirkung sie auf andere hat, sowohl was die Angst angeht als auch die Anziehung. Beides setzt sie bewusst ein, um andere zu manipulieren oder zum Schweigen zu bringen.

In Beziehung zu Erwachsenen oder Autoritäten hat das Mädchen viel mit dem Bad Boy gemeinsam und oftmals kommt es zwischen ihnen zu turbulenten Teenager-Romanzen. Dabei muss der junge Mann meist ein paar Jahre älter sein, um mit ihrer Reife und körperlichen Entwicklung mithalten zu können. Beide vertrauen Erwachsenen kaum und nehmen nur ungern Hilfe von anderen an. Es deutet aber vieles darauf hin, dass die jungen Frauen ein größeres Bedürfnis nach Kontakt zu Erwachsenen haben als ihre männlichen Gegenstücke, was auch dadurch zum Ausdruck kommt, dass sie häufiger den Kontakt zur Schulsozialarbeit suchen. Psychologen und Psychologinnen lehnen sie für gewöhnlich ab. Das hängt in vielen Fällen mit einem Erlebnis in den ersten Teenagerjahren zusammen, wenn ein Mädchen erlebt, wie der Psychologe oder die Psychologin sich mit ihren Eltern verbündet, um sie zu einer Verhaltensänderung zu motivieren. Diese erste Erfahrung fasst sie wie einen Angriff auf, wie den Versuch, ihr die Schuld für eine nicht funktionierende Familie in die Schuhe zu schieben.

Die ewige Schuldfrage

Bevor eine Drama Queen dichtmacht, hat sie die Wahrnehmung, dass die anderen denken, wie schwierig sie geworden sei, wie sehr die Familie unter ihr leide und dass sie sich ändern müsse, damit die Familie nicht an ihr zerbricht. Nur selten fallen solche Worte tatsächlich, doch genau diese Botschaft kommt bei dem Mädchen an, woraus sie natürlich den Schluss zieht, dass sie eine Belastung für andere und den zerbrechlichen Familienfrieden ist.

Und damit sind wir wieder bei dem, was auch die Bad Boys zu hören bekommen. Diese Last lässt sich das Mädchen jedoch nicht aufbürden, denn als Folge ihrer Erkenntnis entwickelt sie Schutzstrategien, wie sie sich gegen Eltern und all jene, die ihr die Schuld zuschieben wollen, wehren kann. Eine Drama Queen lässt sich für nichts mehr beschuldigen und legt es deshalb immer wieder auf Streit an.

Bei diesen Auseinandersetzungen - sowohl zu Hause als auch in der Schule - dreht es sich immer um die Frage, wer schuld daran ist, dass die Familie oder die Gruppe nicht funktioniert. Bei der Begegnung mit einer Drama Queen ist es daher grundlegend, das Wichtigste zuerst zu thematisieren, schließlich weiß man nie, wann sie sich dem Gespräch verschließt. Hätte das Mädchen etwas länger zugehört, hätte sie vielleicht gehört, dass alle ihr helfen wollen. Stattdessen hat ist nur mitbekommen, dass alle ihr die Schuld geben. Daher ist die Drama Queen immer in der Verteidigungsposition und jederzeit bereit für die nächste Auseinandersetzung.

Wut auf die Eltern

In einigen Punkten unterscheidet die Drama Queen sich vom Bad Boy - insbesondere was die Beziehung zu Erwachsenen angeht. Zum einen ist sie es gewohnt, jeden Streit zu gewinnen, da sie über ein breites Spektrum an Manipulationstechniken verfügt und nicht nur über Zorn wie der Bad Boy. Allerdings kann auch sie sehr zornig werden, insbesondere, wenn sie sich bedroht fühlt. Zum anderen zeigt sich ihre Aggression gegen die Eltern auf eine andere Weise als bei den Jungen. Sie wird nämlich viel häufiger direkt ausgesprochen und damit erkennbar.

>> *Die Drama Queen ist wütend auf ihre Eltern und fasst diese Wut in Worte.*

Sie fühlt sich ungerecht behandelt und versucht, zum Ausdruck zu bringen, dass die Eltern damit das Recht verspielt haben, weiterhin ihre Eltern zu sein.

Die Eltern stehen diesem Verhalten zumeist ratlos gegenüber. Das Mädchen will sie lieber strafen, als ihnen zuliebe etwas tun. Auf die Eltern zuzugehen käme einem Schuldeingeständnis gleich, und das kommt nicht infrage, da sie ja schon seit Jahren dagegen kämpft, für schuldig gehalten zu werden. Das Mädchen riskiert die Enttäuschung der Eltern.

Denn so macht sie ihnen klar, dass sie weder die Schuld auf sich nehmen noch ihnen verzeihen will. Sie selbst wartet dabei auf eine Entschuldigung, auch wenn sie weiß, dass sie diese nicht verdient hat, und noch nicht mal richtig daran glaubt. Es ist zu viel geschehen, zu viel gesagt worden. Damit wird es für die Eltern immer schwerer, mit diesem Mädchen zu reden, ohne einen Streit zu riskieren, durch den alles nur noch schlimmer werden würde. Es erscheint einfacher, ein bisschen auf Abstand zu der Tochter zu gehen, um den zerbrechlichen Familienfrieden zu wahren, auch wenn dadurch die Chance, die Beziehung wieder neu zu gestalten, verspielt wird.

Erst wenn die Eltern zu viel Angst vor ihr haben, um sich wie richtige Eltern zu verhalten, fühlt die Tochter sich zu Hause wieder sicher. Das Gleiche gilt für die Schule: Dort haben die Lehrkräfte irgendwann so viel Angst vor diesem Mädchen, dass sie als Lehrende versagen. Wieder hat die Drama Queen den Kampf gewonnen, aber der Sieg gibt ihr lediglich die Gewissheit, dass sie beim nächsten Mal mindestens ebenso hart kämpfen muss, will sie wieder als Siegerin vom Platz gehen.

99 *Dieser Kampf geht nicht deshalb weiter, weil jemand verliert, sondern weil jemand gewinnt.*

Freundschaften und Beziehung

Diese Haltung kommt auch in der Beziehung zu den Freundinnen zum Tragen. Die Freundschaften gestalten sich daher sehr turbulent, wobei sowohl die positiven wie auch die negativen Gefühle mit äußerster Intensität ausgelebt werden. Diese Freundschaften wirken häufig wie Hasslieben, wie man sie eher bei romantischen, von extremer Nähe gekennzeichneten Beziehungen kennt, auf die dann - nach dem dramatischen Bruch - die totale Distanzierung folgt. Vermittlungsversuche im Büro der Schulsozialarbeit scheitern oftmals. Diese Freundschaftsbeziehungen unterscheiden sich deutlich von den traditionellen Freundschaften zwischen Jungen, die häufig über längere Zeit stabil bleiben, dabei aber deutlich weniger emotionale Nähe aufweisen. Nur selten sprechen Jungen Hass so deutlich aus wie zwei ehemalige beste Freundinnen. Mädchen fassen ihren Hass oft noch deutlicher in Worte als Ex-Lover, was darauf hindeuten kann, dass die emotionale Beziehung zu der ehemals besten Freundin enger ist als zwischen einem Liebespaar. Dieses Phänomen findet sich aber auch bei Mädchen, deren Hang zum Drama deutlich geringer ist. Viele erleben eine besonders enge emotionale Bindung zu Geschlechtsgenossinnen. Die beste Freundin ist häufig die engste Vertraute, selbst wenn ein Mädchen in einer Beziehung ist. Dadurch sind aber auch die Brüche zwischen den Freundinnen schmerzhafter und dramatischer als alle anderen.

Ich will damit nicht sagen, dass die Beziehungen zu Jungs nicht turbulent sind, die größten Turbulenzen gibt es da aber noch während der Beziehung. Nach einem Bruch schreiben die Mädchen die Jungs häufig ab oder degradieren sie zu einem „verdammten Mistkerl", mit dem sie nichts mehr zu tun haben wollen. Wobei es durchaus an der Tagesordnung ist, dass auch solche Entscheidungen wieder revidiert werden.

Dieses Schwarz-Weiß-Handeln in Bezug auf Beziehungen kann als Indiz gedeutet werden für eine gering ausgebildete Fähigkeit, Grenzen zu setzen und die eigenen Gefühle zu regulieren. Die Mädchen gehen häufig zu weit, um andere zufriedenzustellen, und bringen auch andere dazu, ihre eigenen Grenzen zu überschreiten, bis eine emotionale Reaktion folgt, die dann unweigerlich zum Bruch führt. Häufig kommt dieser Bruch für beide Seiten sehr überraschend, und für gewöhnlich ist er endgültig. Ein typisches Kennzeichen ist, dass die Drama Queen die gesamte Schuld immer der anderen Seite zuschiebt. Dies stimmt mit ihrem Bedürfnis überein, jegliche Schuld von sich zu weisen. Frühere Freundinnen werden als falsch verurteilt, und die Ex-Freunde haben sich angeblich nur für ihren Körper interessiert. Was die männlichen Freunde angeht, kann das unter Umständen tatsächlich der Wahrheit entsprechen. Drama Queens können mitunter nicht zwischen sexueller Bestätigung und emotionaler Intimität unterscheiden, überdies sind sie immer auf der Suche nach Aufmerksamkeit für ihr Äußeres und weniger für ihre Persönlichkeit. Es fällt ihnen deshalb leichter, sexueller Bestätigung zu vertrauen, was folglich eine ganz spezielle Art von Jungs anzieht. Die „lieben" Jungs trauen sich nicht einmal in die Nähe der Drama Queens, dafür sind die Blicke dieser Mädchen viel zu abschreckend.

In früheren Beziehungen haben diese Mädchen zudem die Erfahrungen gemacht, wie stürmisch die Liebe ist. Sie erkennen deshalb nur die starken und alles verzehrenden Gefühle einer turbulenten Beziehung als „Liebe". Die starken Gefühle und das damit verbundene Drama ziehen sie an, weshalb sie immer wieder diese Situationen suchen und neue chaotische Beziehungen eingehen.

Jeder Mensch sucht Liebe und Intimität, und wir alle orientieren uns dabei an bekannten Werten. Für einige sind das Sicherheit und Stabilität, für andere Chaos und Drama und für wieder andere die unausweichliche Ablehnung, gegen die sie ankämpfen müssen.

Vermutlich ist bei jungen Menschen die menschliche Eigenart, Beziehungsmuster zu suchen und zu wiederholen, besonders ausgeprägt, da sie darin weniger korrigierende, emotionale Erfahrungen gemacht haben wie Erwachsene. Sie haben aufgrund ihrer Jugend ganz einfach weniger Beziehungserfahrung. Um ihr Beziehungsmuster zu ändern, müssten sie jedoch etwas Neues lernen und das erfordert sowohl Zeit als auch neue Erfahrungen.

Ich treffe mich häufig mit Drama Queens, nachdem diese bei der Vertrauenslehrkraft oder der Schulsozialarbeit gewesen sind. Nur selten nehmen diese Mädchen von sich aus Kontakt mit mir auf. Vonseiten der Schule sorgt man sich über einen möglichen Drogenmissbrauch, das Ausleben der Sexualität oder über Konflikte mit den Lehrkräften, vermutet aber oft auch noch andere Ursachen.

Vertrauen schaffen

Wie beim Bad Boy wissen weder Lehrkräfte noch Eltern, was sie tun sollen. Für die junge Frau sieht es so aus, als würde sie zu mir geschickt, damit ich sie ändere oder ihr die Leviten lese. Sie fährt dementsprechend ihr Abwehrsystem hoch, um nicht die Schuld für irgendetwas zugeschoben zu bekommen. In solch einer Ausgangssituation eine Verbindung zu einem Mädchen aufzubauen, ist mehr als kompliziert. Oftmals hat sie schon im Vorfeld beschlossen, kein Wort zu sagen oder mich mit ihren Blicken zu „vernichten".

Wie bei der Begegnung mit ihrem männlichen Gegenstück gibt es nur einen Weg. Ich muss ernst nehmen, was sie erzählt. Meine Zusammenfassungen müssen nah an ihrer eigenen Sprache sein. Um nicht in ihr altbekanntes Muster eskalierender Konfrontation zu rutschen, darf ich ihre eigenen Erfahrungen erst nach einiger Zeit infrage stellen. Ich muss ihr glauben, auch wenn das eigentlich nichts bringt.

Diese Sitzungen können sehr schwierig sein. Häufig versucht die junge Frau einen Streit und damit einen Bruch zu provozieren, indem sie die Schuld auf extreme Weise bei anderen sucht. Sie erzählt mir Dinge, von denen sie weiß, dass Erwachsene normalerweise ablehnend darauf reagieren, was dann unweigerlich in einer Diskussion über die Schuldfrage münden soll.

Um meine Integrität zu wahren und keinen Vertrauensbruch zu riskieren, präzisiere ich daher in meinen Zusammenfassungen immer, dass sie das so erlebt hat, ohne mich auf irgendwelche Argumentationen einzulassen. Erst wenn sie selbst eine Veränderung möchte und sich bereit erklärt, ihre eigenen Aussagen näher zu betrachten, bietet sich die Gelegenheit, das von ihr Erlebte auch aus anderen Blickwinkeln zu betrachten. Ich gehe dabei äußerst behutsam vor und mache ihr deutlich, dass ich mein Verständnis der Situation schildere. Indem ich die beiden Sichtweisen nebeneinander stehen lasse, vermeide ich die Diskussion darüber, was der Wahrheit entspricht und was nicht. Ich dränge sie also nicht zu einer Lüge, was für die meisten Mädchen der logische Ausweg wäre, wenn sie unter Druck geraten. Und sollte sie doch lügen, konfrontiere ich sie nicht mit dieser Lüge. Manchmal muss ich jemandem glauben, auch wenn ich weiß, dass das Gegenteil bewiesen ist. In bestimmten Fällen sind die Klientinnen einfach nicht in der Lage, Vertrauen zu mir zu fassen, dann kommt es darauf an, dass ich ihnen immer wieder Vertrauen entgegenbringe, bis sie langsam lernen, damit umzugehen.

In den Sitzungen mit einer Drama Queen kann ich mögliche Veränderungen nur durch die Gegenüberstellung zweier unterschiedlicher Erlebnisse bewirken und nicht durch den Versuch, ein gemeinsames Erlebnis zu schaffen, wie es bei anderen Gruppierungen von Jugendlichen angeraten ist. Zu Letzteren gehören vor allem solche, die im Umgang mit anderen sicherer und stabiler sind und bei den geringsten Anzeichen einer Beeinflussung durch Erwachsene nicht sofort eingeschnappt sind.

Traumatische Erlebnisse

Lerne ich die Mädchen und ihre Geschichten im Laufe unserer Gespräche richtig kennen, zeigt sich oft, dass sie *traumatische Erlebnisse*[21] durchgemacht haben und über lange Zeit mit schweren psychischen Belastungen zurechtkommen mussten. Die Symptome sind dabei je nach Lebensphase und -umstand sehr verschieden. Häufig haben die Mädchen Erfahrungen mit Selbstverletzungen, Drogen oder verschiedenen Formen von Essstörungen. All diese Symptome können als vergebliche Versuche verstanden werden, die eigenen Emotionen zu regulieren oder die noch tiefer liegenden Schwierigkeiten innerhalb einer Angststörung oder Depression sichtbar werden zu lassen, die die Mädchen normalerweise auf schwierige, chaotische Situationen in ihrer Familie zurückführen. Einige glauben, sie müssten die Last der Familienprobleme tragen, während andere unverarbeitete Traumata mit sich herumschleppen, die zu schmerzhaft sind, um sich mit ihnen auseinanderzusetzen.

Auch wenn die Konflikte in der Schule oder zwischen den Freundinnen anfangs als am dringlichsten beschrieben werden, besteht jedoch häufig der größte Gesprächsbedarf über die Situation zu Hause. In beiden Fällen ist es den Mädchen besonders wichtig, dass wir Erwachsenen verstehen, dass nicht sie die Schuld an den beschriebenen Problemen tragen und folglich auch nicht an ihrem Charakter und ihrem Handeln. Lassen wir sie spüren, dass wir das nicht verstehen, erleben sie das oft als Mangel an Empathie. Die Folge ist der Abbruch der Beziehung oder die Provokation einer neuerlichen Diskussion über die Schuldfrage.

Erst wenn die Mädchen genau wissen, dass ich ihnen in keinem Fall die Schuld gebe - weil das nicht mein Job ist -, fühlen sie sich sicher genug, um ohne die übliche Maske aus Gleichgültigkeit oder Wut mit mir zu reden. Viele von ihnen beschreiben es so, als würden sie eine Rüstung ablegen, was sehr angenehm sein kann. Eine Rüstung gibt zwar Sicherheit, ist aber auch schwer zu tragen. Zudem beschwört sie nicht selten eine ganz besondere Reaktion bei den anderen herauf. Rüstet man sich für den Krieg, kommt es auch zum Krieg.

Fehlender Zuspruch

Diese Mädchen richtig kennenzulernen, ist auf der einen Seite eine Freude, auf der anderen jedoch auch frustrierend. Mit ihnen zu reden, ist erfüllend, denn wenn sie sich sicher fühlen und sich nicht reflexartig verteidigen, sind das wirklich tolle Menschen. Deshalb ist das Wissen, welch teuflisches Chaos sie außerhalb meines Büros anrichten können, umso frustrierender. Haben sie erst die Tür hinter sich zugemacht, verschwindet ihre Sicherheit wieder und sie legen die Rüstung an. Wenn alle um sie herum die Gründe für ihr Wesen und ihr Verhalten kennen würden, wäre das Leben um vieles leichter. Aber so einfach ist das nicht, denn für diese Mädchen wäre es viel zu beängstigend, sich anderen anzuvertrauen, da sie sich so ihrer Meinung nach nur noch verwundbarer machen. Sie fürchten, dass mit ihrer Verletzlichkeit die Probleme, die sie so gut verstecken, für alle offensichtlich werden könnten und die Menschen sich daraufhin gegen sie wenden würden.

> 99 *Es fühlt sich für Drama Queens sicherer an, hart und kalt zu sein, als ängstlich und verwundbar.*

Wenn die Erwachsenen um sie herum wüssten, wie es den Mädchen in Wirklichkeit geht, könnten sie die positiven, erwachsenen Kontakt-personen sein, die diese Mädchen so dringend benötigen. Stattdessen begegnen sie Jugendlichen, die vor lauter Angst mit Rüstung und spitzer Zunge in die Schule gehen. Das führt unweigerlich zur Schulddiskussi-on. Die Konfrontation ist nicht zu vermeiden, was wiederum dazu führt, dass die beiden Parteien den Kampf für ein gegenseitiges Verständnis aufgeben und nur ihre Vorurteile bestätigt sehen. Bei den Mädchen bleibt dann das Gefühl, dass niemand auch nur ansatzweise versteht, wie es ihnen geht.

Wie bei den Bad Boys ist es erstaunlich leicht, die Drama Queens po-sitiv zu überraschen. Mit dem Drama ist meistens recht schnell Schluss, wenn die Mädchen sich erst einmal sicher fühlen. Auf dem Weg dorthin müssen wir als Erwachsene uns als jemand zeigen, dem sie vertrauen und demgegenüber sie sich öffnen können. Dafür brauchen wir einfach nur ruhig zu bleiben und den Mädchen positive Bestätigungen zu lie-fern. Wir sollten sie für etwas loben, das nichts mit ihrem Aussehen zu tun hat, denn das Kompliment haben sie schon oft genug gehört. Wir können sie beispielsweise für ihren Mut loben, die Rüstung abzulegen, oder für ihre Stärke, all die Jahre mit ihren Traumata gelebt zu haben; oder auch für die Reflektiertheit, mit der sie über ihre Gedanken spre-chen. Derlei Zuspruch haben sie nur selten bekommen. Ich will damit nicht sagen, dass nie jemand sie gelobt hat, nur dass solche positiven Worte vielleicht nie bei ihr angekommen sind, sodass sie sie nicht ver-innerlichen konnten.

Unzugängliche Gefühle

Man kann den Drama Queens einiges erzählen, ohne dass sie auch nur mit der Wimper zucken, aber wenn wir ihnen sagen, dass wir stolz auf sie sind, kommen die Tränen ganz automatisch. Häufig kommentieren sie das dann damit, dass sie es hassen, vor anderen zu weinen. Das tun sie nämlich nur, wenn jemand den kleinen Riss in ihrer Rüstung sieht. Das Seltsame an diesem Riss ist, dass er, hat man ihn erst bemerkt, nie mehr übersehen werden kann und dass man häufig erst mit dem Riss auch die eigentliche Rüstung erkennt.

Solange diese Mädchen noch Kinder sind, begegnen wir ihnen mit einem ganz anderen Verständnis. Kinder sind nicht schwierig, Kinder haben es schwer. Das vergessen wir oft, wenn sie zu Jugendlichen heranwachsen. Das Verständnis bleibt auf der Strecke.

> *Aber auch Teenager sind Kinder, selbst wenn sie äußerlich wie Erwachsene aussehen und uns die Rolle der Erwachsenen absprechen.*

Die wenigen Mädchen, die eigenständig Hilfe suchen, leiden meist unter Angstvorstellungen und Panikattacken, für die ihr Hausarzt keine befriedigenden Erklärungen finden konnte. Die Panikattacken werden als willkürlich und unvorhersehbar erlebt und sind für die Mädchen vollkommen unverständlich, da die Auslöser nicht gleich als solche zu erkennen sind. Findet der Hausarzt keine physiologische Ursache für die Attacken, steigert das nur die Verwirrung und Verängstigung, insbesondere da die Betroffene im Verlauf einer Attacke nur wenig oder keine Kontrolle über ihren Körper hat. Es fühlt sich für sie immer ein bisschen so an, als müsste sie sterben, und sie kann nichts tun, außer vielleicht die Situationen zu vermeiden, die solche Anfälle triggern. Daraus leitet sich rasch eine besondere Sensibilität für die körperlichen Signale einer drohenden Gefahr ab. Aber es sind gerade die konstante Überwachung des eigenen Körpers und die darauffolgende Fehldeutung der natürlichen Reaktion, die die Panik weiter antreiben. Der Körper reagiert ständig auf die Umgebung, und wer an einer Angststörung leidet, deutet die ungefährlichen Reaktionen des Körpers fälschlicherweise als Warnsignale für einen neuerlichen Anfall. Die Betroffenen suchen quasi ununterbrochen ihren Körper nach Anzeichen ab, dass etwas nicht stimmt, was wiederum die Intensität der körperlichen Symptome steigert, die das Gehirn mit Gefahr assoziiert.

Diese Probleme scheinen bei Drama Queens überproportional ausgebildet zu sein. Sie beginnen häufig in den späten Teenagerjahren. Eine Erklärung dafür könnten die grundlegenden Schwierigkeiten mit dem Affektbewusstsein sein, also dem mangelnden Bewusstsein für die eigenen Gefühle und dem Zugang zu ihnen, und den daraus resultierenden Problemen, diese Gefühle zu regulieren. Auf den ersten Blick scheint das paradox, da die Mädchen ja oft heftige Gefühle zeigen - und das sowohl allein als auch in Gesellschaft anderer. Häufig geht man deshalb irrtümlich davon aus, dass sie die eigenen Gefühle spüren und sie sich bewusst machen.

Aber gerade das ist nicht der Fall. Vielmehr zeigt sich, dass Drama Queens lediglich Zugang zu ihren stärksten Gefühlen haben, den Gefühlsspitzen. Durch eine antrainierte Gleichgültigkeit schützen sie sich vor ihrer Furcht vor Hilflosigkeit. So haben sie gelernt, schwächere Gefühle zu ignorieren. Viele Mädchen haben verinnerlicht, dass negative Gefühle gefährlich sind und sie diese so weit wie möglich vermeiden müssen. Besser man fühlt sich tot, als von der Angst überwältigt zu werden. Besser man fühlt sich tot, als die ganze Zeit sterben zu wollen. Die Mädchen erkennen ihre Gefühle nur bei höchster Intensität, dann aber sind diese bereits zu stark und folglich unbeherrschbar. Drama Queens spüren es also nicht, wenn sie ein bisschen wütend, ein bisschen traurig oder ein bisschen glücklich sind.

> **"** *Nur wenn sie sich komplett in Wut, Trauer oder Freude verlieren, haben sie Zugang zu diesen Gefühlen.*

Sobald dieses emotionale Fass überläuft und in einen Gefühlsausbruch mündet, steht das meist in keinem Verhältnis zum letzten Erlebnis.

Gefühlsausbrüche

Diese überschießende emotionale Reaktion erscheint ihnen dann als unverständlich und damit unvorhersehbar. Die Mädchen empfinden das als unangenehm und beängstigend, da der Verlust von Vorhersehbarkeit ganz generell Angst erzeugt. Die Gefühle haben für die jungen Frauen ihren kommunikativen Wert verloren und werden daher als irrational empfunden.

Das irrationale Empfinden von Gefühlen treibt dann wiederum die Panik an. Auch sie ist eine emotionale Reaktion, die als natürliche Antwort auf die Ansprüche der Umgebung verstanden werden sollte. Oft entstehen diese Panikattacken als Folge von etwas, das sich über längere Zeit aufgestaut hat.

Es gibt jedoch auch eine positive Seite: Drama Queens haben es gelernt, emotionales Unbehagen in einem hohen Maß zu ertragen, was ihnen in der Therapie hilft, an sich zu arbeiten und sich ihren Ängsten zu stellen. So überwinden sie ihre Ängste häufig viel schneller als Erwachsene. Gleichzeitig sind sie lösungsorientierter als viele andere Teenager, bei denen das Bedürfnis nach Verständnis stärker ist als der Wunsch nach konkreten Lösungen. In der Therapie - sobald das Vertrauen erst einmal hergestellt ist - zeigt sich bei diesen Mädchen immer wieder, dass ihnen konkrete Lösungen wichtig sind.

Man darf daraus allerdings nicht den Schluss ziehen, dass ihnen emotionale Nähe und Verständnis weniger wichtig sind. Für viele ist es absolut entscheidend, dass die Therapie und der persönlicher Kontakt nicht mit dem Ende der Panikattacken abgeschlossen sind, da die darunterliegenden Bindungsschwierigkeiten ja noch immer bestehen. Die gute Beziehung zwischen Therapeut/-in und Drama Queen über längere Zeit aufrechtzuerhalten, auch wenn es besser läuft und die Krise nicht mehr akut erscheint, ist daher wichtig.

Als Erwachsene müssen wir auch nach der Krise weiterhin für die Mädchen ansprechbar bleiben. Erst dann werden wir zu den stabilen, Sicherheit gebenden erwachsenen Kontaktpersonen, die sie so dringend brauchen. Nur dann gewinnen sie das Vertrauen in die Erwachsenenwelt zurück und können sich als die ressourcenstarken Mädchen zeigen, die sie unter ihrer Rüstung aus Wut und Gleichgültigkeit eigentlich sind.

Ein Kontakt- und Beziehungsmuster zu ändern benötigt jedoch Zeit. Das ist bei uns allen so. Zeit und korrigierende, emotionale Erfahrungen. Diese Zeit müssen wir als Erwachsene aufbringen. Die Jugendlichen verdienen das.

★ Wie ihr eure Drama Queen besser herunterbringt

Wie bereits beschrieben sind diese Mädchen Expertinnen für Konfrontation und Diskussion. Deshalb suchen sie Konflikte im Gespräch mit den Eltern und führen sie aktiv herbei. Diese Art der Kommunikation beherrschen sie am besten und dabei fühlen sie sich sicher. Als Elternteil hat man allerdings häufig den Eindruck, als ob der Ausgangspunkt eines Gespräches kaum eine Rolle spielt, da man letztlich doch immer in der wiederkehrenden Debatte über irgendeine ungeklärte Schuldfrage landet oder darüber streitet, wer was gesagt oder getan hat.

Der erste und größte Fehler von Eltern ist, das Gespräch zu einer Diskussion werden zu lassen. Sind sie erst in einem solchen Disput gelandet, können sie nicht mehr gewinnen. Eigentlich gibt es bei diesen Auseinandersetzungen überhaupt keinen Gewinner. Häufig endet es im Gegenteil damit, dass man sich hässliche Dinge an den Kopf wirft, die man dann kaum mehr zurücknehmen kann. Diese Diskussionen bestätigen beiden Seiten nur, dass es sinnlos ist, miteinander zu reden.

Allerdings ist es auch nicht einfach, Streitgespräche mit diesen Mädchen zu vermeiden, da sie genau wissen, wie sie euch provozieren und in ein Wortgefecht verwickeln können. Sie kennen ihre Grenzen und sind bereit, diese zu überschreiten. Es endet dann mit einer neuerlichen Diskussion über ein altes Thema. Mit dem Resultat, dass man sich wieder in Details und Meinungsverschiedenheiten verbeißt. Es geht bei diesen Diskussionen um Geschehnisse und subjektive Erlebnisse, die nicht notwendigerweise einer allgemeinen, objektiven Wahrheit entsprechen. Ihr werdet euch dabei nie einig werden.

Genau hier liegt der Schlüssel zur Verbesserung eurer Kommunikation: Das Wissen, dass es keine Einigkeit geben wird. Solange ihr Einigkeit erreichen wollt, werdet ihr scheitern. Löst euch von dem Wunsch nach Einvernehmen und dem Drang, recht zu haben. Beides steht einem besseren Kennenlernen im Weg.

Der Schlüssel zu einer sinnvolleren Kommunikation mit eurer Tochter ist, dass ihr euch klarmacht, wie unterschiedlich das Erleben gewisser Geschehnisse ist. Ihr habt eure Erfahrungen und eure Tochter hat ihre, und nicht immer lassen diese sich in Einklang bringen. Solange beide Seiten nur über ihre eigenen Wahrnehmungen sprechen, ist es leichter, etwas über die Gefühle des Gegenübers zu erfahren, ohne dass jemand wütend werden oder hässliche Dinge sagen muss.

Für euch als Eltern bedeutet das, dass ihr nicht mehr erzählt, wie dies oder jenes war, sondern wie ihr es erlebt habt, und dabei auch, wie ihr die Reaktion eurer Tochter erlebt habt.

Ihr könnt es folgendermaßen ausdrücken:

» *Für mich wirkt es so, als ob …*
» *Ich empfinde es so, als glaubtest du…*
» *Ich hatte den Eindruck, dass …*

Darüber hinaus kann es klug sein, mit ein paar Sätzen deutlich zu machen, dass das nur eure Sichtweisen sind und eure Tochter euch gern korrigieren soll, wenn sie etwas anders empfunden hat. Gleichzeitig ist das dann eine Einladung an eure Tochter, ihre eigenen Gefühle zu schildern. Das Ziel diese Art der Kommunikation ist, dass ihr eurer Tochter beibringt, aus ihrer eigenen Perspektive zu erzählen. Ihr könnt es beispielsweise so einleiten:

> » *Aber das ist nur die Art, wie ich das erlebt habe, es ist gut möglich, dass du das ganz anders wahrgenommen hast.*
> *Es wäre deshalb toll, wenn du mir sagen würdest, wie du das empfunden hast.*

Gleichzeitig ist es sehr wichtig, dass ihr als Eltern regelmäßig zusammenfasst, was sie euch erzählt. Und zwar aus zwei Gründen: Zum einen zeigt ihr eurer Tochter so, dass ihr wirklich zuhört. Im besten Fall fühlt sie sich gehört und begreift, dass ihr tatsächlich versucht, sie zu verstehen. Zum anderen begreifen beide Seiten die gegenseitigen Argumente besser, was eine mögliche Kompromissfindung erleichtert. Für eine Lösung müssen beide Gesprächsseiten genau wissen, was das Gegenüber eigentlich meint.

Bleibt bei diesen Zusammenfassungen nah an der Sprache eurer Tochter und macht ihr immer wieder deutlich, dass ihr nur das zusammenfasst, was sie erlebt hat. Seid dabei jederzeit offen für ihre Korrekturen. Das steigert die Chance, Diskussionen zu vermeiden. Der Drang zu diskutieren wird kleiner, wenn beide Seiten die Gelegenheit und den Raum haben, ihre Erlebnisse und Gefühle innerhalb eines normalen Gesprächs darzustellen. Formuliert es so:

> » *Um das noch mal zusammenzufassen, du hast es also so erlebt…*
> » *Unterbrich mich bitte, wenn ich etwas missverstanden habe …*

» *Es ist total in Ordnung, wenn du mir das sagst, denn das macht es mir leichter, dich zu verstehen …*

Auf diese Art zeigt ihr auch, dass ihr euch für die Nuancen des Gesagten interessiert. In der Begegnung mit einer Drama Queen ist es essenziell, dass ihr als Eltern durch eure Kommunikation vermittelt, dass ihr sie zu verstehen versucht, weil so ein Mädchen sich nur selten verstanden fühlt. Die Jugendliche ist sich sicher, dass niemand sie verstehen kann und die Erwachsenen sie bereits aufgegeben haben. Es ist deshalb sinnvoll, ihre Erfahrung, missverstanden zu werden, anzusprechen. Manchmal ist gerade dies der Schlüssel zu einer Veränderung.

» *Ich habe das Gefühl, dass du häufig missverstanden wirst. Und auch ich habe wohl einiges von dem, was du gesagt hast, falsch verstanden. Dafür übernehme ich die volle Verantwortung.*

Nicht selten ist das die wirkungsvollste Bestätigung, die ihr eurer Tochter geben könnt. Es zeigt, dass ihr das Mädchen aktiv verstehen wollt, und außerdem, dass ihr bereit seid, die Art des gegenseitigen Verständnisses und damit auch die Kommunikation zwischen euch zu ändern. Damit lasst ihr erkennen, dass ihr Lust habt, eure Tochter neu kennenzulernen, und erst dann fühlt diese sich sicher genug, mit euch zu reden, ohne gleich wieder den Konfrontationskurs einzuschlagen.

Notizen

Die guten Schülerinnen

Wer sie sind und wie ihr sie verstehen könnt

Gute Schülerinnen sind klug genug, um sich selbst Hilfe zu holen. Sie haben gelernt, dass es sinnvoll ist, früh nach Unterstützung zu suchen; zudem wissen sie, dass es zielführend sein kann, mit jemandem über all das zu sprechen, was sie stresst.

Gute Schülerinnen, die alles richtig machen, hat es schon immer gegeben. Sie sind es mitunter nicht nur während ihrer Schulzeit, sondern ihr ganzes Leben lang. Auch Großmütter können noch gute Schülerinnen sein, selbst wenn sie diese Gene schon an ihre Nachkommen weitergegeben haben. Vermutlich sind die dafür typischen Eigenschaften nicht so einfach abzulegen. Diese Menschen *sind* einfach so. Andererseits kann man diese Eigenschaften aber auch bewusst annehmen, wie man ebenso bewusst, anderes ablehnt. So belegen gute Schülerinnen nur selten Stressbewältigungskurse. Dafür haben sie ganz einfach keine Zeit.

„Guten" Menschen ist dieses Gutsein wichtig und darauf fokussieren sie sich. Aber warum bedeutet es ihnen so viel, gut zu sein. Was ist an dieser Lebensart so interessant, dass sie dieser Rolle treu bleiben und sie nicht durch etwas Cooleres ersetzen?

Es hat vermutlich damit zu tun, dass dieser Begriff universell, diffus und damit schwer zu fassen ist. Man ist nicht einfach gut, man wird es und muss kontinuierlich dafür kämpfen, es zu bleiben. Dummererweise bleibt das Ziel aber unerreichbar, da man ja immer noch besser sein könnte.

> ,, *Der Preis, den man für das Gutsein zahlt, ist das Gefühl, nie gut genug zu sein.*

Gut zu sein ist immer auch mit der Angst vor dem Versagen gekoppelt, weshalb gute Schülerinnen nie daran glauben, wirklich gut zu sein.

Ganz gleich, wie gut ihre erbrachten Leistungen auch sein mögen, in ihren Augen sind sie nicht gut, sondern sie denken, sie wüssten nur, wie man lernen muss. Deshalb können sie ihren Erfolg nicht genießen, sodass er sich auch nicht positiv auf ihr Selbstwertgefühl auswirkt. Die guten Noten sind aus ihrer Sicht entweder auf Glück oder Zufälle zurückzuführen, oder darauf, dass sie mehr gearbeitet haben als die anderen. Richtig gut ist man deshalb aber nicht. Das ist vergleichbar mit den Menschen, die sich selbst als dick ansehen, ganz gleich, wie dünn sie eigentlich sind.

Leistung und Liebe

Die Motivation der guten Schülerin kommt nicht aus dem Wunsch, Leistung zu bringen, sondern aus der Furcht, als nicht gut entlarvt zu werden, als jemand, der nur hart arbeitet. Zudem treibt sie die aus dem Kindesalter herrührende Angst vor den Konsequenzen an, falls sie die wechselnden Erwartungen an sich nicht erfüllt. Denn eigentlich gehört der Begriff „gut" in die Welt der Kinder. Gut ist ein Begriff, den Kinder zu hören bekommen, wenn sie die Wünsche oder Erwartungen ihrer Eltern erfüllt haben. Eigentlich ist es ein Wort ohne konkreten Inhalt, sieht man einmal von der verbalen Belohnung ab, die das Verhalten des Kindes bestärken soll. Es ist möglich, dass einige Kinder die Bedeutung dieses Wortes überschätzen und darin mehr als die Akzeptanz ihrer Eltern sehen. Sie glauben, dass sie gut sein müssen, damit ihre Eltern sie weiterhin lieb haben.

> » *Wenn ich gut bin, lächelt Mama und dann hat sie mich lieb. Wenn ich nicht gut bin, wird Mama böse oder traurig. Dann bin ich eine Last für Mama und dann hat sie mich vielleicht nicht mehr lieb.*

Kinder brauchen gerade dann Liebe, wenn sie nicht gut sind. Nur so lernen sie, dass Liebe bedingungslos ist. Bei jemandem, der vom Gutsein besessen ist und Angst vor dem Mittelmaß hat, liegt die Vermutung nahe, dass diese Angst auf dem Gefühl basiert, dass Liebe an gute Leistungen gekoppelt ist. Liebe wurde unabsichtlich von der Erfüllung bestimmter Erwartungen abhängig gemacht, obwohl das nur sehr selten die Intention der Eltern ist. Die meisten Eltern von guten Schülerinnen lieben ihre Kinder bedingungslos und wollen einfach nur, dass sie glücklich sind. Wenn da nur nicht dieses eine Wort etwas anderes vermittelt hätte.

Das Wort „gut" bedeutet für den Erwachsenen, der es ausgesprochen hat, nicht notwendigerweise dasselbe wie für das Kind. Zudem ist es unklar, ob das Kind sich selbst darüber bewusst ist, dass es emotional eine Verbindung von Leistung und Liebe hergestellt hat, und innerlich davon ausgeht, Erfolg haben zu müssen, um geliebt zu werden.

Als Jugendliche können gute Schülerinnen die Beziehung zu ihren Eltern durchaus als nah und unterstützend erleben, und das sogar in Situationen, in denen das Leben verrückt spielt und aus Stress Angst wird. Sie glauben auch nicht, dass ihre Eltern sie deshalb weniger lieben. Trotzdem kann die emotionale Kopplung zwischen Versagensangst und der Furcht, nicht mehr geliebt zu werden, unbewusst andauern.

> **99** *Emotionale Kopplungen können selbst dann noch andauern, wenn Gedankenmuster sich schon längst verändert haben.*

Sie sind dann fast wie ein fernes Echo aus alten Zeiten, aus alten Ursache-Wirkungs-Zusammenhängen. Dieser Umstand muss in solchen Fällen wieder in Erinnerung gerufen werden, damit sich die unbeabsichtigte Kopplung auflöst.

Für die betroffenen Jugendlichen führt der Weg zu einer besseren psychischen Gesundheit also nicht darüber zu lernen, wie man noch besser werden kann, sondern über die Erkenntnis, dass Liebe nicht davon abhängig ist, dass sie gut sind, und es nicht gefährlich ist, einmal keine Spitzenleistung zu bringen. Viele gelangen zu dieser Erkenntnis allein durch korrigierende emotionelle Erfahrungen mit ihren Eltern oder einem festen Freund, die ihr Streben, gut zu sein, bremsen und damit auch die Basis für neue Erfolgserlebnisse legen. Bei anderen klappt das nicht. Sie versinken immer tiefer in dem unerschöpflichen Drang, besser zu werden.

Die heutige Generation von guten Schülern und Schülerinnen ist dadurch geprägt, dass sie glaubt, parallel an verschiedenen Schauplätzen gute Leistungen bringen zu müssen. So steigt die Gesamtbelastung, während die realistische Möglichkeit, tatsächlich erfolgreich zu sein, sinkt. Während es früher für Mädchen ausgereicht hat, in der Schule gut zu sein, und Jungen nur gute Fußballer sein mussten, scheinen heute beide Geschlechter die Erfahrung zu machen, dass sie in beinahe allem gut sein müssen.

" *Gleichzeitig haben sie von klein auf gelernt, dass sie alles schaffen können, weil ihnen die Welt offensteht und ihr Traumberuf nur auf sie wartet.*

Dass es nur auf sie selbst ankommt und sie ihres eigenen Glückes Schmied sind. Dass es keine Begrenzungen, aber auch keine Entschuldigungen oder Ausflüchte gibt. Folglich gibt es keinen Grund, nicht gut zu sein, und der Stress ist nur eine weitere Sache, die es zu meistern gilt.

Der Stress

Ich möchte in diesem Zusammenhang betonen, dass wir sehr vorsichtig sein sollten, natürliche *Stressreaktionen*[22] auf schwierige Lebensumstände gleich als krankhafte Reaktionen einzustufen. In meinen Gesprächen mit diesen Schülerinnen gehe ich daher oft als Erstes auf ihre Lebensumstände ein. Sie haben ganz einfach zu viel zu tun, und der Stress, den sie empfinden ist die natürliche Reaktion auf all die Erwartungen, die sie glauben, erfüllen müssen. Die eigenen und die von außen.

Stress ist, wie schon gesagt, die Antwort des Körpers, wenn dieser nicht genug Ressourcen hat, um alle Anforderungen zu meistern. Ich selbst gerate bei diesen Mädchen allein durch das Zuhören in Stress, wenn ich begreife, wie verzweifelt sie auf der Suche nach neuen Tricks oder irgendwelchen schnellen Tipps sind, wie sie den eigenen Stress reduzieren können. Es darf jedoch nicht allein um den Umgang mit dem Stress gehen, sonst vermitteln wir den Teenagern, dass das Grundproblem ihre Reaktionen sind und nicht ihre Lebensumstände.

Folglich sollten wir als Erwachsene vorsichtig sein, wenn sie uns fragen, wie sie den Stress denn besser bewältigt können. Natürlich müssen wir auf diese Frage erst einmal eingehen, um eine Beziehung aufzubauen. Ein Ansatz besteht darin, über Extremsituationen zu reden, in denen der Stress in Angst- oder Panikattacken kulminiert.

Kurzfristig geht es bei der Stressreduktion darum, die eigenen Prioritäten besser zu setzen und herauszufinden, was einem am wichtigsten ist. Dafür muss man sich und seine eigenen Werte aber genauer kennenlernen. Will man Stress langfristig abbauen, muss man akzeptieren, dass man nicht alles schafft, und sich von dem trennen, was einem nicht so wichtig ist. Dies kann jedoch schwierig werden, denn für viele bedeutet es, mit der eigenen, erarbeiteten Identität zu brechen und gewisse Erwartungen an sich selbst nicht erfüllen zu können.

,, *Für manche ist es beängstigender, die Erwartungen herunterzuschrauben, als diese nicht zu erfüllen.*

Deshalb ist in gewissen Fällen eine Bruchlandung nötig, bevor die Mädchen begreifen, dass sie nicht alles schaffen können.

Die guten Schülerinnen kommen häufig nach einer solchen Bruchlandung zu mir. Das kann die erste Panikattacke oder ein hartnäckiger Erschöpfungszustand nach einer Zeit mit anhaltend hohem Stressniveau gewesen sein. Meistens kommen sie aus eigenem Antrieb und erzählen mir eine gut ausgearbeitete, durchdachte Geschichte, wie sich in der vergangenen Zeit einfach alles angesammelt hat. Von mir erwarten sie Hilfe, wieder in die richtige Spur zu kommen, damit sie in der Schule nicht zurückfallen und ihre Noten nicht schlechter werden. Für gewöhnlich hatten sie vorher noch nie Kontakt mit einem Psychologen, zeigen aber trotzdem wenig Widerstand oder Abneigung, sich von einem „Profi" helfen zu lassen. Sie sind es gewohnt, über ihre Befindlichkeit zu sprechen, was damit zu tun haben kann, dass sie gern viele enge Kontaktpersonen haben. Häufig haben sie eine sehr gute Verbindung zu ihren Eltern, die sie als Stütze empfinden. Der Leistungsdruck, den sie spüren, hat häufig mehr mit Freunden und Freundinnen als mit der eigenen Familie zu tun. Es sind die Mitschüler und -schülerinnen, mit denen sie sich jeden Tag vergleichen, nicht die Eltern oder Geschwister, und normalerweise empfinden sie den Druck durch die Gleichaltrigen eher unterschwellig als direkt.

Sie wollen ihre Eltern nicht enttäuschen, wobei es oft nur sehr wenige Erlebnisse gibt, bei denen die Eltern spürbar enttäuscht waren. Oftmals glauben sie zu wissen, wie wichtig es den Eltern ist, dass sie alles schaffen und gute Leistungen bringen. Wenn ich dann jedoch Kontakt mit den Eltern aufnehme, wird dabei deutlich, dass diesen das Wohlergehen ihrer Kinder zumeist viel wichtiger ist als deren Leistungen. Allerdings haben sie oftmals die Befürchtung, dass es ihren Kindern nicht gut geht, wenn sie keine guten Noten bringen. Dies kann leicht missverstanden und so gedeutet werden, als ginge es den Eltern primär doch um den schulischen Erfolg. Dabei basiert der Gedanke der Eltern meistens darauf, dass Noten auch Indikatoren dafür sein können, wie es den Kindern geht und in Zukunft gehen wird.

Das aufgeschobene Leben

Wenn eine gute Schülerin mir von ihrem Leben erzählt, bezeichnet sie sich dabei häufig selbst so. Nicht selten fällt der Satz:

» *Ich war schon immer eine gute Schülerin.*

" *Eine gute Schülerin sein zu wollen, impliziert allerdings, dass man immer besser werden muss, um die steigenden Erwartungen an sich selbst befriedigen zu können.*

Hat das Mädchen „nur" eine Zwei bekommen, erwartet es von sich selbst, beim nächsten Mal eine Eins zu schaffen. Das Ziel, auf der Traum-Uni angenommen zu werden, ersetzt sie durch die Erwartung, dort so gute Leistungen zu bringen, dass sie anschließend auch ihren Traumjob bekommt. Und aus der Freude über den Traumjob wird schließlich die Angst, dass sie die Erwartungen am Arbeitsplatz nicht erfüllen kann und auf der Karriereleiter nicht weiter nach oben steigt.

So degradiert eine gute Schülerin das Leben und jeden Augenblick immer zu einer Voraussetzung für ihr Weiterkommen, um irgendwann das Leben zu erreichen, das sie eigentlich führen will. Dieses Leben liegt aber immer in der Zukunft, das Hier und Jetzt sind dabei nur mögliche Hindernisse auf dem Weg zu dem Leben, das sie mit angehaltenem Atem zu erreichen versucht. Erst in der Zukunft, wenn alle Hindernisse überwunden sind, kann sie tief durchatmen.

Das Atmen wird dabei häufig vergessen, insbesondere das Ausatmen. Wenn eine gute Schülerin eine Bruchlandung erleidet, will sie normalerweise einfach nur durchatmen. Das erzählt sie mir jedenfalls, wenn ich sie frage, was sie am Wochenende machen wolle. Das Durchatmen steht auf der langen To-do-Liste des Wochenendes meist ganz oben. Sie will einfach nur den Kopf freibekommen. Wenn ich sie dann frage, wann sie das letzte Mal richtig durchgeatmet hat, muss sie oft nachdenken, bis sie irgendwann bei den letzten Sommerferien landet. Nur diese Ferien sind dafür lang genug. Während des restlichen Jahres läuft sie mit einem beständig hohen Stresslevel herum. Ist man so einem Pensum für eine längere Zeit ausgesetzt, ist der Weg vom Stress bis zur Angst nicht mehr weit. Meistens muss dann nur eine Sache schiefgehen und alles bricht zusammen. Alles hängt dann mit allem zusammen und wächst der guten Schülerin über den Kopf.

> **"** *Sobald Stress zu Angst wird, verstärkt der Versuch, den Stress zu bewältigen, diese Angst häufig noch zusätzlich.*

In diesen Phasen, wenn diese Teenager sich zu sehr auf einzelne Bereiche fokussieren, bleiben Beziehungen auf der Strecke. Ihr soziales Umfeld wird kleiner, weil sie Schule und Noten als wichtiger erachten und daher dem Lernen noch mehr Raum geben, um ihre Versagensangst zu verringern. Das Selbstwertgefühl verliert seine tragenden Stützen und gerät in Schieflage. Irgendwann sind die Schule und die Noten die einzige Säule, auf der das Selbstwertgefühl dieser Jugendlichen ruht, was die Bedeutung der Noten, für die sie arbeiten, noch wichtiger und die Angst zu versagen noch größer macht. Jeder Test bekommt ungeheures Gewicht, denn nun steht das gesamte Selbstwertgefühl auf dem Spiel. Eine Mathearbeit ist nicht mehr nur ein Test, wie gut man in Mathe ist, sondern ein Indiz, wie gut man als Mensch generell ist. Für die guten Schülerinnen fühlt es sich so an, als würden das Selbstwertgefühl und der Wert als Mensch bei jeder Prüfung infrage gestellt.

Zudem haben sie keine Entschuldigungen für den Misserfolg mehr, da sie den Noten bereits alles andere geopfert haben. Sie können nur sich selbst die Schuld geben. Dieses Gefühl ist bei Menschen mit extremer Prüfungsangst besonders ausgeprägt. Je mehr sie lernen, desto größer wird die Angst. Je mehr sie sich vorbereiten, desto stärker wird der Druck, Erfolg haben zu müssen, schließlich brauchen sie diesen Erfolg, um die Zeit und alles, was sie auf dem Weg dorthin geopfert haben, zu rechtfertigen.

Je besser man vorbereitet ist, desto mehr geht es um einen selbst, und damit um die Frage, wie gut man in Wirklichkeit ist. Für einige wird es in dem Augenblick leichter, in dem sie die Diagnose einer Angststörung bekommen, da sie dann eine Erklärung oder eine Entschuldigung für misslungene Prüfungen bekommen:

> » *Es lag ja nicht an mir, dass ich die Prüfung nicht geschafft habe. Ich bin nicht dumm oder nicht gut genug, das war einfach nur die Angst.*

Die Angstspirale

Eine weitere Ursache, die Stress in Angst verwandeln kann, ist die Furcht vor Symptomen und körperlichen Reaktionen. Diese Furcht verstärkt die Symptome und führt dazu, dass man die Angst noch heftiger erlebt, weil man dann auch noch Angst vor der Angst hat. Dies erleben Schülerinnen, bei denen der Stress in Prüfungsangst oder Panikattacken kulminiert ist. Oftmals führt die Angst vor dem Versagen zu einer Panikattacke während der Prüfung selbst oder am Tag davor, was die Angst vor weiteren Attacken schürt, ganz gleich, ob in der Vorbereitungsphase oder bei der Prüfung selbst. Die Angst richtet sich dann nicht mehr auf das Nichtbewältigen der Prüfung, sondern darauf, im Prüfungsraum eine Panikattacke zu bekommen. Später meldet die Angst vor der Angst sich dann auch schon in der Prüfungsvorbereitung, weil man - sollte sie auftreten - Vorbereitungszeit verlieren könnte. Auf diese Weise erstreckt sich die Prüfungsangst über immer längere Zeiträume im Schuljahr. Die Angst ist damit eher zu einer Angst vor der Angst als vor der eigentlichen Prüfung geworden. Und so kann sich die Spirale weiterdrehen, bis die Jugendliche irgendwann auch Angst vor anderen Lebenssituationen bekommt.

Zu gute Eltern

Bei meiner Arbeit mit guten Schülerinnen fällt mir immer wieder auf, dass sie häufig auch Eltern haben, die gut sind, die sich um ihre Kinder

Sorgen machen und denen es sehr wichtig ist, dass es ihren Kindern gut geht. Folglich entwickeln auch diese Eltern Angst, wenn es ihren Kindern nicht gut geht oder diese Angst bekommen, sodass sie sich noch mehr um das Wohl ihres Kindes kümmern. Auch wenn das durchaus positiv sein kann, steigert es unbeabsichtigt die Angst des Kindes, weil jetzt ja auch die Eltern Angst haben.

> 99 *Für Kinder und Jugendliche gibt es kaum etwas Beängstigenderes, als wenn sich die eigene Angst in den Augen der Eltern spiegelt.*

Kindern lernen zu erkennen, was gefährlich ist, indem sie die Angst in den Augen ihrer Eltern wahrnehmen. Wenn Mutter oder Vater mit zitternder Stimme und Angst im Blick fragen, wie es einem geht, bestätigt ihre Körpersprache die Furcht des Kindes, dass etwas gefährlich oder falsch ist.

Der erste Tipp, den ich Teenagern mit Prüfungsangst gebe, lautet deshalb, ihren Eltern nicht zu sagen, wann genau die Prüfungen sind. Sie dürfen ihnen gern sagen, in welchem Monat die Prüfung ist, aber nicht in welcher Woche. Diesem Thema widme ich später ein ganzes Kapitel (s. S. 197).

Ein anderer Fehler zu guter Eltern ist, dass sie zu viel Verantwortung übernehmen und zu hilfsbereit sein können, sodass ihre Kinder nicht lernen, wozu sie selbst in der Lage sind. Wenn die Eltern die Verantwortung übernehmen, sobald es Schwierigkeiten gibt, lernen die Jugendlichen, dass sie abhängig von der Hilfe anderer sind, was im Umkehrschluss bedeutet, dass sie hilflos sind. Man spricht in diesen Fällen von *erlernter Hilflosigkeit*[23].

Meiner Ansicht nach, übernehmen heutige Eltern für ihre Kinder zu viel Verantwortung und helfen ihnen zu oft. Sie bringen sie damit um die Möglichkeit, Verantwortung für ihr eigenes Leben zu übernehmen, und vermitteln ihnen, dass das Leben für sie zu kompliziert ist und sie von uns abhängig sind, wenn sie überleben wollen. Natürlich sind Kinder von ihren Eltern abhängig, aber sie können das nicht ihr ganzes Leben bleiben. Damit Kinder wachsen können, müssen Erwachsene es ertragen, dass die Sprösslinge eigene Versuche angehen, scheitern und mit Problemen zu kämpfen haben, ohne dass die Eltern sich gleich einmischen und Verantwortung übernehmen. Sonst bestätigen sie die Hilflosigkeit der Kinder und deren unterschwelliges Gefühl, dass das Leben für sie zu kompliziert ist.

> **„** *Will man die Angst loswerden, muss man sie zunächst einmal ertragen.*

Zu gute Eltern greifen zu früh ein, übernehmen Verantwortung oder trösten über schlechte Gefühle hinweg. Die Kinder stehen dadurch ihren eigenen Symptomen und Gefühlen hilflos gegenüber, weil sie nie gelernt haben, ihre eigenen Gefühle zu regulieren. Die Kinder werden abhängig vom Trost und bleiben damit abhängig von ihren Eltern.

Die Kontrolle über das Leben

Für die gute Schülerin kann der Weg von der Akzeptanz der Angst bis zu einer Verhaltensänderung lang sein. Vor allem, wenn ihr Versuch, die Angst durch noch mehr Lernen zu bewältigen, über längere Zeit zu ihrem alleinigen Projekt geworden ist, dem sie soziale Bindungen und Verpflichtungen geopfert hat.

> **„** *Überzogenes Lernen ist der Versuch, das Bedürfnis nach Kontrolle über das eigene Leben zu befriedigen.*

Menschen suchen die Kontrolle über das eigene Leben gerade in den Bereichen, die sie am besten im Griff haben. Für manche sind es die, in denen sie weniger von anderen Menschen abhängig sind. Wir können nicht kontrollieren, ob andere uns mögen, wir können aber kontrollieren, wie viel wir für eine Prüfung lernen.

Für einige kann das exzessive Lernen als eine Art Entschuldigung dienen, dass sie nicht mehr an sozialen Aktivitäten teilnehmen. Es ist weniger schmerzhaft, das ganze Wochenende allein oder mit den Eltern zu verbringen, wenn man keine Zeit für die Freunde hat, als sich einzugestehen, keine Freunde zu haben oder dass die alten Freunde einen nicht mehr einladen.

Für andere kann Training, Gewichtsreduzierung oder Ernährung als Ersatzbefriedigung für das Bedürfnis herhalten, das eigene Glück und Leben kontrollieren zu können. Auch körperzentrierte Projekte können leicht zu einem allumfassenden Vorhaben werden und damit die anderen unbefriedigenden Bereiche überlagern. Wie beim Lernen ist es weitaus leichter zu kontrollieren, wie weit man joggt, welches Gewicht man stemmt oder wie wenig man isst, als wer einen liebt. Außerdem gibt einem das die Möglichkeit, den Beginn des „richtigen" Lebens noch ein bisschen aufzuschieben.

99 *Jeder Augenblick wird zu einer Voraussetzung für das zukünftige Glück.*

Für manche beginnt das Leben an der Traum-Uni oder im Traumjob, für andere mit dem Körper, von dem man immer geträumt hat. In beiden Fällen schiebt man das Leben auf und gönnt sich selbst eine Pause von dem Druck, glücklich zu sein. Es geht mir nicht gut, aber das ist in Ordnung, da der Augenblick ja nur ein Punkt auf dem Weg zu dem Leben ist, das ich eigentlich leben will. Dieser Gedanke gaukelt einem Kontrolle über das eigene Leben vor.

Die Leere füllen

Mit dem übertriebenen Lernen, dem exzessiven Training oder der Diät aufzuhören, kann zu der Frage führen, wie viel man in seinem Leben durch die fehlenden sozialen Kontakte versäumt hat. Gleichzeitig muss man die einzige zugängliche Kontrollmöglichkeit über das eigene Glück aufgeben und bereit sein, ohne den konstanten Strom von Belohnungen zu leben, also ohne gute Schulergebnisse oder ohne die Bewältigung der Angst.

Dieser Prozess kann schmerzhaft sein. Schließlich manifestieren sich die positiven Rückmeldungen, die man gewohnt ist, ja in guten Noten oder verlorenen Kilos. Diese konkrete Belohnung muss mittelfristig durch eine andere ersetzt werden. Parallel dazu muss das Leben mit neuen Inhalten gefüllt werden. Alle extrem ausgeführten Tätigkeiten hinterlassen eine schmerzhafte Leere, die gefüllt werden muss, will man einen Rückfall vermeiden. Mehr über dieses Thema findet sich in den Kapiteln über Prüfungsangst (s. S. 197) und Essstörungen (s. S. 232).

In der Begegnung mit guten Schülerinnen müssen wir sowohl das tief verankerte, internalisierte Bedürfnis, gut zu sein, berücksichtigen, wie auch die Folgen, zu denen die Versuche, gut zu sein oder zu bleiben, in ihrem Leben geführt haben. Ist aus dem Drang, gut zu sein, Angst geworden, geht es bei der mit ihnen häufig darum, dem Leben einen neuen Sinn zu geben. Dies gelingt meist über eine Rückkehr in die sozialen Bereiche, aus denen die Jugendlichen sich zurückgezogen haben. Bei manchen kann es aber auch darum gehen, sich neue Bereiche zu erschließen. In beiden Fällen ist es entscheidend, dem Selbstwertgefühl der Teens weitere Stützen zu geben, damit es stabiler steht. So wird schließlich auch die Angst vor den verschiedenen Prüfungssituationen gemindert, da nicht mehr nur die Prüfungen den Wert der Jugendlichen definieren. Das Ziel ist, dass eine Mathearbeit nur ausdrückt, wie gut man in Mathe und nicht, wie gut man als Mensch ist.

Gutsein als Identität

Der Drang, eine gute Schülerin zu sein, führt häufig auch noch dazu, dass das Gutsein zu einem großen Teil der Identität der Mädchen wird, weshalb viele der Idee, sich zu ändern, sehr ambivalent gegenüberstehen. Ein Großteil der guten Schülerinnen, die Hilfe bei mir suchen, ist eigentlich gar nicht daran interessiert, ihr Leben so zu ändern, dass es ihnen langfristig gut geht. Eigentlich suchen sie Hilfe, um noch leistungsstärker zu werden. Sie hätten gar nicht erst meine Hilfe gesucht, würden sie nicht fürchten, dass die Angst ihre Leistungen beeinträchtigt. Nur wenige sind bereit, das Risiko einzugehen, weniger gute Leistungen zu bringen, damit es ihnen besser geht.

So ist kaum eine Schülerin gewillt, an einem Experiment teilzunehmen, das darauf basiert, bei einer Prüfung nicht alles zu tun, um die beste Leistung zu bringen, auch wenn ich ihnen versichere, dass dies ein entscheidender Schritt zur Besserung und zur Rückeroberung ihres Lebens ist. Nicht einmal Teenager mit täglichen Panikattacken machen bei diesem Experiment mit. Ihre Erwartungen herunterzuschrauben empfinden sie als beängstigender und schmerzhafter als die Panikattacken selbst.

Eine andere Gefahr besteht darin, dass die guten Schülerinnen so fokussiert auf die Bekämpfung ihrer Angst sind, dass sie den Drang, Leistung zu bringen, einfach durch etwas anderes ersetzen. Das kann zum Beispiel im Sport, in der Schule, im Ess- oder im Einkaufsverhalten passieren. In diesen Fällen ist die Gefahr eines Rückfalls in die alten Muster hoch. Diese Mädchen haben bisher nicht gelernt, dass Liebe gar nichts mit Gutsein zu tun hat. Erst wenn sie sich ganz sicher sind, dass sie die Liebe eines anderen verdienen - ganz gleich, wie sie sind -, fühlen sie sich stabil genug, sich der verborgenen Angst zu stellen, nicht gut zu sein. Erst dann reicht die eigene Sicherheit aus, ein Experiment durchzuführen oder an sich selbst zu arbeiten.

> **„** *Um aber zu der entscheidenden Erkenntnis zu gelangen, dass Liebe an keine Bedingungen geknüpft ist, brauchen die meisten zunächst eine Niederlage.*

Deshalb sage ich den guten Schülerinnen immer, dass der erste Schritt zur Besserung darin besteht, etwas schlechter zu machen. Erst so bekommen sie die Möglichkeit zu begreifen, dass ihre Eltern sie lieben, ganz gleich, welche Leistung sie bringen.

★ Wie ihr besser mit eurer guten Schülerin redet

Gute Schülerinnen haben in den meisten Fällen auch Eltern, die gut sind, denen es wichtig ist, für ihre Kinder da zu sein, und die im Alltag normalerweise gut mit ihnen kommunizieren können. Die Gespräche sind nur selten von Konflikten geprägt, und die guten Schülerinnen erklären, eine gute Beziehung zu ihren Eltern zu haben und recht offen mit ihnen über die Herausforderungen des Lebens reden zu können. Dies kommt auch dadurch zum Ausdruck, dass sie ihre Eltern aktiv kontaktieren, um wieder herunterzukommen, wenn sie gestresst oder ängstlich sind. Die Eltern sind dann häufig die ersten, die sie anrufen. Das Fundament für eine gute Kommunikation ist bereits vorhanden.

Dennoch kann gerade auch diese Kommunikation dazu beitragen, Stress, Angst und ein vermindertes Selbstwertgefühl zu bewahren. Dies trifft insbesondere dann zu, wenn das Leben sich überschlägt und die Jugendlichen Angst vor Tests und Prüfungen entwickelt haben (s. Kapitel S. 197).

Als Eltern solltet ihr daher mit eurer Tochter so kommunizieren, dass ihr sie im stressigen Alltag unterstützt und langfristig dazu beitragt, ihr Selbstwertgefühl zu stärken.

Die gute Schülerin kommt nämlich häufig dann zu euch, wenn sie gestresst ist. Das kann dann dazu führen, dass sich der Stress auf euch überträgt oder ihr euch Sorgen macht. Stress ist ansteckend und kann sich dadurch verstärken.

Der Stress und die Sorgen, die ihr als Eltern im Umgang mit eurem Kind empfindet, können also seine Probleme verstärken. Dies kann sich zu einem Teufelskreis entwickeln, in dem sich der Stress in Angst verwandelt, da die Stressreaktion der Eltern den Jugendlichen Gefahr signalisiert oder sie in ihrer Angst bestätigt. Wenn ihr Angst bekommt, kommuniziert ihr damit auch, dass die Angst eures Kindes berechtigt ist. Eltern, die sich Sorgen um ihre Jungendlichen machen, begehen oft zwei ganz natürliche Fehler. Beide entspringen dem Wunsch zu helfen.

Zum einen reagieren viele Eltern zu lösungsorientiert. Sie wollen entweder das Problem lösen oder den Jugendlichen auf die richtige Spur bringen. Damit vermitteln sie, dass der Sohn oder die Tochter selbst nicht in der Lage ist, die Herausforderungen zu bewältigen, die sich stellen, und zusätzlich signalisieren sie, dass die Jugendlichen ganz generell nicht auf dem richtigen Weg sind und dass mit ihnen also etwas nicht stimmt. Vermeidet deshalb Sätze wie:

- ❗ *Kann ich etwas tun?*
- ❗ *Gibt es irgendeine Möglichkeit, wie wir das lösen können?*
- ❗ *Aber, da kann ich mich doch drum kümmern!*

Zum anderen fokussieren Erwachsene zu schnell auf den Umgang der Jugendlichen mit ihrem Stress. Mit den guten Schülerinnen stimmt nur selten etwas nicht, sieht man mal davon ab, dass sie unrealistisch hohe Forderungen an sich selbst stellen und ein Leben führen, in dem sie zwischen so vielen unterschiedlichen Erwartungen hin und her gerissen werden, dass Stress eine natürliche Reaktion des Körpers ist. Statt euch auf die Möglichkeiten der Stressreduktion zu konzentrieren, solltet ihr als Eltern also eher deutlich machen, dass Stress die natürliche Antwort darauf ist, wenn eure Teens überzogenen Ansprüchen nachjagen. Ihr könnt es folgendermaßen ausdrücken:

- » *Nicht du bist das Problem. All die Ansprüche und Erwartungen, die du in deinem Leben spürst, sind verrückt.*
- » *Ich glaube, bei so vielen Prüfungen in so kurzer Zeit wäre jeder gestresst. Kein Wunder, dass du müde und fertig bist.*
- » *Ich glaube, wenn man so hohe Erwartungen an sich stellt, wie du das tust, wären alle gestresst. Ich wäre das auf jeden Fall.*
- » *Ich glaube, wir Erwachsenen wären ganz schön fertig, wenn wir auch nur eine Woche euer Leben führen müssten!*

Als Eltern müsst ihr das euren Kindern deutlich machen, da diese es selber nicht erkennen. Für sie sind die Welt und ihr Leben einfach so. Sie sind in dieser Zeit aufgewachsen, in einem Dschungel aus Ansprüchen, Erwartungen und Prüfungssituationen.

Das war bei euch noch anders. Deshalb kann es auch helfen, wenn ihr von eurer eigenen Jugendzeit erzählt. Die Jugendlichen berichten mir oft, dass sie sich wünschen würden, ihre Eltern würden ihnen mehr aus ihrer eigenen Jugendzeit erzählen. So könntet ihr darüber sprechen:

- » *Mag sein, dass ich mich jetzt sehr alt anhöre, aber zu meiner Zeit war die Jugend wirklich vollkommen anders … Die Ansprüche waren bei Weitem nicht so hoch wie jetzt, und wir waren sicher nicht so gestresst wie ihr.*
- » *Unsere Jugendzeit war eher problemlos, ein bisschen wie die Kindheit. Natürlich haben auch wir uns Sorgen gemacht, aber das waren vor allem so typische Jugendsachen.*
- » *Euch beschäftigen unsere Sorgen früher als das bei uns der Fall war.*
- » *Stellt euch mal vor, ich bin ohne Handy aufgewachsen.*

Außerdem versuchen manche Eltern, ihren Jugendlichen klarzumachen, dass sie etwas ganz anderes sehen als ihre Kinder. Eltern begreifen oft nicht, dass jemand, der so viel schafft, trotzdem das Gefühl hat, nichts auf die Reihe zu bekommen. Eltern sehen nicht das, was Jugendliche sehen. Niemand sieht sich selbst so, wie andere einen sehen, weshalb jede Form von Überredung kontraproduktiv ist.

Deshalb machen Eltern häufig die falschen Komplimente zur falschen Zeit. Sie loben zu einem Zeitpunkt, an dem die Jugendlichen nicht in der Lage sind, Lob anzunehmen, weil das nicht mit ihrer eigenen Gefühlswelt übereinstimmt. Für die Teens fühlt sich das dann nur so an, als wollte man mit Komplimenten trösten. Das funktioniert nur selten. Wird ein Kompliment als Trost empfunden und abgelehnt, wirkt es sich nicht positiv auf das Selbstwertgefühl aus.

Besser als Komplimente und Überredungsversuche hilft die Erklärung, dass man seine Kinder lieb hat. Ohne konkreten Anlass und ohne jede Bedingung. Das hilft besonders in Situationen, in denen Mädchen sehr gestresst sind.

> » *Ich habe dich lieb.*
> » *Ich glaube, du wärst überrascht, wenn du wüsstest, wie viel du mir bedeutest. Ganz gleich, was du machst.*

So kann man jungen Menschen, die fast immer unter Druck stehen und deshalb auch glauben, dass Liebe von Leistung abhängig ist, bedingungslose Liebe vermitteln. Komplimente, die dazu gedacht sind, das Selbstwertgefühl zu steigern, sollte man für die Augenblicke aufheben, in denen die Jugendlichen sie auch annehmen können.

Gut funktionieren auch Zusammenfassungen, um dem Stress und den Sorgen einen Rahmen zu geben, wenn die Jugendlichen bei euch Unterstützung suchen. Beispielsweise so:

» *Okay, du hast also gerade das Gefühl, dass du...*
» *Okay. Du sagst mir also, dass du ...*

Mehr nicht. Fasst einfach nur zusammen. Macht keine Lösungsvorschläge. Indem ihr die Erlebnisse der Jugendlichen zusammenfasst, zeigt ihr ihnen einerseits, dass ihr zu verstehen versucht, wie es ihnen geht, andererseits gebt ihr dem Erlebten eine gemeinsame sprachliche Basis. Das hilft den Teenagern, ihren Stress zu bewältigen. Besonders effektiv ist es, wenn diese Hilfestellung von einem Menschen kommt, den die Teens gern haben und den sie nicht enttäuschen wollen. Indem ihr zuhört und zusammenfasst, ohne die Jugendlichen zu irgendetwas überreden zu wollen, vermittelt ihr, dass ihr den Ernst der Situation erkannt habt, ohne ängstlich oder enttäuscht zu sein.

Im Umgang mit einer guten Schülerin könnt ihr auf diese Weise deutlich machen, dass ihr sie auch in einem Moment akzeptiert, den sie selbst als einen ihrer schlimmsten erlebt. Dies ist der wichtigste Punkt und die Voraussetzung dafür, dass das Selbstwertgefühl eurer Tochter mittelfristig gefestigt wird.

Es ist wichtig, dass ihr auch über euch selbst und euer eigenes Leben sprecht. Eltern bleiben Rollenmodelle für Jugendliche, auch wenn sie beim Übergang von der Kindheit zur Jugend den Status als Vorbilder verlieren. Heranwachsende lernen, über sich selbst zu reden und sich selbst zu sehen, indem sie zuhören, wie Eltern über sich selbst reden. Schafft ihr es, über euch selbst so zu reden, dass kein Zweifel daran besteht, dass man etwas gut genug machen kann? Könnt ihr euch selbst loben, ohne eure Erfolge zu bagatellisieren oder als Glück oder Zufall abzutun? Oder sagt ihr auch viele hässliche Sachen über euch selbst? Ihr solltet euch der Wirkung eurer Worte bewusst sein, denn das Selbstwertgefühl der Jugendlichen wird mehr von dem Hässlichen beeinflusst, das ihr über euch selbst sagt, als von dem Guten, das ihr über sie sagt.

Notizen

Die faulen Jungs

Wer sie sind und wie ihr sie verstehen könnt

Null-Bock, mangelnde Motivation, faul. Geliebte Kinder tragen viele Namen, und oft gehören die faulen Jungs tatsächlich zu den geliebten Kindern. Man liebt sie, obwohl sie für Eltern wie Lehrkräfte eine stete Quelle der Frustration darstellen. Insbesondere Mütter leiden unter faulen Kindern. Väter sehen das meistens gelassener, was die Mütter dann nur noch mehr ärgert. Dass Väter sich weniger sorgen, ist zu einem gewissen Teil damit zu erklären, dass sie sich in ihren Söhnen wiedererkennen und ihnen die Situation weniger bedrohlich erscheint. Häufig denken sie, dass der Sohn schon irgendwann die Kurve kriegen wird. Die Väter erinnern sich, dass sie selbst das auch geschafft haben - nach einiger Zeit.

Der faule Jugendliche präsentiert sich zumeist als etwas unreifer und zeitweise total uninteressierter Schüler, der sich um nichts oder niemanden kümmert, dabei tief in seinem Inneren aber immer noch der gute, liebe Junge ist. Der faule Schüler will den anderen nur selten oder nie etwas

Böses, die unglücklichen Situationen, in die er sich trotzdem verstrickt, sind meist das Ergebnis von Unreife und Unbedachtsamkeit. Deshalb fällt es schwer, einem faulen Schüler lange böse zu sein. Oftmals endet es in einem etwas frustrierten Kopfschütteln der Erwachsenen, gefolgt von einem tiefen Durchatmen und der etwas resignierten Frage, warum der Junge sich nicht endlich mal zusammenreißen kann.

Genau diese Frage versuche ich im folgenden Abschnitt zu beantworten. Warum reißen faule Jungs sich nicht einfach zusammen? Warum bringen sie nicht die Leistung, zu der sie in der Lage wären?

Langweilige Schule

Die Frage könnte man leicht auf die meisten Jungen an den heutigen Schulen ausweiten, denn das Problem trifft auf rund die Hälfte der männlichen Schüler zu. Jungen bekommen in der Schule schlechtere Noten als Mädchen, weil sie im Gegensatz zu diesen nur selten die Leistung bringen, zu der sie fähig wären. Das ist aber nicht die Antwort auf die Frage, warum sich so viele Jungen komplett ausklinken. Dahinter stecken ernstere Dinge, und diese zwingen uns, einen Blick auf die Rolle der Schule zu werfen. Es hat nämlich den Anschein, als ob die heutige Schule nicht mehr allen Jugendlichen gerecht würde und dass eine bestimmte Gruppe von Schülern nicht mehr mitkommt. In dieser Gruppe sind Jungen deutlich in der Überzahl.

Der Großteil der Jungen hat die Voraussetzungen, gute Leistungen zu bringen oder zumindest im Unterricht mitzukommen. Trotzdem sind ihre Noten signifikant schlechter als die der Mädchen. Dies liegt einfach daran, dass sie nicht so gut sind, wie sie sein könnten und weniger Zeit auf die Hausaufgaben und Vorbereitungen verwenden als die Mädchen. Viele Jungen, die faulen inbegriffen, sind sich durchaus darüber bewusst, dass sie nicht ihr Bestes geben. Trotzdem stehen sie sich auch weiterhin selbst im Weg und suchen nach Ausflüchten und Entschuldigungen für ihren Misserfolg. Der Grund dafür ist ihre innere Überzeugung, dass sie es so oder so nicht gut genug machen können. Die Leistungsanforderungen sind einfach zu hoch, und die Unterschiede zwischen den Erfolgreichen und den Erfolglosen zu groß. Deshalb entscheiden sich diese Schüler bewusst dafür, ihr Selbstwertgefühl und ihre Würde zu schützen, indem sie selbst über ihr Scheitern bestimmen. Sie nehmen den Misserfolg bewusst in Kauf, weil dieser dann weniger schmerzhafter ist, als wenn sie alles für eine gute Note getan hätten und dann gescheitert wären.

99 *Scheitert man, ohne scheitern zu wollen, kratzt der Misserfolg sofort am Selbstbewusstsein.*

Ist einem das Ergebnis gleichgültig, fühlt sich das Scheitern nicht ganz so schlimm an.

Aber ist den Faulen wirklich alles egal?

Diese Frage ist nicht eindeutig zu beantworten. Einige der faulen Schüler interessieren sich wirklich nicht sonderlich für Schule oder Noten. Die Schule ist für sie nicht das Wichtigste im Leben und definiert auch nicht ihr *Selbstbewusstsein*[24]. Das Soziale ist für sie viel wichtiger, und solange sie in der Schule einigermaßen mitkommen, reicht ihnen das völlig aus. Da interessiert es sie auch nicht, dass alle um sie herum davon überzeugt sind, dass sie weitaus bessere Leistungen bringen könnten, wenn sie nur wollten. Bei vielen spielt dabei Reife und Motivation eine wichtige Rolle. Aus meinen Gesprächen mit den Jugendlichen habe ich entnommen, dass die Schule nur selten als motivierend erlebt wird, und die Jungs selbst noch nicht reif genug sind, um die Langeweile bis zu irgendeiner fernen Belohnung ertragen zu können.

Mädchen halten Langeweile besser aus und können länger auf Belohnungen warten. Für viele Jungen ist die Schule eine zwölf oder dreizehn Jahre andauernde Übung in Langeweile, während der sie Dinge lernen müssen, deren Nutzen sie für ihr weiteres Leben nicht erkennen. Selbst den Erwachsenen fällt es nicht immer leicht, den Sinn in all dem zu erkennen, was die Jugendlichen lernen müssen. Wofür braucht man Latein und wann wendet man jemals Algebra an? Will man in der heutigen Schule Erfolg haben, verlangt das entweder eine große Portion Selbstdisziplin und Reife oder Angst vor dem Misserfolg.

Schule und Noten bekommen für viele erst dann Bedeutung, wenn es wirklich darauf ankommt. So ist das auch bei faulen Schülern. Viele reißen sich zusammen, wenn es auf das Abitur zugeht oder sie plötzlich Interesse für etwas entwickeln. Haben sie ausreichende Voraussetzungen oder gute Lernfähigkeiten, schaffen sie ihren Abschluss, auch wenn es bei einigen vielleicht etwas länger dauert. Ich persönlich mache mir um diese Gruppe von Jugendlichen die geringsten Sorgen, denn selbst wenn sie nicht die beste Leistung bringen, sind sie normalerweise diejenigen, denen es am besten geht, und zwar sowohl in der Schule als auch außerhalb.

Schutz des Selbstwertgefühls

Für diejenigen Schüler, die nicht über die nötigen Lernfähigkeiten verfügen, um die Schule zu meistern, liegt der Fall anders. Unter denen, die am wenigsten Einsatz zu bringen scheinen, gibt es immer einige, die alles geben und die die Schule mehr stresst als alles andere. Nur dass sie noch härter daran arbeiten, ihren Einsatz geheim zu halten. Niemand soll sehen, wie sehr sie sich abrackern, da ihnen das im höchsten Maße unangenehm ist. Sie fallen dann jedoch nicht nur bei den Prüfungen durch, sondern leiden auch unter ihrem Versagen. Die Schule bedeutet ihnen etwas, die Noten sind ihnen wichtig, wie ihnen auch ihre Zukunft wichtig ist. Aber immer wieder haben sie das Gefühl, nichts ausrichten zu können. Die langen Jahre der Niederlagen und des Versagens haben sie gelehrt, dass sie zum Misserfolg verurteilt sind, ganz gleich, was sie auch tun.

Für viele von ihnen ist Distanzierung deshalb die einzige Möglichkeit, ihr Selbstwertgefühl zu schützen und sich wenigstens einen Teil ihrer Würde zu bewahren. Es ist besser, als faul zu gelten, denn als dumm, und es ist besser, so zu tun, als wäre einem alles gleichgültig, als sich selbst öffentlich zu demütigen, indem man offen zeigt, was man alles nicht kann. Für Jugendliche gibt es nichts Schlimmeres, als der oder die zu sein, der es immer wieder versucht, aber ständig scheitert. Da ist es besser, es gar nicht erst zu versuchen.

Versagensangst

Wie bei den guten Schülerinnen ist die Unfähigkeit, die eigenen Ansprüche loszulassen, auch ihr größtes Problem. Nur dass sie das nicht nach außen tragen. Innerlich empfindet sie den gleichen Leistungsdruck, wobei dieser sich bei ihnen ganz anders äußert. Während die guten Schülerinnen ihre Angst durch noch mehr Lernen bezwingen wollen, versuchen die faulen Jungs eher, sich zu distanzieren. Beide Gruppen beschützen ihr Selbstwertgefühl mit den Mitteln, die ihnen zur Verfügung stehen.

Durch Distanz und ihre Ist-mir-doch-egal-Haltung versuchen die Jungs, die Angst provozierenden Fragen zu Schule und Zukunft abzublocken. Wenn die anderen um sie herum, Schule und Noten etwas lockerer sehen würden, müssten die Faulen nicht ständig reagieren, womit es ihnen auch leichter fallen würde, die darunterliegende Angst vor dem Versagen zu kontrollieren.

Einer der am stärksten unter Druck stehenden Jungen, mit dem ich jemals gearbeitet habe, war ein missverstandener Null-Bock-Vertreter. Als ich ihn das erste Mal traf, hatte er seit Jahren nicht mehr richtig abgeschaltet. Jeden Tag fürchtete er, die nächste Matheprüfung nicht zu bestehen, denn ganz gleich wie sehr er sich auch anstrengte, schaffte er in Mathe nur selten eine Vier. Er fürchtete, von der Schule zu fliegen oder einen so miesen Abschluss zu machen, dass ihm doch nur die Sozialhilfe bleiben würde. Dabei hatte er keine Ahnung, was das wirklich bedeutete. Er kannte nur die Schreckensgeschichten, die an seiner Schule kursierten. Die einzige Chance, sich gegen die Angst und den damit verbundenen Stress zu wehren, war für ihn, sich sowohl gedanklich als auch durch seine Handlungen von allem zu distanzieren. Dass er ein Sozialfall werden würde, stand für ihn fest. Um das aber psychisch überleben zu können, durfte niemand ihn nach seinen Noten fragen. Deshalb antwortete er konsequent auf alle Fragen - sei es nun von Eltern oder Lehrkräften -, dass ihm alles egal sei. Er hoffte ständig darauf, dass die Menschen ihn endlich in Ruhe lassen und ihn nicht ständig zwingen würden, sein Versagen zu erklären.

Doch die wenigsten Eltern sind bereit, ihre eigenen Kinder aufzugeben, und auch Lehrkräfte wollen keinen Schüler fallen lassen, zu dem sie eine enge Beziehung haben. Statt weniger hörte er immer mehr Schreckensgeschichten, denn je weniger er sich anstrengte, desto mehr geriet er ins Blickfeld seiner Umgebung. Tag für Tag wuchsen die Sorgen seiner Nächsten, und Tag für Tag wuchs damit sein Stress. Ihm blieb nur noch die Möglichkeit, noch deutlicher zu signalisieren, dass ihm alles egal war. Wenn er so oder so zum Sozialfall wurde, sollte es wenigstens so aussehen, als wäre das seine freie Entscheidung. Die überwältigende Angst vor dem Misserfolg trieb ihn dazu, ganz bewusst zu scheitern.

Der Platz in der Welt

Natürlich ist es wesentlich stressiger, durch eine Prüfung zu fallen, als vielleicht keine Topnoten zu schaffen. Für faule Schüler geht es nämlich nicht darum, vielleicht kein Stipendium zu kriegen oder an der Traum-Uni angenommen zu werden, sondern vor allem darum, überhaupt irgendwie einen Abschluss zu schaffen. Später stellt sich dann nicht die Frage, ob man Jura oder Medizin studiert. Sie wollen überhaupt irgendeinen Arbeitsplatz und damit auch einen Platz in der Welt finden. Der Gedanke, diesen Platz nicht zu finden, ist erschreckend und die dahinter steckende Furcht noch beängstigender. Das Letzte, was diese Jungs brauchen, sind weitere düstere Vorhersagen, sie würden keinen Ausbildungsplatz bekommen und als Sozialfall enden. Auch wenn sie es nicht zeigen, gehen ihnen diese Prophezeiungen unter die Haut. Und oftmals machen diese Vorhersagen alles nur noch schlimmer.

> *Wie immer geht es hierbei um das richtige Verständnis, um unsere Fähigkeit zu begreifen, welche tiefer liegende Angst die Jugendlichen vor uns zu verbergen suchen.*

Gleichzeitig kommt es aber auch darauf an, die Angst, die dabei in uns Eltern selbst aufsteigt, zu beherrschen. Dies ist alles andere als leicht. Viel natürlicher ist es, sich von der Angst um die Zukunft der Jungen lähmen zu lassen. In vielen Fällen ist das Thema Schule so vermint und von Schrecken begleitet, dass ein Gespräch unweigerlich im Konflikt endet und aus Angst Wut und Streit wird. Über längere Zeit steigert das dann die Angst noch und führt zu noch mehr bösen Worten, die die Jungen zwingen, ihre eigene Angst vor der düsteren Zukunft weiter zu leugnen. Normalerweise ist dies der Moment, in dem die Jungen sich zurückziehen. Entweder verlassen sie den Raum oder das Haus oder gehen innerlich auf Abstand, mit der Aussage, dass es ihnen egal ist.

Als Erwachsene dürfen wir nicht vergessen, dass wir die Jungen mit unserer Aufforderung, ihr Bestes zu geben, ganz bewusst bitten, sich vor den anderen zu demütigen. Dies gilt auf jeden Fall so lange, wie sie nicht in der Lage sind, sich zusammenzureißen, oder ihnen andere Entschuldigungen fehlen. Da die faulen Schüler jedoch wissen, dass ihr Bestes nicht reicht, versuchen sie es erst gar nicht. Möglicherweise haben sie schon Jahre des Scheiterns hinter sich und gefährliche Wissenslücken, die von hier bis zum Mond reichen. Einfaches Zusammenreißen genügt da nicht, sonst hätten sie es wahrscheinlich längst getan.

Zuspruch hilft

Manche Erwachsenen drohen in solchen Momenten mit drastischeren Konsequenzen und machen den Jugendlichen mit wahren Horrorszenarien noch mehr Angst.

Viel besser wäre es, wenn die Menschen im Umfeld dieser Jungen zurückhalten würden. Was diese Jungen brauchen, ist Zuspruch. Sie müssen hören, dass jemand an sie glaubt, weil sie schon längst nicht mehr selbst an sich glauben. Oft ist dies der einzig mögliche Ansatzpunkt. Wir sollten vermitteln, dass wir an sie glauben und überzeugt davon sind, dass sie es schaffen können, dass aus ihnen noch etwas wird. Vielleicht kein Jurist, aber irgendetwas anderes. Sie müssen einfach nur solche Worte hören - und am meisten hilft es, wenn sie diese Worte von ihren Eltern hört.

★ Wie ihr euren Sohn aus der Gleichgültigkeit holt

Der erste Fehler, den viele Eltern im Gespräch mit einem faulen Jungen machen, ist, ihm zu glauben, dass ihm wirklich alles egal ist. Denn tief in ihm drin stimmt das nicht. Es ist ihm nicht egal, dass er die Schule nicht schaffen wird; darüber ist er sich vollkommen im Klaren. Meistens stresst ihn das derart, dass er auch außerhalb der Schule nichts auf die Reihe bringt. Das jedoch zuzugeben, wäre zu beängstigend, weshalb er lieber so tut, als wäre es ihm gleichgültig.

Eltern denken dann schnell, dass das nur mit Faulheit, Unreife oder fehlender Motivation zu tun hat. Deshalb werden Gespräche mit dem Ziel geführt, den Sohn zu motivieren oder ihm die Konsequenzen seines Scheiterns klar vor Augen zu führen. Gelingt dies nicht, enden diese Unterredungen häufig im Streit, da es die Eltern selbst stresst, keinen Zugang zu ihrem Kind zu finden und von ihm nicht ernst genommen zu werden.

Je mehr Druck die Eltern ausüben, desto gestresster wird der Sohn. Und je gestresster der Teenager ist, desto mehr muss er zum Ausdruck bringen, dass ihm alles egal ist.

Um aus einem solchen eingefahrenen und destruktiven Gesprächsmuster auszubrechen, müssen die Eltern erst einmal einsehen und anerkennen, dass ihrem Kind vermutlich nicht alles gleichgültig ist. Das ist die grundlegende Voraussetzung für jede Veränderung, und die solltet ihr möglichst laut aussprechen. Beispielsweise so:

> » Ich weiß, dass es bei all dem gar nicht nur um Faulheit geht oder darum, dass dir alles egal ist. Wenn es so einfach wäre, hättest du das längst selbst geändert.
> » Ich verstehe, dass es für dich in der Schule nicht so leicht ist und dich die Schule stärker stresst, als uns das bislang bewusst war. Ich glaube, so egal ist dir das Ganze gar nicht, und auch, dass du dir viel mehr Mühe gibst, als wir das mitbekommen. Und ich verstehe, dass es nicht leicht ist, und du vielleicht davor zurückschreckst, darüber zu sprechen …

Fasst ihr als Eltern all das in Worte, bestätigt ihr damit, dass ihr offen dafür seid, die Versuche eures Sohnes anzuerkennen. Diese Bestätigung brauchen die meisten Jugendlichen von ihren Eltern. Gleichzeitig kommuniziert ihr auch, dass ihr euer Kind versucht zu verstehen. Das wiederum erhöht die Chancen, dass euer Junge sich dafür öffnet, was ihr dazu zu sagen habt.

Wenn ein Sohn nicht wirklich davon überzeugt ist, dass die Eltern den innigen Wunsch haben, ihn zu verstehen, wird er sich deren Ratschläge auch nicht anhören, ganz gleich, wie gut diese sind.

Für gewöhnlich sind Ratschläge von Eltern nicht schlechter als meine, trotzdem sind die Jugendlichen deutlicher offener, meine Ratschläge anzunehmen, weil sie spüren, wie sehr ich, der Schulpsychologe, versuche, sie zu verstehen.

Gleichzeitig ist es wichtig, dass ihr als Eltern eurem Sohn helft, zu etwas empathischeren Erklärungen für den Misserfolg in der Schule zu kommen. Seine angebliche Dummheit darf nicht die einzige Erklärung sein. Sonst glaubt er das irgendwann wirklich und entwickelt eine Wahnsinnsangst, dass andere ihn so sehen könnten.

Damit so ein Schüler es wagt, sein Bestes zu geben – auch wenn sein Bestes vielleicht nicht gut genug ist –, braucht er Unterstützung. Ihr als Eltern müsst eure Kommunikation in diese Richtung lenken. Erst wenn der Junge Erklärungen findet, die ihn nicht als dumm abstempeln, spürt er genug Sicherheit, um es wieder zu versuchen. Ihr könntet Folgendes sagen:

» *Du scheiterst nicht, weil du zu dumm bist. Ich glaube, dass du in der Schule einfach einiges verpasst hast.*

» *Klar, dass das schwierig für dich ist, bei all dem, was du verpasst hast, weil du dich in der Schule nicht wohl gefühlt hast.*

» *Jetzt geht es in erster Linie darum, wieder in Gang zu kommen. Du hängst ein bisschen hinterher, weil du viel verpasst hast. Du darfst nicht erwarten, von Anfang an die besten Leistungen zu bringen.*

» *Es wird eine Weile dauern, die anderen wieder einzuholen. Aber du bist ein kluger Junge, auch wenn du das gut versteckst. Das kriegen wir hin.*

» *Du hast verdammt viele Ressourcen. Denk nur daran, wie gut es dir gelungen ist, deinen Stress zu verbergen.*

Auch wenn euer Sohn daraufhin sein Bestes gibt, wird er einige Niederlagen erleiden, die seine Furcht, dumm zu sein, und sein negatives Ich-Gefühl bestätigen. Es ist leicht, aufzugeben, wenn man nicht an sich glaubt, und ein Null-Bock-Schüler glaubt wirklich nicht an sich. Er vertraut nicht darauf, dass es irgendwann wieder besser laufen wird und er doch noch den Abschluss schafft. Als Eltern müsst ihr deshalb klar zum Ausdruck bringen, dass ihr an euren Sohn glaubt, auch in den Situationen, in denen er euch dafür keinen Anlass gibt. In manchen Fällen hilft es möglicherweise, ihm deutlich zu machen, dass ihr auch in anderen Bereichen an ihn glaubt, nicht nur in dem, der ihm am schwersten fällt.

Ihr könntet es so ausdrücken:

» *Okay, es ist möglich, dass Schule nicht dein Ding ist. Aber ich glaube daran, dass du deinen Weg gehen wirst, denn es geht im Leben nicht nur um Schule. Glaub mir, auch wenn dein Leben im Augenblick fast nur aus Schule besteht, wird der Rest davon komplett anders aussehen.*

» *Du bist ein guter Kerl. Die Menschen mögen dich. Das wird sich auszahlen, du wirst schon sehen.*

» *Du wirst eine ganze Menge hinkriegen, wenn du erst herausgefunden hast, was wirklich zu dir passt. Du musst einfach nur deinen Weg finden.*

» *Du hast so viele Ressourcen. Aber im Moment stresst du dich nur für die eine Sache, die du nicht hinkriegst.*

Notizen

Die Emotionalen

Wer sie sind und wie ihr sie verstehen könnt

Ich ringe immer mit mir, wenn ich Erwachsenen erklären soll, was es heißt, zu den Emotionalen zu gehören. In der Begegnung mit den Jugendlichen muss ich diesen Begriff meistens nicht erklären. Sie erkennen die Beschreibung sofort und identifizieren sich damit.

Kennzeichnend für diejenigen, die ich als Emotionale bezeichne, ist ihr Bedürfnis, der Umgebung die eigene Identität zu zeigen und zu kommunizieren. Eine Identität, die oftmals auf einer tiefer gehenden Leidensgeschichte basiert oder sich darüber definiert. Die anderen sollen sehen, dass man es nicht leicht hatte und der Welt deshalb ganz anders gegenüber tritt, als all die unbeschwerten Jugendlichen, die ja keine Ahnung davon haben, wie schwer das Leben sein kann.

„ *Während die anderen versuchen, ihr inneres Unbehagen zu verbergen, tragen die Emotionalen es durch ihr Erscheinungsbild, ihr Verhalten und ihre Worte nach außen.*

Emotional zu sein kann deshalb ein Teufelskreis sein, in dem die Jugendlichen sich mehr und mehr in der zugrunde liegenden Leidensgeschichte vergraben. Sie haben ihre Geschichte bereits häufig mit vielen Menschen geteilt, bevor sie zu mir kommen. Oftmals kommen sie auf Aufforderung der Schule, damit ich helfe, sie wieder in die richtige Bahn zu bringen, damit sie den Anschluss nicht verlieren. Die Emotionalen erzählen mir ihre Geschichte zwar viel bereitwilliger, ziehen daraus jedoch kaum Konsequenzen oder suchen nach Lösungen oder möglichen Verhaltensänderungen.

Ein charakteristisches Kennzeichen dieser Teenager ist, dass sie negativ auf Lösungsvorschläge reagieren. Man kann daraus schließen, dass sie eher nach Verständnis als nach Lösungen suchen. Wenn ich Lösungen vorschlage, fühlen die Jugendlichen sich missverstanden oder haben den Eindruck, dass ich unterschätze, wie schlecht es ihnen wirklich geht. Was dann wiederum dazu führen kann, dass sie ihre Geschichte noch düsterer ausschmücken, damit ich sie endlich verstehe.

Verzweifelte Suche nach Verständnis

Eine mögliche Erklärung für ihre fast verzweifelte Suche nach Verständnis ist, dass sie dieses Verständnis in sich selbst nicht finden können. Erleben sie, dass auch andere sie nicht verstehen, schürt dies die noch tiefer liegende Furcht, dass niemand sie versteht, ja dass sie generell nicht verstanden werden können. Dies kann einer der Gründe dafür sein, dass sie bewusst zeigen, wie es ihnen geht. Sie hoffen, doch noch bei irgendjemandem auf Verständnis zu stoßen. Dies würde sowohl ihre Angst, niemals verstanden werden zu können, lindern als auch ihre Furcht, dass ihr schmerzhafter Zustand nie endet.

Das Problem ist, dass sie häufig schon so lange mit dieser Angst leben, dass sie ihre ganze Identität darauf aufgebaut haben. Die Angst hat dadurch in gewisser Weise ein Eigenleben entwickelt, das kaum noch in die Schranken zu weisen ist - und schon gar nicht von Erwachsenen. Versuchen wir, die Jugendlichen zu motivieren, ihr Leben zu ändern, fassen sie das häufig als Beweis für unser Unverständnis auf. Oder sie kommen zu dem Schluss, dass wir sie nicht ernst nehmen. Ihre Identität und ihr Selbstwertgefühl wehren sich gegen die vorgeschlagenen Lösungen, weil diese ja damit verbunden sind, dass sie ihre Identität ändern sollen. Dieser Aspekt darf bei der Arbeit mit den Jugendlichen nicht unterschätzt werden. Haben die Emotionalen den Eindruck, dass es uns an Verständnis für ihre Schwierigkeiten fehlt, geht es ihnen schlechter und sie kommen oft nicht mehr zu den vereinbarten Sitzungen.

Deshalb sollte diese Problematik immer thematisiert werden. Es muss konkret angesprochen werden, dass das Bedürfnis des jungen Menschen nach Verständnis größer ist als der Wunsch nach Lösungen. Nur so können Gespräche auf lange Sicht zu einer Veränderung beitragen. Als Erstes müssen wir die Gesprächsgrundlagen schaffen und besprechen, was hilfreich ist. Erst danach können wir die Veränderung selbst angehen. Gleichzeitig bietet sich damit oft auch die Möglichkeit, darüber zu sprechen, warum die Teenager eine mögliche Veränderung als so unerreichbar und abschreckend empfinden.

Auf der Suche nach den Ursachen

In diesen Gesprächen wird rasch das Bedürfnis der Jugendlichen sichtbar, ihre Gefühlslage und die Ursachen dafür zu verstehen. Falls sie schon lange leiden, muss es dafür einen guten Grund geben. Entsprechend hoch sind die Ansprüche an die Lösung, da diese der Größe der Schwierigkeiten entsprechen müssen. Das Problem dabei ist nur, dass keine Lösung auch nur ansatzweise passend erscheint, da das Leiden längst ein Eigenleben entwickelt hat und nur noch wenig mit dem ursprünglichen Auslöser zu tun hat.

Deshalb verstehen die Jugendlichen gewisse Lösungen nicht und können sie auch anderen nicht vermitteln. Beides kann gleichermaßen schmerzhaft sein und zu einem Sinnverlust führen, weil sie ihr Leiden nicht mehr als Folge von etwas verstehen, das bereits geschehen ist oder noch geschehen wird.

Viele Emotionale überhöhen das Leiden, um es als Voraussetzung für etwas Großes zu stilisieren.

99 *Diese Jugendlichen sind häufig kreativ veranlagt und sehen ihre Schwierigkeiten als wichtigste Quelle ihrer Kreativität an.*

Dies kann eine positive Seite ihres Selbstbewusstseins und ihrer Identität sein, die bei der Arbeit mit ihnen berücksichtigt werden muss. Ihre Kreativität trägt zu dem Gefühl bei, anders zu sein, wobei sie die Andersartigkeit häufig als etwas Positives erleben. Die Andersartigkeit trägt ihrerseits zu der Distanz zu anderen Jugendlichen bei, ohne dass dies notwendigerweise als etwas Negatives empfunden wird. Viele der emotionalen Jugendlichen fühlen sich in der Beobachtungsrolle am wohlsten. Emotionale sind zwar oft daran interessiert, andere Menschen zu verstehen, doch gefällt es ihnen besser, nur zu beobachten, als selbst Teil einer Gemeinschaft zu sein. Deshalb finden sich in dieser Gruppe auffallend viele junge Menschen, die Psychologe oder Psychologin werden wollen oder Berufe anstreben, in denen sie ihre eigene Geschichte nutzen können, um anderen in der gleichen Situation zu helfen. Erst dann ergibt ihre eigene Geschichte für sie einen Sinn.

Auf der Suche nach Fürsorge

Es gibt aber auch noch einen anderen Grund für den inneren Widerstand gegen Veränderungen. Viele Jugendliche erkennen Fürsorge nur in den besorgten Blicken der anderen. Dies geschieht normalerweise unbewusst über eine emotional bedingte und erlernte Reaktion, die die Sorgen der anderen mit Fürsorge, Liebe und unausgesprochener Aufmerksamkeit verbindet. Daraus folgt, dass die Jugendlichen Fürsorge und Aufmerksamkeit bei Eltern und anderen Erwachsenen suchen, indem sie bei ihnen Sorgen wecken:

> » *Wenn sie sich Sorgen machen, bin ich ihnen nicht gleichgültig, und wenn die Sorgen groß genug werden, kümmern sie sich um mich.*

Die Sorgen der Erwachsenen übertragen sich dann wiederum auf die Teens, was ihre negative Entwicklung nur verstärkt. Dabei kann eine Spirale entstehen, in der die Jugendlichen aktiv alles tun, damit andere sich

Sorgen machen. So wollen sie entweder die Menschen an sich binden oder von anderen Aufmerksamkeit bekommen. Irgendwann setzen sie dann alles auf diese Karte:

» *Wenn die anderen sich nur genug Sorgen um mich machen, werden sie mich nicht verlassen.*

Vielleicht ist das mit ein Grund, warum es ihnen so wichtig ist, verstanden zu werden. Und warum sie mögliche Lösungsvorschläge ablehnen. Die Jugendlichen sind sich nicht sicher, ob sich noch jemand um sie kümmert, wenn sich ihre psychische Gesundheit verbessert und niemand mehr Sorgen um sie macht. Das aktiviert unbewusst die Furcht, weniger Aufmerksamkeit zu bekommen, was wiederum als ein Zeichen gedeutet werden kann, bald verlassen zu werden. Folglich entwickeln einige Jugendliche weitere Symptome oder verstärken vorhandene, wenn sie bemerken, dass wichtige Verbindungen zu anderen Menschen bedroht sind. Nicht selten geschieht dies am Ende von Therapiestunden oder längeren Behandlungszeiten, sodass es den Jugendlichen plötzlich wieder schlechter geht.

Mitunter geht es ihnen in der letzten Woche vor der abschließenden Therapiestunde schlechter als jemals zuvor. Ihre Symptome sind dann besonders ausgeprägt, sodass ich als Therapeut das Gefühl bekomme, es könne wahrhaftig lebensgefährlich sein, die Therapie jetzt zu beenden. Die Jugendlichen wollen mich damit an sich binden, und ich soll meinen Beitrag dazu leisten, ihre Symptome aufrechtzuerhalten, indem auch ich mir Sorgen mache.

Einmal habe ich ein emotionales Mädchen, mit dem ich schon arg lange gearbeitet hatte, vorsichtig gefragt, ob sie sich in dem Schema, Sorgen zu wecken, um Aufmerksamkeit zu erhalten, wiedererkennt. Sie lächelte, zum ersten Mal in einem Jahr. Erst jetzt gestand sie es sich zu, auf eine meiner Fragen mit Selbsterkenntnis zu reagieren. Sie erzählte mir, dass sie niemals zugeben würde, weniger deprimiert zu sein, weil ich mir dann keine Zeit mehr für sie nehmen würde. Sie erklärte, dass es verdammt weh täte, wenn Menschen aus ihrem Leben verschwänden, weil sie das immer an den dramatischen Verlust erinnere, den sie in ihrer Kindheit erlebt hatte. Überrascht fragte ich sie, ob das nicht hieße, dass ich niemals eine Chance habe, ihr wirklich zu helfen. Wieder lächelte sie nur. Zum Schluss fragte ich sie ganz direkt, ob ich davon ausgehen müsse, dass es ihr im Laufe unseres letzten Therapiemonats deutlich schlechter gehen würde, und wie ich - sollte dem so sein - damit umgehen sollte. Sie nickte voller Selbsteinsicht und stellte mir eine derart durchdachte Gegenfrage, dass ich plötzlich überzeugt war, dass ich nicht der erste gewesen sein konnte, der sie mit diesem Thema konfrontierte.

Sie meinte, es gäbe zwei Möglichkeiten für mich, damit umzugehen: Die Art, von der sie wüsste, wie ich damit umgehen sollte, und die, auf die sie tief in ihrem Inneren hoffte. Erklärend fügte sie dann hinzu, dass ich ihr zeigen sollte, dass ich keine Angst um sie habe, denn sonst würde sie es selbst mit der Angst bekommen. Hoffen würde sie aber auf das genaue Gegenteil, damit wir unsere Stunden fortsetzen könnten.

Das Spiegeln der Angst

Für mich war das die wertvolle Einsicht, dass man sogar Angst vor den Sorgen bekommen kann, die man ganz bewusst in anderen weckt. Sie hatte Angst vor meiner Angst, obwohl sie mir diese ganz bewusst zugefügt hatte. Meine Angst würde sie in ihrem Glauben an ihren selbst erschaffenen Symptomen bestätigen, wodurch ich nur noch verzweifelter nach einer raschen Lösung suchen würde, um sie aus all dem Schrecklichen herauszuholen - was dann wiederum ihre Furcht, nicht verstanden zu werden, verstärken würde.

Angst kann verstärkt werden, wenn sie sich zwischen zwei Personen spiegelt. Das Spiegeln führt zu einem zwanghaften und eskalierenden Muster, in dem die Sorgen die Regel sind. Irgendwann muss man jedoch der Angst ein Ende setzen, am besten, indem wir als Erwachsene kommunizieren, dass wir verstehen, dass es dem Jugendlichen schlecht geht, ohne selbst davon betroffen zu sein.

» *Es geht dir, wie es dir geht, und das ist in Ordnung so. Vermutlich geht das mit den Jahren vorbei, aber ich akzeptiere dich, wie du bist. Du bist nicht allein und du brauchst das nicht mehr herauszuschreien, damit ich dich höre oder verstehe.*

Aufmerksamkeit zu bekommen, ohne dafür erst Sorgen provoziert zu haben, ist in sich selbst eine wichtige, korrigierende Erfahrung, die jeder Veränderung zugrunde liegen muss. Niemand ist bereit, seine Beziehungsstrategie aufzugeben, ohne vorher erlebt zu haben, dass es Alternativen oder andere Strategien gibt, um Menschen an sich zu binden. Sonst riskiert man, sich selbst überlassen zu sein. Die Jugendlichen müssen spüren, dass sie auch andere Karten in Händen halten als nur die Sorgenkarte, und sie müssen lernen, wie sie diese anderen Karten ausspielen können.

Experimentieren

Beim Projekt, jemandem beizubringen, wie er diese unbekannten Karten ausspielen kann, müssen wir die Bedeutung des Experimentierens betonen. Zuerst gilt es, gedanklich zu experimentieren, dann in Taten. Denn nur sehr wenige Teenager oder Erwachsene sind bereit, etwas auszuprobieren, bevor sie sich nicht mental mit diesem Gedanken vertraut gemacht haben. Das Interesse der Teenager an Menschen und daran, wie es einem bestimmten Menschen geht, beinhaltet oft eine hohe Bereitschaft intellektuell zu experimentieren. Sie nehmen an Gedankenexperimenten teil, was andere über sie denken könnten und wie ihr verändertes Verhalten zu unterschiedlichen Reaktionen bei anderen führen kann.

In diesem Prozess wird häufig deutlich, wie negativ sie über sich selbst denken, während sie gleichzeitig eine fast schon arrogante Distanz zu Gleichaltrigen wahren, die sie als unreif und oberflächlich abtun. Die anderen haben ihrer Meinung nach nicht einmal ansatzweise verstanden, wie das Leben sein kann. Diese Mischung aus Selbstanklage und Selbstüberschätzung zeigt, dass ihr Selbstbewusstsein entweder geteilt ist oder entsprechend ihrer jeweiligen Laune schwankt.

Drücken die Jugendlichen ihre Selbstanklage in Worten aus, sollte man als Erwachsener diese inhaltlich weder bestätigen noch zurückweisen. Wir müssen bestätigen, dass wir alles gehört haben und die Aussagen der Teens zusammenfassen. Versuche, die Anklagen zu entkräften, führen nur zu mehr Widerstand und einer neuerlichen Beweisführung, wie schlecht es tatsächlich um sie steht. Zudem deuten sie ein solches Verhalten häufig als fehlende Empathie, was zu einem Bruch der Verbindung führen kann.

Mit der Zeit werden weitere Experimente möglich sein, und wir können die Jugendlichen fragen, wie sie - ihrer Meinung nach - von anderen gesehen werden. Dazu können auch Gleichaltrige konkret befragt werden. So lernen die emotionalen Jugendlichen, die Reaktionen der anderen etwas versöhnlicher zu deuten. Die Aussagen der anderen unterstützen damit die korrigierenden Erfahrungen, die einer langfristigen Stärkung des Selbstbewusstseins zugrunde liegen müssen.

Ein neues Fundament

Bei anderen Jugendlichen mag es nützlicher sein, ihrem Selbstwertgefühl ein ganz neues Fundament zu geben, da das alte so brüchig geworden ist, dass es keinen richtigen Halt geben würde. An diesem Punkt kommt häufig das Aussehen ins Spiel. Für Teens, die sich über längere Zeit als hässlich empfunden haben, ist es für ihr Selbstbewusstsein oft wichtiger, die Bedeutung des Aussehens gering zu schätzen, als zu versuchen, dieses positiv zu verändern. Die wohlgemeinten Überzeugungsversuche der anderen, dass sich eine Person doch gar nicht davor scheuen muss, in den Spiegel zu schauen, führen nur dazu, dass sich diese Jugendlichen nur noch öfter im Spiegel anstarren, wodurch der Fokus verstärkt auf das Aussehen gelegt wird und die Bedeutung desselben für ihr Selbstwertgefühl noch weiter wächst.

Diese Art Überzeugungsversuche führt zudem häufig zu Diskussionen, in denen Rollenerwartungen und nicht zuletzt auch die sprachlichen Gewohnheiten zu immer extremeren Positionen der Gesprächspartner führen. Dies kann dazu führen, dass Heranwachsende ihre Grenzen verschieben und bei dem Versuch, ihrerseits die Eltern zu überzeugen, zu weit gehen. Sie können dabei Dinge sagen, die sie normalerweise nicht sagen würden. Eine Diskussion über das unsichere Fundament des Selbstbewusstseins kann zu erschreckenden Gedanken bei emotionalen Teens führen, die sie extremer ausdrücken, als sie diese eigentlich erleben. In solchen Fällen ist es von größter Bedeutung für Eltern, nicht überzureagieren, da das nur die Furcht der Jugendlichen vor dem steigert, was sie gerade in Worte gefasst haben.

Nehmen wir beispielsweise eine eskalierende Diskussion, in der der oder die Jugendliche im Affekt sagt, nicht mehr leben zu wollen. Auch wenn eigentlich gar keine Sehnsucht nach dem Tod da ist, kann das Erlebnis, sich selbst so etwas sagen zu hören, extrem erschreckend und sogar der Auslöser dafür sein, tatsächlich über Selbstmord nachzudenken. Auch wenn alles gar nicht so gemeint war, verschiebt sich dadurch die Grenze, was man sich zu denken erlaubt.

Der Wunsch, gesehen zu werden

In der Arbeit mit emotionalen Jugendlichen stelle ich immer gern eine Frage, die ich bewusst als schwierige Frage bezeichne und für deren Beantwortung ich ihnen viel Zeit gebe. Sie lautet: Was wollen die Jugendlichen ihren Eltern am dringlichsten klarmachen und in welchen Punkten wollen sie unbedingt verstanden werden? Zu meiner heute nicht mehr großen Überraschung ist diese Frage für die Jugendlichen normalerweise leicht zu beantworten. Es ist, als hätten sie die Frage erwartet oder erhofft. Die Antwort kommt meist so schnell, dass sie sich schon vorher Gedanken über dieses Thema gemacht haben müssen. All ihre Antworten beinhalten den Wunsch, dass ihre Eltern sehen mögen, wie sehr sie sich Mühe geben und versuchen, ihr Bestes geben. Begleitet wird die Antwort oft mit der Erklärung, dass sie, die Jugendlichen, ja nicht wissen, warum es ihnen so geht, und sie nur noch mehr Angst bekommen, wenn sie die Angst ihrer Eltern spüren. Am meisten wünschen sie sich eine Antwort auf die Frage, ob diese schmerzhafte Zeit, dieses ewige Leiden, irgendwann zu Ende geht. Die Antwort sollte am besten von jemandem kommen, mit dem die emotionalen Teenager sich identifizieren können. Darüber hinaus benötigen sie eine persönliche Erläuterung, um auch wirklich daran glauben zu können. Deshalb ist es wichtig, dass diejenigen, die die Antwort geben, auch von ihrem Leben oder von ihrer eigenen Jugendzeit erzählen. Dieser Punkt betrifft einen ziemlich verbreiteten, aber nur selten offen ausgesprochenen Wunsch Jugendlicher: Die Erwachsenen sollen ihre Erfahrungen aus der eigenen Jugendzeit mit ihren halbwüchsigen Kindern teilen, besonders wenn die Jugendlichen sich mit ihren Erlebnissen allein gelassen fühlen.

Meistens kommen wir in unseren Gesprächen zu der immer gleichen Schlussfolgerung:

99 *Es ist wichtig, dass die Eltern wissen, dass jeder Hilferuf ein Ruf nach Verständnis ist.*

Emotionale Jugendliche suchen bei ihnen das Verständnis, das sie bei sich selbst nicht finden.

★ Wie ihr eurem emotionalen Kind Verständnis zeigt

Wie schon beschrieben scheitert die Kommunikation zwischen Eltern und emotionalen Jugendlichen häufig, weil die Eltern zu heftig auf die Sorgen reagieren, die die Teenager zum Teil selbst in ihnen geweckt haben. Die Jugendlichen haben oftmals das Gefühl, dass ihre Eltern überreagieren, gestresst sind oder zu lösungsorientiert denken. Was dann wiederum zu dem Gefühl führt, nicht verstanden zu werden. Da die Jugendlichen aber mehr als alles andere Verständnis suchen, enden solche Gespräche oft damit, dass die jungen Menschen sich entweder komplett verschließen oder sehr emotional werden, was dann wiederum die Sorgen der Eltern vergrößert.

Die Gespräche werden besser laufen, wenn ihr die Hilferufe der Jugendlichen als den Wunsch erkennt, verstanden zu werden, und darüber hinaus erkennt, dass es ihnen eben nicht darum geht, Lösungsvorschläge von euch zu bekommen. Bringt viel mehr zum Ausdruck, dass ihr sie wirklich verstehen wollt und bereit seid, zuzuhören. Beispielsweise so:

» *Auch wenn es vielleicht nicht so aussieht, es freut mich wirklich sehr, dass du mir sagst, dass es dir nicht gut geht. Das ist mutig von dir. Und ich will dir gerne zuhören, um besser zu verstehen, wie es dir geht.*

» *Ich will dich besser kennenlernen. Und ich sehe, dass es dir im Moment nicht gut geht. Deshalb würde ich gerne mit dir darüber reden, auch wenn das für uns beide sicher nicht einfach ist.*

» *Ich weiß, ich kriege auch nicht alles hin, aber ich will dir gerne helfen, so gut ich kann. Dafür müssen wir aber reden.*

» *Ich werde sicher nicht alles verstehen, aber das tust du ja vielleicht auch nicht. So ist das, wenn man ein Mensch ist. Wir verstehen nicht alles und oft wissen wir nicht, warum es uns so geht, wie es*

135

uns geht. Manchmal wird das aber ein bisschen deutlicher, wenn man versucht, es in Worte zu fassen.

Wenn ihr als Erwachsene zuhört, achtet darauf, die Lösungen, die ihr vielleicht im Kopf habt, zurückzuhalten. Behaltet sie für euch, bis ihr das Problem und euren emotionalen Sprössling verstanden habt. Wenn ihr zu lösungsorientiert seid, werdet ihr ihn oder sie nie verstehen.

Stellt offene Fragen und fasst immer wieder zusammen. Fragen funktionieren besser als Antworten und Zusammenfassungen sind willkommener als Deutungen. Damit kommuniziert ihr, dass ihr eure Tochter oder euren Sohn verstehen wollt und es nicht darauf abgesehen habt, ihn oder sie zu ändern oder zu „reparieren".

Wenn ihr Fragen stellt, solltet ihr vorsichtig vorgehen und eurem Gegenüber immer den Raum lassen, bestimmte Fragen mal nicht zu beantworten. Außerdem solltet ihr auch euch zugestehen, dumme Fragen zu stellen. Formulierte es beispielsweise so:

» *Ich verstehe ja, dass es nicht leicht wird, über das alles zu reden. Wenn ich dich also nach etwas frage, über das du nicht reden willst oder kannst, sag mir einfach Bescheid.*
» *Ich will dich wirklich nicht stressen oder unter Druck setzen. Ich will einfach nur versuchen, dich ein bisschen besser zu verstehen.*
» *Kann sein, dass die Frage richtig blöd ist, aber gibt es auch Momente, in denen du nicht traurig bist?*
» *Noch einmal, es kann sein, dass ich echt die blödesten Fragen der Welt stelle, aber an was denkst du eigentlich, wenn du traurig bist? Gibt es da irgendetwas, das immer wieder kommt?*
» *Darf ich dir eine schwierige Frage stellen. Ich habe vollstes Verständnis, wenn du nicht darauf antworten willst, aber kommt es vor, dass du so niedergeschlagen bist, dass du nicht mehr leben willst?*

Das Beängstigende an solchen Fragen ist, dass man riskiert, tatsächlich Antworten zu bekommen. Und manchmal können diese Antworten erschreckend und schmerzhaft sein. Trotzdem ist es oftmals hilfreich, die Antworten zusammenzufassen, ohne das Gegenüber zu beeinflussen oder trösten zu wollen. Zuspruch und Überredungsversuche funktionieren erst, wenn euer Teenager dazu bereit ist. Bis dahin besteht eure wichtigste Aufgabe darin, eurem Kind zu zeigen, dass ihr zuhört und versucht, es zu verstehen.

Wenn ihr zusammenfasst, solltet ihr deutlich machen, dass auch ihr nicht alles wisst, vielleicht nicht alles verstanden habt und offen für Korrekturen seid, zum Beispiel so:

» *Okay, um das mal zusammenzufassen und sicherzugehen, dass ich alles mitbekommen habe …*
» *Korrigier mich einfach, wenn ich etwas missverstanden habe. Auch wenn ich erwachsen bin, heißt das noch lange nicht, dass ich alles verstehe. Versprichst du mir das?*
» *Okay, du sagst mir also, dass du fast immer traurig bist und dass das manchmal so schlimm ist, dass du nicht mehr leben willst. Und dass es dabei aber nicht immer dieselben Gedanken sind und die Auslöser variieren? Ist das richtig?*
» *Danke, dass du so offen und ehrlich bist. Ich weiß das wirklich zu schätzen. Das macht es mir leichter, dich zu verstehen.*

Seid neugierig und ehrlich. Es ist unglaublich interessant, mit euren Teens zu sprechen. Ihr werdet über ihr Reflexionsniveau und ihren ausgeprägten Sinn für Ironie beeindruckt sein. Diesen haben viele emotionale Jugendliche entwickelt, um sich gegen die Welt zu verteidigen. Oft erlebe ich, dass mein Eindruck von diesen jungen Menschen grundverschieden ist von dem, den sie selbst von sich haben. Das versuche ich dann in Worte zu fassen:

» Es ist beinahe schon komisch, dass du und ich so unterschiedliche Eindrücke von der Person haben, die vor mir sitzt. So wie wir über die Person reden, würde niemand auf die Idee kommen, dass es sich um ein und dieselbe Person handelt.

Dieser Wahrnehmungsunterschied erlaubt es euch, euer Kind zu loben. Ihr solltet ehrlich sagen, was ihr seht, müsst aber akzeptieren, wenn er oder sie ein ganz anderes Bild von sich hat. Drückt es so aus:

» Was ich sehe, ist eine unglaublich reflektierte und mutige junge Frau, die mich wahnsinnig stolz macht. Ich weiß natürlich, dass du etwas anderes siehst, aber so ist das einfach. Niemand sieht sich selbst, wie die anderen einen sehen. Trotzdem muss ich dir ehrlich sagen dürfen, was ich sehe.

» Der jungen Mann, den ich sehe, ist ein Mensch, auf den ich total stolz bin. Aber ich sehe dich natürlich auch mit anderen Augen.

» Ich glaube, du wärst positiv überrascht, wenn du dich so erleben würdest, wie ich dich erlebe, vielleicht irre ich mich ja auch. Aber nein, eigentlich denke ich, dass du echt positiv überrascht wärst.

» Okay, aber was ich höre – und das ist jetzt nur meine Wahrnehmung – ist, dass du einiges hinbekommst. Es kann sein, dass du das selbst nicht wahrnimmst, aber ich höre, dass du viel schaffst.

» Auf jeden Fall bist du für mich ein Mensch, mit dem ich sehr gerne rede und den ich gerne näher kennenlernen will. Ich danke dir dafür. Es bedeutet mir viel. Du bedeutest mir viel.

Notizen

_____

_____

Die Unsichtbaren

Wer sie sind und wie ihr sie verstehen könnt

Niemand ist unsichtbar, jedenfalls nicht wirklich. Aber viele wünschen sich, es zu sein. Vielleicht nicht ständig, aber doch hin und wieder. Unsichtbar zu sein, ist keine Eigenschaft, es ist etwas, das man aktiv tut. Man macht sich unsichtbar, man verschwindet. Sichtbar, also anwesend zu sein, wird als Gefahr empfunden. Wobei diese Gefahr von den anderen, die einen sehen können, ausgeht.

Der Wunsch nach Unsichtbarkeit kann bei beiden Geschlechtern entstehen. Ein Beispiel dafür ist das schüchterne Mädchen, das in der Freizeit und in den Pausen immer nur Hausaufgaben macht oder der schweigsame Junge mit dem Kapuzenpulli, der in seinem Sicherheit gebenden Jugendzimmer tief in eine virtuelle Welt abtaucht. Beide sind überdurchschnittlich schüchtern und etwas ängstlich veranlagt und fürchten sich oft vor etwas. Bei den meisten Kindern und Jugendlichen geht diese Phase von allein vorüber, wenn sie selbstsicherer werden, ihre Umgebung besser einschätzen können und im sozialen Reifungsprozess ein paar Schritte weiter sind. Daran sollten wir denken, um nicht überzureagieren. Für einige Kinder und Jugendliche ist es jedoch schwierig, die hemmende Schüchternheit zu überwinden. Sie führt zu so viel Angst in der Begegnung mit anderen - insbesondere mit Gleichaltrigen -, dass diese Teens riskieren, allein und einsam zu enden.

Die Jugendlichen begegnen dieser Schüchternheit auf unterschiedliche Weise: Einige streben danach, sich vollkommen unsichtbar zu machen, während andere einfach nur ihre Einsamkeit verstecken. Wieder andere werden auf eine niedlich unkontrollierte Art schüchtern, sodass andere den Drang haben, sie zu beschützen oder in den Arm zu nehmen. Es gibt aber auch die weniger charmante Schüchternheit, bei der die

Menschen sich zurückziehen, abweisend und emotional kalt wirken, um ihre Einsamkeit vor der Umwelt zu verstecken.

Am härtesten ist es für diejenigen, die ihre Einsamkeit am besten verstecken können. Sie signalisieren ihrem Umfeld, dass sie es vorziehen, allein zu sein, oder dass sie sich lieber mit anderen Dingen beschäftigen - und wir glauben ihnen.

Die Konsequenz ist, dass diese jungen Menschen nie in den Arm genommen werden, nie das Lächeln oder die Einladung bekommen, die sie so nötig hätten, um aus dem Teufelskreis aus Isolation, Vermeidung und Einsamkeit ausbrechen zu können.

〞 *Einsamkeit ist unter den heutigen Jugendlichen sehr verbreitet.*

Jugendliche und junge Erwachsene sind die Gruppen, die nach eigenen Angaben am stärksten unter Einsamkeit leiden. Mehr als Rentner oder Alte. Untersuchungen in Schulen belegen, dass 25 Prozent der Schülerinnen und Schüler unter Einsamkeit leiden. Doch gerade in der Jugend sind soziale Kontakte für das Selbstbewusstsein enorm wichtig, und daher überrascht es nicht, dass die Teens, die unter Einsamkeit leiden, psychisch einen hohen Preis zahlen.

Tabuthema Einsamkeit

Der soziale Erfolg ist in diesem Lebensabschnitt am wichtigsten und steht über allen anderen Dingen. Erzählen Jugendliche, warum sie die Schule geschmissen oder gewechselt haben, dann nenne sie immer wieder Einsamkeit als Ursache. Wer sich hingegen sozial eingebunden fühlt, hält durch, auch wenn die Noten nicht so gut sind.

Wenn ich einsamen Jugendlichen erzähle, wie verbreitet Einsamkeit ist, glauben sie mir nur selten, da sie ihre ganze Schulzeit hindurch das Gefühl hatten, mit diesem Problem allein zu sein. Einsamkeit ist ein Tabuthema; manchmal bekommt man geradezu den Eindruck, als machten schon Worte einsam, sobald man das Thema auch nur anschneidet. Andererseits öffnen sich einsame Jugendliche schnell, wenn man sie auf ihre Einsamkeit anspricht. Mit einem Mal brechen dann alle Dämme, sodass sie ihr Leiden nicht mehr unter einem Tarnumhang verstecken können.

Unsichtbar zu sein hat aber auch Vorteile: Man hat die Chance zu sehen, ohne selbst gesehen zu werden. Die Kehrseite der Medaille ist, dass man riskiert, zu viel zu sehen, was dann indirekt zu noch größerer Furcht vor den anderen führen kann. Wenn die Jugendlichen sehen, wie hart die anderen zueinander sein können, fürchten sie möglicherweise, beim nächsten Mal selbst etwas abzubekommen. Unter den unsichtbaren Jugendlichen gibt es zwei Gruppen: Jene, die durch das Beobachten gelernt haben, dass andere Jugendliche gefährlich sein können, und solche, die es tatsächlich vorziehen, allein zu sein, weil ihnen die sozialen Kontakte mehr abfordern, als sie ihnen geben. Diese Jugendlichen verkriechen sich lieber in irgendwelchen Büchern, beschäftigen sich mit Spielen oder gehen anderen Interessen nach.

" *Beide Gruppen haben gelernt, dass es sicherer oder leichter ist, niemand zu sein als jemand.*

Prädestinierte Mobbingopfer
Bei vielen basiert der Drang nach Unsichtbarkeit auf Schüchternheit oder dem Wunsch, im Hintergrund zu bleiben, was diese Personen dann für Einsamkeit prädestiniert und für Mobbing anfällig macht. Die stillen und vorsichtigen Teens sind natürlich besonders gefährdet, weil Mobber oder Mobberinnen sich für gewöhnlich Opfer suchen, die sich nicht wehren können und zu schüchtern und ängstlich sind, um mit ihren Eltern oder der Vertrauenslehrkraft darüber zu sprechen.

Ich möchte jedoch betonen, dass bei Weitem nicht alle schüchternen oder stillen Teenager gemobbt werden oder früher gemobbt worden sind. Die meisten brauchen nur ein bisschen Zeit, um sich mit der Umgebung vertraut zu machen und soziale Sicherheit und Reife zu gewinnen.

Für ein Mobbingopfer gibt es zwei Verteidigungsmöglichkeiten: Entweder sie stehen auf und treten für sich selbst ein oder sie versuchen, sich für alle potenziell Mobbenden unsichtbar zu machen. Sie verinnerlichen den Gedanken gemobbt zu werden. Wer sich dafür entscheidet aufzustehen, lernt zumeist ziemlich rasch, dass es am sichersten ist, zuerst zuzuschlagen und das auch besser härter als alle anderen. Nicht selten endet das dann damit, dass eine Person Prügel bezieht, die es gar nicht verdient hat. Allerdings können die wenigsten ihr tief gehendes Misstrauen, das sie gegenüber anderen Schülerinnen und Schülern entwickelt haben und durch ihre Wachsamkeit aufrechterhalten, einfach wegprügeln. Ein solches Verhalten führt dazu, dass viele von ihnen trotzdem in einer Art Isolation enden, die sie als selbst gewählt empfinden.

Wer den Weg wählt, sich für die Mobbenden unsichtbar zu machen, erlebt die Isolation hingegen selten als selbst gewählt. Beide Gruppen zahlen jedoch denselben hohen Preis für ihre unfreiwillige Mobbinggeschichte, und zwar in Form von Einsamkeit, in die sie sowohl durch die Furcht vor anderen Jugendlichen als auch durch den verinnerlichten Mobbinggedanken getrieben wurden. Letztere können irgendwann sogar dazu führen, dass sie all das Negative, das über sie gesagt wurde, selbst zu glauben beginnen. Diese einsamen Teens denken, dass es einen Grund dafür geben muss, dass die anderen sie quälen und ihnen schlimme Worte an den Kopf werfen.

Zu mir kommen die Unsichtbaren häufig auf Aufforderung der Vertrauenslehrkraft, bei der sie in der Regel zuerst Hilfe suchen. Die Lehrkräfte machen sich Sorgen, weil die mündliche Mitarbeit diese Jugendlichen schlecht ist, weshalb sie nie die Note bekommen, die sie eigentlich verdienen. Ein anderer Grund ist, dass sie wegen morgendlicher Kopf-

und Magenschmerzen viele Fehlstunden anhäufen. Einige werden auch wegen sinkender Leistungen zu mir geschickt oder weil den Lehrkräften aufgefallen ist, dass sie in den Pausen immer allein sind.

Versteckte Einsamkeit, verstecktes Leid

Die meisten unsichtbaren Jugendlichen verstehen sich aber so gut auf das Verstecken, dass Erwachsene gar nicht mitbekommen, wie allein sie in Wirklichkeit sind, weshalb man sich erst sehr spät um sie Sorgen macht. Wüssten Erwachsene, wie einsam sie tatsächlich sind oder wie schlecht es ihnen geht, würden sie sich sofort sorgen. Doch meist entstehen diese Sorgen erst, wenn wir die Teenager besser kennengelernt und einen gewissen Zugang zu ihrer Gedankenwelt bekommen haben. Dann jedoch werden sie schlagartig enorm groß. Es ist kaum vorstellbar, mit wie vielen negativen Gedanken über sich selbst diese jungen Leute leben und welche Symptome sie vor den anderen geheim halten können, indem sie alle sichtbaren Zeichen kontrollieren.

Sogar ihr Leid ist unsichtbar. Auch nachdem die Teens davon erzählt haben, bleiben ihre Gesichter häufig regungslos, sieht man mal von einem kleinen Zucken der Stirn oder an den Schläfen ab. Die Heranwachsenden behalten die Kontrolle, indem sie ihr Leid tief in sich verstecken, wo niemand es sehen kann, denn wenn niemand es sehen kann, kann auch niemand danach fragen. Dies führt in der Folge dazu, dass ihnen die Erfahrung fehlt, ihre Schwierigkeiten mit anderen zu teilen, weshalb sie auch davor Angst haben. Trotzdem gelingt es den meisten, ihre Erfahrungen in sehr treffende Worte zu fassen, denn viele dieser Jugendlichen schreiben, um ihre Gefühle zu regulieren. Für sie ist es jedoch leichter, über das Geschriebene zu sprechen, als über die Hintergründe ihrer Inhalte. Ihre Texte können deshalb als Ausgangspunkt genutzt werden, um mit ihnen über Themen zu reden, die sie sonst nicht direkt ansprechen würden. Auf Aufforderung zeigen oder schreiben sie solche Texte aber nur selten.

Das häufigste Thema ihrer Texte ist der Gedanke, dass es niemand merken oder kümmern würde, wenn sie plötzlich verschwänden oder es sie nie gegeben hätte. Dieser Gedanke stellt häufig den Einstieg zu konkreten Selbstmordgedanken dar. Hinter dem Gefühl, dass es niemanden kümmern würde, wenn sie plötzlich nicht mehr da wären, verstecken sich für gewöhnlich konkrete, aber automatisierte Anklagen. Eine innere Stimme erzählt ihnen ständig, dass sie nichts wert seien, dass niemand sie möge und sie einfach merkwürdig und anders seien als die anderen. Für viele Teenager fühlt es sich so an, als wiederholten sich die gemeinen Anklagen und internalisierten Mobbinggedanken fortwährend in ihrem Kopf, wie bei einer gesprungenen Schallplatte, die irgendwo im Hinterzimmer des Bewusstseins abgespielt wird.

Internalisierte Mobbingerfahrungen

Die negativen Gedanken gehen dabei häufig auf eine Mobbingerfahrung zurück, die die Einsamkeit aufrechterhält. Die Jugendlichen haben die Botschaft des Mobbenden internalisiert, lassen sich davon weiter abschrecken und nutzen diese als Beweis dafür, dass sie keine Chance haben, aus der Isolation auszubrechen. Es gibt so immer einen Grund für ihr Alleinsein. Sie empfinden sich als wertlos, weil sie genau zu dem Menschen geworden sind, den die Mobbenden in ihnen gesehen haben. Sie verdienen es nicht mehr, Freunde zu finden. Da ist es am sichersten, unsichtbar zu sein. Dann werden sie wenigstens von niemandem gequält. Diese Jugendlichen gehören zu den wenigen, die es wirklich vorziehen, *niemand* zu sein, weil jede sichtbare Existenz das Risiko mit sich bringt, erneut gequält zu werden.

Nicht alle Mobbingerfahrungen sind jedoch gleich dramatisch, und Mädchen haben weniger mit direkten Angriffen zu kämpfen als damit, dass sie ignoriert oder ausgeschlossen werden. Bei Jungen gibt es hingegen häufiger verbale oder physische Auseinandersetzungen. Beiden Arten von Mobbing gemein ist, dass immer ein schwächeres Opfer attackiert wird, das sich nicht verteidigen kann und die Abwertung verinnerlicht. Mobbing geschieht häufig, ohne dass Mobbende sich darüber bewusst sind. Aber da die Folgen für die Opfer so schlimm sind, liegt die Bewertung eines solchen Vorfalls immer bei den Mobbingopfern. Wer über längere Zeit gemobbt wird, hat ein größeres Risiko für die Ausbildung einer *posttraumatischen Belastungsstörung*[25] als Menschen mit schlimmen Kriegserlebnissen. Wie der Krieg ist auch Mobbing eine Hölle, aus der die Opfer nicht entkommen können, und wie im Krieg müssen sie sich verstecken.

Daneben laufen die Opfer immer Gefahr, dass ihr Selbstwertgefühl einen bleibenden Schaden nimmt, wenn das Mobbing internalisiert und damit zur Grundlage für die Selbsteinschätzung wird. Solche Gedanken können bis weit ins Erwachsenenalter bestehen bleiben. Sie führen dann dazu, dass das Mobbing innerlich weitergeht, auch wenn längst keine Verbindung mehr zu den Mobbenden existiert. Bei Teenagern macht sich dies insbesondere bei Schulwechseln bemerkbar. Die Jugendlich sabotieren sich oftmals selbst weiter, obwohl die Mobbenden nicht mehr an derselben Schule sind. Schulwechsel lösen deshalb nur selten alle Probleme. So leiden viele Teens auch nach dem Wechsel unter der Angst, dass die anderen ihre internalisierten Komplexe sehen könnten. Sie glauben, dass andere Jugendliche all das Negative sehen können, das sie über sich selbst denken.

Über die verschiedenen Themen, die in Zusammenhang mit Mobbing stehen, können die Jugendlichen nur sehr schwer reden. Sie sind einfach zu schmerzhaft. Besonders rasch empfinden sie Scham, und dieses Gefühl wollen sie vor den anderen geheim halten. Die Einsamen verstecken sich nicht nur vor anderen, weil sie gelernt haben, dass die anderen gefährlich sein können, sondern auch, weil sie ihre Einsamkeit verbergen wollen.

**" *Einsam zu sein, ist für Jugendliche eines der quälendsten und am schwersten zu ertragenden Gefühle.* **

Nur wenig verursacht mehr Scham. Einsamkeit ist der Beweis für das eigene soziale Versagen. Dies gilt für alle Jugendlichen, nicht nur für die schüchternen.

Scham vor den Eltern

Einsamkeit wird deshalb vor allen versteckt, auch vor denen, die helfen und Kontakt mit den Unsichtbaren aufnehmen wollen. Insbesondere verstecken die Teenager ihre Einsamkeit vor den Eltern. Kaum einer von ihnen möchte gegenüber seinen Eltern einräumen, dass er oder sie in der Schule einsam ist, denn das würde einem Kontrollverlust in Bezug auf die eigene Scham gleichkommen. Eltern fragen und bohren und versuchen, ans Licht zu ziehen, was die einsamen Teenager mit viel Mühe und viel Energie tief in ihrem Inneren begraben haben. Häufig wehren sich diese Jugendlichen deshalb auch gegen generellere Fragen, zum Beispiel, wie es in der Schule läuft oder was sie in ihrer Freizeit machen wollen. Denn selbst unschuldige Fragen können zu gefährlicher Themen vorstoßen. Die ungesunde Konsequenz ist, dass sich diese Jugendlichen auch ihren Eltern gegenüber verschließen. Die einzige Art, die Kontrolle zu behalten, besteht für sie darin, nichts zu sagen, während die Angst der Eltern zunimmt, während sie verzweifelt versuchen, Kontakt zu ihren Kindern zu bekommen und zu erfahren, wie es ihnen geht.

Es ist ganz natürlich, dass Eltern sich Sorgen machen, wenn sie bemerken, dass es ihren jugendlichen Kindern nicht gut geht. Dies führt nur leider häufig dazu, dass sie zu früh in einen lösungsorientierten Modus schalten, ohne genügend Aufmerksamkeit darauf zu richten, wie die Teenager selbst die Situation erleben. Für viele Jugendliche fühlt sich die Situation nicht sonderlich bedrohlich an, da sie unter Umständen schon lange mit der Einsamkeit gelebt haben, bevor die Eltern diese überhaupt bemerkten.

Glaubwürdige Veränderungen

Für Erwachsene ist es deshalb wichtig, einen kühlen Kopf zu bewahren, wenn etwas verändert werden soll. Solche Veränderungen vollziehen sich nur Stück für Stück, und immer sind es die Jugendlichen, die das Tempo bestimmen. Sie müssen sich damit wohlfühlen. Außerdem muss die Veränderung glaubwürdig sein und den Erwartungen der Teenager entsprechen. Es ist alles andere als sicher, dass die jungen Menschen dieselben Erwartungen und Vorstellungen von einem sozialen Leben haben wie ihre Eltern. All das gilt insbesondere bei Jugendlichen, die über längere Zeit ein stark eingeschränktes Sozialleben geführt haben.

> **"** *Die Eltern dürfen den Jugendlichen nicht ihre Erwartungen und Vorstellungen von einem sozialen Leben aufzwingen.*

Zum einen können diese den Jugendlichen vollkommen unrealistisch erscheinen, zum anderen können sie auch zu überzogenem sozialen Stress führen, für den die sozialen Kompetenzen der Jugendlichen vielleicht nicht ausreichen. Es ist wichtig, genau darauf zu achten, was die Jugendlichen selbst verändern wollen und welche Ziele sie haben. Nicht alle wollen etwas verändern, und nur selten ist die angestrebte Veränderung so groß, wie wir es uns für sie wünschen würden. Das müssen wir akzeptieren. Der schweigsame Junge, der seine Tage vor dem Computer in seinem Zimmer verbringt, kann das Gefühl haben, dass das soziale Netzwerk, das er im Internet hat, vollkommen ausreicht. Vielleicht würde er am liebsten mit seinen Internetfreunden in Ruhe gelassen werden. In diesen Fällen ist es wichtig, dass wir Erwachsene seine Vorstellungen von Freundschaft ernst nehmen, auch wenn diese nicht mit unseren Vorstellungen und Erwartungen davon übereinstimmen.

Einem solchen Jungen unsere Definition von Freundschaft aufzuzwingen, wäre gleichbedeutend mit einer Abwertung der Kontakte, die ihm in seinem Alltag wichtig sind. Außerdem wäre unsere Definition so weit von seiner aktuellen Lebenssituation entfernt, dass sie sicher nicht motivierend wirken würde. Als Erwachsene würden wir damit nur seine Befürchtung bestätigen, dass wir ihn weder verstehen noch bereit sind, seine Erlebnisse ernst zu nehmen. Mit der Konsequenz, dass er sich wieder in seinem Zimmer einschließt. Wenn wir ihm helfen wollen, sein soziales Netz auszuweiten, sollten wir lieber versuchen, seine virtuellen Freundschaften durch andere Arten von sozialen Kontakten zu erweitern, als diese zu ersetzen. Die wenigsten sind bereit dazu, ihre sozialen Kontakte aufzugeben, nur weil andere meinen, dass diese unzureichend sind.

Bei einsamen Mädchen lautet die primäre Zielsetzung häufig, dass sie ein paar wenige Freundinnen finden müssen, denen sie vertrauen können. Es ist für sie wichtiger, sich bei ein paar wenigen, aber engen Freundinnen sicher zu fühlen, als viele unverbindliche Kontakte zu haben, die ihnen aber keine Sicherheit geben. Wir Erwachsenen in ihrem direkten Umfeld unterschätzen oft die Bedeutung von einer oder wenigen sicheren Bezugspersonen. Dies gilt insbesondere in einer Zeit sozialer Netzwerke, in der die Quantität Vorrang vor der Qualität hat. Soziale Quantität ist kein Ideal, das man jemandem aufzwingen sollte, der vor allem Sicherheit durch Nähe sucht. Der ständige Fokus darauf, ihr Netzwerk ausweiten zu wollen oder im Netz noch präsenter zu werden, würde bei vielen nur Angst verursachen. Gleichzeitig würde man damit ausdrücken, dass die wenigen Kontakte, die die Mädchen haben, nicht ausreichen oder gut genug sind, was ihnen dann wiederum vermittelt, dass sie selbst nicht gut genug sind.

Jugendlichen unsere Definition von einem sozialen Leben aufzuzwingen, hieße, sie in neue, soziale Niederlagen zu treiben, und wenn es etwas gibt, wovon die heutigen Jugendlichen genug haben, dann sind das soziale Niederlagen. Besonders Teenagern, die sich bereits dafür schämen, im sozialen Bereich versagt zu haben, müssen wir unsere Definition ersparen. Sie wissen selbst, dass etwas nicht in Ordnung ist, da müssen wir als Erwachsene nicht noch darauf herumreiten. Es hilft dem sozialen Selbstvertrauen der Teenager nicht, wenn Eltern, die sehen, dass sie durchs Raster fallen, deshalb immer neue Tipps für andere, „sozialere" Verhaltensweisen geben.

★ Wie ihr euer unsichtbares Kind aus der Einsamkeit holt

In der Begegnung mit unsichtbaren Jugendlichen fühlt es sich manchmal so an, als käme die Kommunikation bereits ins Stocken, bevor sie überhaupt angefangen hat. Die Teens haben gelernt, ihre schmerzhaften Gefühle zu kontrollieren, und verschanzen sich innerlich. Nach dem Motto: Was niemand weiß, interessiert auch niemanden. Und da alle Gespräche auch unangenehmen Fragen enthalten können, schweigen sie lieber von vornherein, ganz gleich, wie die Frage gelautet haben mag.

Nur leider können sie so kein Gespräch vermeiden, denn das schürt bei den Eltern die Angst, sodass sie weiterfragen, weiterbohren ... und das Ganze zu einem schmerzhaften Teufelskreis wird. Je verzweifelter die Eltern ihre Fragen stellen, desto tiefer vergraben die Jugendlichen sich unter ihrer Decke oder schließen gleich ihre Zimmertür ab. Und ist die Tür erst einmal verschlossen, hilft auch kein Anklopfen mehr.

Wenn Eltern mit Jugendlichen sprechen, dürfen sie nicht vergessen, dass die Jugendlichen oftmals Angst vor diesen Gesprächen haben und deshalb dazu tendieren, sich jederzeit ins schützende Schweigen zu stürzen. Dieser Reflex ist häufig so automatisiert, dass schon wenige Worte reichen. Bereits die Frage, wie es ihnen geht, kann dazu führen, dass sie sich verschließen. Gleiches gilt auch für andere Fragen, die in diese Richtung gedeutet werden könnten. Zum Beispiel, wie es in der Schule läuft oder was sie an einem bestimmten Tag gemacht haben.

Die Erklärung dafür ist einfach, denn in der Schule kann es nicht gut gelaufen sein, worüber die Jugendlichen ganz sicher nicht sprechen wollen, wenn sie diese gefühlte Hölle endlich für einen Moment hinter sich gelassen haben. Außerdem fürchten sie, dass alles nur noch schlimmer wird, wenn ihre Eltern von den Problemen erfahren und dann überreagieren.

Will man die Kommunikation mit unsichtbaren Jugendlichen verbessern, muss man das Gespräch zunächst einmal in Gang bringen. Dafür solltet ihr als Eltern anfangs ganz normale Dinge ansprechen, also ungefährliche Themen und konkrete Problemstellungen. Es ist immer leichter, über irgendetwas Allgemeines zu reden. Das gilt für uns alle. Solange es etwas Unverbindliches gibt, worüber wir sprechen können, fühlen wir uns sicher. Erst wenn die Jugendlichen erlebt haben, dass sie mit ihren Eltern über etwas Allgemeines reden können, ohne riskieren zu müssen, gleich ausgefragt zu werden, öffnet sich ein Raum, in dem ihr das Gespräch Stück für Stück erweitern könnt.

Ein Thema, mit dem ihr ein solches Gespräch beginnen könntet, sind die Interessen der Jugendlichen, auch wenn diese solche Fragen manchmal ziemlich dumm finden. Als Eltern solltet ihr aber keine Angst davor haben, euch lächerlich zu machen. Dumm sein, kann auch gut sein. In der Welt der Teenager seid ihr ohnehin dumm. Dort seid ihr die Fremden, was aber den Vorteil hat, dass ihr ehrlich neugierig sein könnt. Ihr könntet beispielsweise so beginnen:

> » *Das ist jetzt bestimmt eine dumme Frage, aber ich bin wirklich neugierig, wie das …*
> » *Ich höre mich jetzt sicher total alt an, aber was heißt eigentlich …*

Ihr werdet überrascht sein, wie gut eure Teens ihre eigene Welt beherrschen und über welche Fähigkeiten sie dort verfügen. Nutzt das als Ansatzpunkt, um das Selbstbewusstsein der Jugendlichen zu stärken. Die Welt, in die die jungen Menschen sich zurückziehen, stellt für uns

Erwachsene oft ein Problem dar. Es ist nicht gesund, zu lange vor dem Computer zu sitzen oder nur Bücher zu lesen, aber das sind möglicherweise gerade die Bereiche, in denen eure Kinder ihre Stärken haben. Wollt ihr das Selbstbewusstsein stärken, solltet ihr ihm ein festeres Fundament geben. Fördert die Leidenschaften der Teenager, statt neue Seiten zu finden oder irgendwelche Stützen zu reparieren, die längst nicht mehr da sind. Die Jugendlichen brauchen meist die verbale Anerkennung ihrer Eltern, um ihre Stärken zu erkennen. Deshalb ist es gut, wenn ihr klar zum Ausdruck bringt, wie beeindruckt ihr davon seid, dass eure Kinder in einer Welt zurechtkommen, von der ihr keine Ahnung habt. Das ist weitaus besser, als immer nur zu betonen, wie problematisch es ist, so viel Zeit mit „diesen Dingen" zu verbringen. Ihr könntet es folgendermaßen ausdrücken:

» *Ich bin beeindruckt, wie gut du diese Spiele beherrschst. Das ist echt ein tolles Erlebnis für mich zu sehen, wie professionell du beim Spielen wirkst.*
» *Unglaublich beeindruckend, wie du es schaffst, bei diesen Spielen den Fokus zu behalten. Du musst extrem konzentriert und fokussiert sein.*
» *Toll, wie natürlich du mit den anderen auf Englisch kommunizierst. Ich glaube, so gut werde ich nie sein.*

Eltern fürchten oft, dass die sozialen Kontakte, die ihre Teens auf digitalen Plattformen haben, keine vollwertigen sozialen Verbindungen sind. Viele Jugendliche erleben diese Kontakte aber als wertvolle Beziehungen. Deshalb sollten Eltern vorsichtig sein, ihnen gegenüber etwas anderes zum Ausdruck zu bringen. Für viele Jugendlichen sind diese Kontakte die einzigen Verbindungen, die sie haben, sodass ihre Scham nur noch größer wird, wenn diese Kontakte nicht als vollwertig anerkannt werden. Formuliert beispielsweise so:

» Ich finde es echt beeindruckend, dass du über die digitalen Plattformen mit so vielen Menschen Kontakt hast. Sogar auf der ganzen Welt. Die Kommunikation ist wirklich anders als die, die ich gewohnt bin. Zu meiner Zeit gab es das nicht, aber die Welt hat sich ja auch verändert.

» Wirklich toll, wie du es schaffst, in einer Fremdsprache mit so vielen Menschen zu kommunizieren. Das hätte ich nicht geschafft.

Solche Aussagen sind häufig ein guter Ausgangspunkt, um mehr über die Verbindungen zu erfahren, die die Jugendlichen im Netz haben, was wiederum dazu führen kann, dass ihr als Eltern euch weniger Sorgen macht. Vielleicht ist gerade dieser Punkt von großer Bedeutung, um das Gespräch in Gang zu bringen. Wenn ihr ruhiger seid, dann seid ihr auch besser gerüstet, um ein Gespräch so zu beginnen, dass es die Jugendlichen nicht abschreckt.

Wie bei allen Gesprächen mit Jugendlichen solltet ihr anschließend klar zum Ausdruck bringen, wie sehr ihr das Gespräch geschätzt habt, da die Teens oft glauben, dass die Erwachsenen nur aus Pflichtgefühl und nicht aus echtem Interesse mit ihnen reden. Schließt beispielsweise so:

» Schön, dass wir geredet haben. Ich weiß das wirklich sehr zu schätzen. Und es war echt interessant für mich, etwas mehr über die Welt zu erfahren, in der du lebst.

» Das ist wirklich eine ganz andere Welt als die, in der ich aufgewachsen bin, entschuldige also bitte, wenn ich viele dumme Fragen gestellt habe. Ich habe einfach deshalb gefragt, weil du mich interessierst und ich dich gerne besser kennenlernen möchte.

» Du, ich danke dir für das Gespräch. Es bedeutet mir viel, dass wir miteinander reden können.

Notizen

drei

Vom Umgang
mit Sorgen

Wann solltet ihr euch Sorgen machen?

Nach der Lektüre der vorangegangenen Kapitel denkt ihr sicher, die Antwort hieße, immer. Das stimmt mit dem überein, was viele Eltern empfinden. Irgendeinen Grund sich zu sorgen, gibt es ja meistens.

Die Frage ist aber nicht nur für viele verzweifelte Eltern relevant, sondern auch für viele Teenager selbst. Sei es nun aus Sorge um sich selbst oder um Freunde. Deshalb ist diese Frage eine der häufigsten, die man mir bei Versammlungen oder bei Treffen mit Einzelpersonen stellt. Trotzdem kann ich bis heute darauf keine Antwort geben, die mich im Nachhinein nicht ins Grübeln gebracht hätte. Denn oft lasse ich mich zu einer schnellen und wenig durchdachten Antwort hinreißen. Ich vergleiche dann die Symptome mit denen einer Erkältung, um deutlich zu machen, dass die Dauer der Symptome viel wichtiger ist als ihre Intensität.

Die wenigsten von uns gehen mit einer einfachen Erkältung zum Arzt. Dauert die Erkältung aber länger, beginnen wir anders darüber zu denken. Wir überlegen, ob wir nicht doch zum Arzt gehen sollten, auch wenn die Symptome nur schwach ausgeprägt sind. Psychische Probleme oder Erkrankungen treten nur selten auf die gleiche Weise in Erscheinung wie körperliche Beschwerden. Sie kommen selten von einem Moment auf den anderen und noch seltener verschwinden sie einfach wieder, wenn man einmal richtig gut geschlafen hat. Schon an diesem Punkt bricht meine dürre Metapher zusammen. Außerdem ist es nicht dasselbe, ob man psychologischen oder ärztlichen Rat sucht. Die inneren Widerstände, einen Psychologen oder eine Psychologin aufzusuchen sind bei den meisten von uns noch sehr hoch. Wir scheuen davor zurück. Es ist immer noch beängstigend, ja beschämend, zu einem Psychologen zu gehen, auch wenn die Stigmatisierung psychischer Probleme von Jahr zu Jahr abnimmt.

Ein Grund, warum simple Fragen oftmals zu ebenfalls vereinfachten Antworten führen, ist, dass die angemessene Antwort zu komplex ausfallen würde. Die unterschiedlichen Probleme und ihre möglichen Erklärungsmodelle sind meist viel zu umfassend. Der Mensch, den wir von außen und mit Abstand sehen, lässt nur eine begrenzte Auswahl von *Verhaltensmustern* [26] erkennen, die wiederum eine Vielzahl unterschiedlicher Ursachen haben können. Tatsächliche oder vermeintliche Symptome können täuschen und nicht unbedingt für das stehen, was wir als Erstes vermuten.

Wir können immer nur raten. Oder vielleicht fragen?

Auf das Fragen gehe ich im Folgenden näher ein, während ich mich in hier dem Raten widme. Oft sage ich Jugendlichen, die es eilig haben, erwachsen zu werden, dass ich selbst sechs Jahre auf die Universität gegangen bin, um lediglich ein bisschen besser raten zu können, wie es anderen geht. Das hört sich vielleicht nach vergeudeter Zeit an, ist es aber nicht, denn im Bereich der Psychologie bringt es viel, wenn man lernt, auch nur ein bisschen besser zu raten. Das Ziel dieses kurzen Kapitels ist es, dass auch ihr ein bisschen besser im Raten werdet. Damit meine ich nicht, dass ihr öfter zu dem Ergebnis kommen sollt, dass etwas nicht stimmt, sondern dass eure Mutmaßungen genauer werden. Wenn ihr die ganze Zeit davon ausgeht, dass etwas nicht in Ordnung ist, macht ihr euch und den Jugendlichen nur unnötig Angst. Als Eltern von Teenagern werdet ihr nämlich immer mindestens drei Anzeichen dafür finden, dass etwas nicht so ist, wie es sein sollte.

Unterschiedliche Symptome können also Anzeichen für nur ein psychisches Leiden sein oder aber auch für mehrere ganz unterschiedliche psychische Störungen. Die Symptome sind nur selten so eindeutig, dass ihr eine klar definierbare Diagnose stellen könnt. In den meisten Fällen werden eure Sorgen diffus sein und einen allgemeinen Charakter haben, sodass ihr euch in erster Linie fragt, ob es eurem Kind gut geht. Nur selten denkt man dabei an ein konkretes Problem. Eine Ausnahme sind allerdings Essstörungen, bei denen sichtbare Anzeichen eure Sorgen auslösen.

Erst wenn ihr sicher seid, dass es eurem Teen schlecht geht, solltet ihr über die Ursachen nachdenken oder das Gespräch suchen.

> **" Bei der Kommunikation mit Jugendlichen geht es in erster Linie um Timing und Geduld.**

Man muss die Dinge in der richtigen Reihenfolge angehen, auch wenn man das Gefühl hat, dass bereits alles zu spät ist. Emotionale Peaks oder Tiefpunkte sind nur selten aussagekräftigste Anzeichen dafür, dass etwas nicht so ist, wie es sein sollte. Diese Höhen und Tiefen bringen manchmal eher zum Ausdruck, dass alles genau so ist, wie es sein sollte, denn starke Gefühlsschwankungen stellen für viele Teenager eher den Normal- als den Ausnahmezustand dar. Es ist völlig normal, dass die Launen und Emotionen eurer Teenager extrem schnell wechseln. Viel eher solltet ihr als Eltern auf andauernde, oft subtile Änderungen des generellen Verhaltens der Jugendlichen achten, auf Änderungen ihrer Stimmungslage, ihres Aussehens und ihrer Haltung zum Leben und zur Schule. Die Dauer dieser Veränderungen ist dabei wichtiger als ihre Intensität. Gehen sie nicht im Laufe von vier Wochen vorbei, handelt es sich nicht mehr um eine vorübergehende „Erkältung". Ein Monat ist eine gute Orientierung, um einschätzen zu können, ob die Veränderungen zufällig oder dauerhaft sind. Diese Zeitspanne ist lang genug, um auszuschließen, dass es sich bloß um vorübergehende Phasen handelt.

Neben den Gefühlsschwankungen können äußerliche Veränderungen wichtige Anzeichen für eine innere Veränderung sein. Abweichendes Verhalten wird besonders in veränderten Reaktionen auf ganz gewöhnliche Alltagssituationen deutlich. Gesteigerte Reizbarkeit, Resignation oder Rückzug treten häufig bei Jugendlichen auf, die nicht mit sich selbst klarkommen, aber noch nicht bereit sind, sich anderen anzuvertrauen. Es ist, als müssten sie konstant ein Geheimnis bewahren. Alle Gespräche kommen ihnen dann wie Angriffe vor, die nur darauf abzielen, dieses dunkle Geheimnis zu erforschen. Andererseits kann man eine gesteigerte Tendenz zu Rückzug und Reizbarkeit mitunter schwer von dem natürlichen Bedürfnis der Jugendlichen unterschieden, sich über ihre „blöden" Eltern aufzuregen, was zur Entwicklung einer eigenen Identität dazugehört. Manche ziehen sich auch bloß zurück, weil sie mehr Raum zum Wachsen brauchen.

Auch was das Aussehen angeht, ist es nicht immer leicht zu erkennen, welche Veränderungen zu den natürlichen Schwankungen gehören und über welche man sich Sorgen machen sollte. Es ist typisch für die Heranwachsenden auf der Suche nach dem eigenen Ich, mit verschiedenen Identitäten und unterschiedlichem Aussehen zu experimentieren, und häufig wechseln Teenager ihren Stil ziemlich drastisch. Das ist zumeist nur Ausdruck jugendlicher Experimentierfreude. Aufgrund hormoneller Veränderungen können die jungen Menschen überdies rasch an Gewicht zulegen oder auch abnehmen, ohne dass sie selbst ihre Ernährung umgestellt hätten. Deshalb ist auch die Veränderung des Gewichts nicht immer von Bedeutung. Sowohl Gewichtszunahme als auch plötzliches Abnehmen können aber Anzeichen dafür sein, dass die Teenager ein inneres Unbehagen kompensieren. Aus Erfahrung weiß ich, dass weniger die Veränderung des Aussehens wichtig ist als vielmehr die Frage, wie besessen die Jugendlichen von dieser Veränderung sind. Das gilt sowohl dann, wenn ihnen das eigene Aussehen plötzlich sehr wichtig wird, als auch, wenn Aussehen und Hygiene mit einem Mal ignoriert oder total vernachlässigt werden.

Für Änderungen der Funktionalität gibt es oft konkretere Indizien. Der Einsatz für die Schule spiegelt sich in den Noten, die man leicht vergleichen kann. Dasselbe gilt für sportliche Leistungen und Trainingseinsatz. Außerdem kann man gut nachvollziehen, wie viel Zeit Jugendliche mit Gleichaltrigen verbringen, entweder zu Hause oder bei anderen. Auch verändertes Ess- und Schlafverhalten - das behandle ich noch in eigenen Kapiteln (s. S. 232 und S. 251) - sind durch aufmerksame tägliche Beobachtungen rasch feststellbar.

159

All diese Arten von Veränderung geschehen jedoch nur, wenn ein Wunsch oder Drang danach besteht, was wiederum voraussetzt, dass die Teens mit sich oder ihrem Leben nicht zufrieden sind. Viele Jugendliche erleben Unzufriedenheit besonders stark, wie sie auch alles andere bewusster und stärker wahrnehmen als wir Erwachsenen. Daher fallen Veränderungen bei ihnen meist extremer aus, und sie können sie viel schwerer kontrollieren.

Auf einen Blick
- Stimmungsschwankungen sind bei Teenagern normal!
- Sucht das Gespräch, wenn Veränderungen länger als vier Wochen andauern.
- Gesteigerte Reizbarkeit, Resignation oder Rückzug können Anzeichen für ein Problem sein.
- Bei Veränderung des Aussehens ist nicht das wie, sondern die Besessenheit der Teens davon entscheidend.

Das schwierige Gespräch suchen

Wenn ihr euch konkrete Sorgen um die Jugendlichen macht, steht das Schwierigste noch an: Ihr müsst das Gespräch suchen. Die meisten Eltern scheuen vor diesem Gespräch zurück, und auch die Teens tun alles, um dieser Auseinandersetzung aus dem Weg zu gehen. Sie fürchten die Konfrontation oder den Streit. Im Grunde will niemand von uns ein Gespräch über psychische Probleme führen, schließlich geht es bei diesen Gesprächen ja nicht nur ums Reden.

Es gibt verschiedene Ursachen dafür, weshalb gerade dieses Gespräch bei Eltern so viel Abwehrhaltung generiert, wobei einige dieser Ursachen handfester sind als andere. Manche Eltern haben Angst, etwas Falsches zu sagen. Sie wollen die Sache nicht noch schlimmer machen und die Kluft zwischen ihnen und den Jugendlichen nicht noch vergrößern. Diese Sorge ist immer dann groß, wenn das Klima bereits von Konflikt und Distanz geprägt ist. Andere Eltern zweifeln an ihrer Kompetenz, ein solches Gespräch führen zu können, und würden es lieber jemandem mit mehr Erfahrung überlassen.

Viele Eltern haben das Gefühl, nicht in der richtigen Position zu sein, um die schwierigen Themen mit ihren jugendlichen Kindern so konstruktiv anzusprechen, dass es nicht zum Streit kommt. Die Skepsis, ob die Beziehung ein Gespräch über die eigenen Sorgen und Ängste überhaupt aushält, führt häufig zu dem generellen Zweifel, ob ein solches Gespräch überhaupt sinnvoll ist. Je länger man das Gespräch vor sich herschiebt, umso unangenehmer fühlt es sich oftmals an, was die Chancen dafür dann weiter reduziert.

99 *Eltern schrecken vor dem schwierigen Gespräch jedoch vor allem deshalb zurück, weil sie schlicht und einfach nicht wissen, wie sie es führen sollen.*

Wer von ihnen beiden soll bei dem Gespräch anwesend sein? Welche Worte sollen sie wählen und welche lieber nicht? Diese Fragen verunsichern und verängstigen die Eltern so sehr, dass viele sich letztlich entscheiden, es erst gar nicht zu führen. Einige denken, dass sie so wenigstens nichts falsch machen können. Aber nichts zu tun, kann langfristig ebenso ungünstig sein wie ein misslungenes Gespräch. Nichtstun kann den Jugendlichen signalisieren, dass ihre Eltern sie nicht sehen und sie deshalb mit ihren Schwierigkeiten allein dastehen.

Im Folgenden werde ich einige der Fragen beantworten, die in den Köpfen verzweifelter Teenagereltern herumgeistern und die selbst die tatkräftigsten Menschen total lähmen können.

Rahmenbedingungen festlegen

Wenn ihr ein schwieriges Gespräch plant, solltet ihr euch erst einmal mit den Rahmenbedingungen auseinanderzusetzen. Drei Fragen sind dafür wichtig:

» *Wo soll das Gespräch stattfinden?*
» *Wer von euch beiden soll dabei anwesend sein?*
» *Was wollt ihr in dem Gespräch zum Ausdruck bringen?*

Soll das Gespräch erfolgreich verlaufen, müssen die Rahmenbedingungen den Jugendlichen größtmögliche Sicherheit und Vorhersehbarkeit liefern. Deshalb solltet ihr das Gespräch in einem vertrauten Umfeld und zu einem vorher abgesprochenen Zeitpunkt führen, obwohl das auf beiden Seiten die Angst vor dem Gespräch schüren kann.

Setzt euer Gespräch für einen Zeitpunkt an, an dem sowohl ihr als auch euer Kind Zeit und keine weiteren Verpflichtungen habt. Ihr könnt nie wissen, wie lange das Gespräch dauern wird oder welche Reaktionen und Nachwirkungen sich daraus ergeben.

Wenn ihr das Gespräch zu Hause führen wollt, solltet ihr einen Raum wählen, in dem ihr euch auch sonst unterhaltet.

Der Vorteil eines Gespräches zu Hause ist, dass die Teenager dort die Gelegenheit haben, sich in ihr Zimmer zurückzuziehen, sollte das Gespräch sie zu sehr belasten. Diese Möglichkeit gibt es nicht, wenn ihr euch entscheidet, das Gespräch an einem öffentlichen Ort oder draußen in der Natur zu führen.

Deshalb empfehle ich auch nicht, das Gespräch im Kinderzimmer zu führen. Den Jugendlichen fehlt dann eine Rückzugsmöglichkeit, weshalb sie sich schnell in die Ecke gedrängt und unsicher fühlen.

Ich rate vielmehr dazu, das Gespräch in der Küche zu führen. Die Küche ist ein Raum, in dem man oft miteinander spricht, außerdem gibt es dort viele Dinge, auf die man den Blick richten kann, wenn der Augenkontakt zu belastend wird. Sie wird häufig als neutraler Raum erlebt, in dem die meisten Menschen sich sicher fühlen.

Alternativ könnt ihr die Jugendlichen selbst entscheiden lassen, wo das Gespräch stattfinden soll, nachdem ihr vorher klargemacht habt, um was es in dem Gespräch gehen wird. Das Thema des Gespräches solltet ihr gleich zu Beginn festgelegen, was aber nicht bedeutet, dass ihr sofort mit der Tür ins Haus fallen müsst. Für beide Seiten ist es meistens gut, sich erst einmal warm zu reden, bevor ihr die eigentlichen Sorgen ansprecht. Natürlich kommt es mitunter vor, dass die Jugendlichen misstrauisch werden und gleich zur Sache kommen wollen. Sollte dem so sein, müsst ihr das respektieren, möglichst ohne etwas zu überstürzen oder gestresst zu reagieren. Dass die Jugendlichen ungeduldig werden, bedeutet nicht, dass ihr wenig Zeit habt.

Einigkeit zwischen den Eltern

Habt ihr den Ort des Gesprächs geklärt, kommt die deutlich schwierigere Frage, wer daran beteiligt sein und wer das Wort führen soll. Sollen beide Eltern teilnehmen, oder würde es den Jugendlichen mehr Sicherheit geben, wenn nur der Elternteil dabei ist, zu dem sie die engere Beziehung haben? Meiner Meinung nach sollte derjenige Elternteil anwesend sein, der sich die größten Sorgen macht, unabhängig davon, wie eng die Beziehung ist.

Aber sollte der Partner dann als Stütze dabei sein, oder um die Jugendlichen zu trösten und als Puffer zur Verfügung zu stehen? In erster Linie solltet ihr darauf achten, was den Jugendlichen die größtmögliche Sicherheit und Vorhersehbarkeit während des Gesprächs und danach gibt.

Die Sicherheit der Jugendlichen ist dabei auch von der Sicherheit der Gesprächsleitung abhängig. Angst ist ansteckend und dafür reicht bereits ein ängstlicher Blick. Als Eltern müsst ihr euch sicher sein, euch in der Situation richtig zu verhalten. Ihr dürft euch von euren Emotionen nicht überwältigen lassen, sondern müsst stattdessen die Sicherheit der Teens im Blick behalten. Dies spricht dafür, dass beide Eltern am Gespräch teilnehmen. Dabei sollte dann die Person, die sich am sichersten fühlt, die Hauptverantwortung für das Gespräch tragen. Damit der eine Elternteil auch für seinen Partner sprechen kann, müssen sich die Eltern im Vorfeld des Gesprächs einig sein, was gesagt werden soll, damit die Jugendlichen wissen, dass beide Eltern derselben Meinung sind. Dies ist sehr wichtig, da Uneinigkeit einen Keil zwischen die Eltern treibt, der dann zur Bildung nachteiliger Allianzen führen kann.

Nichts ist weniger zielführend, als wenn ein Elternteil während oder nach dem Gespräch aus der gemeinsamen Eltern-Argumentation ausbricht, um die Jugendlichen zu trösten oder den guten Draht zu ihnen nicht zu verlieren. Als Erwachsene müsst ihr euch absolut einig und loyal zueinander sein, auch wenn das in euch emotionales Unbehagen auslöst. Diese Einigkeit ist auch dann wichtig, wenn nur ein Erwachsener das Gespräch führt oder die Eltern nicht mehr zusammen wohnen.

Bildet sich eine Allianz zwischen einem Elternteil und dem Kind, wird das auf lange Sicht die Verbindung zu beiden Eltern schwächen. Zuerst wird der oder die Jugendliche sich von dem Elternteil distanzieren, der sich die größeren Sorgen gemacht hat, und später dann den anderen anklagen, weil er übersehen hat, wie schlecht es ihm oder ihr ging. Teilen die Eltern die Sorgen nicht, reduzieren sich auch die Chancen, dass die Jugendlichen die Sorgen ernst nehmen und Kontakt mit Menschen aufnehmen, die ihnen helfen können. Deshalb ist es entscheidend, dass ihr euch im Vorfeld über eure elterlichen Sorgen einigt, wie auch darüber, wie ihr diese präsentieren wollt. Dies gibt eurem Teen Sicherheit und macht euch für ihn vorhersehbar, was dann wiederum den Jugendlichen zugutekommt und die Chancen für einen positiven Ausgang des Gesprächs erhöht.

Gesprächsinhalt vorbereiten

Was ihr sagen sollt, hängt natürlich von den Sorgen ab, die ihr euch macht. Diese Sorgen müsst ihr im Gespräch klar wiedergeben. Mitunter ist es sinnvoll, den auf die Sorgen gerichteten Teil des Gesprächs mit einer Zusammenfassung dessen zu beginnen, was ihr erlebt habt und was euch Angst gemacht hat. Es ist ratsam, diese Zusammenfassung vorzubereiten, damit sie nicht ausufert und in Diskussionen über einzelne Geschehnisse endet. Oftmals haben die Jugendlichen sich auf ein Gespräch über ein Einzelerlebnis vorbereitet, was dann unweigerlich zur Diskussion führt.

Persönliche Wahrnehmungen zulassen

Wie ihr eure Sorgen präsentiert und im weiteren Gespräch erklärt, ist abhängig von der Art eurer Sorgen und den Rückmeldungen, die ihr während des Gesprächs erhaltet. Ist die Sorge noch diffus, müsst ihr für alles offen sein. Ist sie konkret, dürft auch ihr konkreter werden. Aber haltet euch an das, was ihr definitiv erlebt oder gesehen habt und interpretiert nicht. Als Erwachsene müsst ihr eure Eindrücke klar als die euren zum Ausdruck bringen. In einem Gespräch über Sorgen muss immer Raum für unterschiedliche Wahrnehmungen sein. Ist dieser Raum nicht vorhanden, wird das Gespräch in einer Diskussion über einzelne Geschehnisse oder die Frage, welche Wahrnehmung die richtige ist, enden.

> 99 *Das Ziel dieser Gespräche besteht nicht darin, eine gemeinsame Wahrnehmung zu finden, sondern sich gegenseitig mit seinen persönlichen Wahrnehmungen vertraut zu machen.*

Ist man zu konkret oder fokussiert das Gespräch zu sehr auf die empfundene Sorge, läuft man Gefahr, dass die Jugendlichen sich in dem Rahmen der dargestellten Sorgen gefangen fühlen. Möglicherweise aktivieren die Teenager dann ihre Verteidigungsmechanismen. Durch die einseitige Fokussierung können zudem andere und ebenso relevante Ursachen für die Probleme gar nicht erst zur Sprache kommen. Liebeskummer oder eine in die Brüche gegangene Freundschaft beispielsweise können ähnliche Symptome hervorrufen wie psychische Probleme.

Die zu starke Fokussierung verhindert ein Gespräch über andere schwierige Dinge, die ebenfalls psychische Ursachen haben könnten. Für die Jugendlichen sind die Symptome nur selten eindeutig, deshalb ist es wichtig, dass ihr eure Sorgen nicht an einer bestimmten Deutung oder einem konkreten psychischen Problem festmacht. Ihr solltet stattdessen neugierig auf die Antworten der Teenager sein und immer wieder nachfragen, wie sie eure Sorgen erleben und verstehen. Dies ist überdies eine gute Möglichkeit, euch gegenseitig besser kennenzulernen. Vergesst nicht: Das Ziel dieser auf Sorgen fokussierten Gespräche ist es, Raum für den gemeinsamen Dialog zu schaffen, und nicht, recht zu behalten und dadurch in einem Streit zu enden.

„ *Das Miteinander-Reden ist wichtiger als eine mögliche Einigkeit.*

Vielleicht ist es genau dieser Punkt, den die Jugendlichen aus dem Gespräch mitnehmen. Das Miteinander-Reden zeigt ihnen, dass sie mit ihren Eltern über schwierige Dinge sprechen können, auch wenn sie noch immer nicht ganz offen dafür sind. Der Raum ist damit aber geschaffen, und die Jugendlichen können ihn betreten, sobald sie dafür bereit sind. Dies kann den Jugendlichen das Gefühl geben, gesehen zu werden. Sie spüren, dass es Menschen gibt, denen sie nicht gleichgültig sind, weshalb sie mit ihren schwierigen Gedanken und schmerzhaften Gefühlen nicht mehr ganz so allein sind. Es gibt Menschen, die sich kümmern.

Vielleicht ist genau das der entscheidende Grund für die Wichtigkeit dieses unangenehmen Gesprächs.

Auf einen Blick

- Legt die Rahmenbedingungen für das Gespräch fest.
- Führt das Gespräch in der Küche, nicht im Kinderzimmer, die Teens brauchen einen Rückzugsraum.
- Seid offen für die Wahrnehmungen der Jugendlichen.
- Bedenkt, dass miteinander zu reden wichtiger ist als Einigkeit.

★ Wie ihr das schwierige Gespräch in Gang bringen könnt

Sowohl für die Erwachsenen wie auch für die Jugendlichen stellt der Beginn des schwierigen Gesprächs die größte Hürde dar. Die Eltern haben Angst, etwas Falsches zu sagen, und die Jugendlichen fürchten, nach etwas gefragt zu werden, das sie nicht preisgeben wollen. Beide Seiten haben Angst vor den Konsequenzen des Gesagten. Deshalb ist es von entscheidender Bedeutung, dass ihr euch vorher genau überlegt, wie ihr das Gespräch beginnen wollt.

Die folgenden Anregungen können euch dabei helfen.

Seid so konkret wie eure Sorgen

In vielen Fällen ist es klug, das Gespräch mit einer Art Zusammenfassung der Beobachtungen zu beginnen, die euch Sorgen machen. So beantwortet ihr sowohl die Frage, warum ihr dieses Gespräch führen wollt, als auch, worum es in diesem Gespräch gehen wird. Seid bei eurer Zusammenfassung konkret und ehrlich, wartet aber mit möglichen Deutungen. Es ist wichtig, dass ihr nur beschreibt, was ihr wahrgenommen habt. Drückt es beispielsweise so aus:

» *Ich habe bemerkt, dass du dich viel mehr als früher zurückziehst.*

» *Ich stelle fest, dass du mehr Zeit als früher in deinem Zimmer verbringst und dass es schwierig ist, Kontakt zu dir zu bekommen.*

» *Ich sehe, dass du weniger lächelst als sonst und manchmal wirkt es fast so, als wärst du zornig, wenn wir mit dir reden.*

Übernehmt die Verantwortung für eure Empfindungen

Die gerade genannten Beispielsätze sind bewusst aus der Ich-Perspektive formuliert. So macht ihr deutlich, was ihr wahrgenommen habt, und gebt zu verstehen, dass die Jugendlichen das natürlich auch anders sehen können. Auf diese Weise könnt ihr Diskussionen vermeiden und einen Raum schaffen, in dem unterschiedliche Wahrnehmungen zur Sprache kommen dürfen. Das ist entscheidend auch für die weiteren Fragen oder Deutungen. Formuliert eure Empfindungen und Deutungen beispielsweise so:

» *Vielleicht ist das nur meine Wahrnehmung und vielleicht ist sie auch falsch, aber ich mache mir Sorgen, dass dein Verhalten ein Zeichen dafür sein könnte, dass etwas geschehen ist oder es dir nicht gut geht.*

» *Kann sein, dass ich mir zu große Sorgen mache, weil ich dich so gern habe. Ich quäle dich wirklich aus Fürsorge. Aber kann es sein, dass ich da recht habe oder gehe ich mit meinen Deutungen zu weit?*

» *Kann sein, dass ich nur Gespenster sehe, aber ich habe das Gefühl, dass du dir sehr viele Gedanken machst. Ich will gar nicht spekulieren, warum das so ist, denn da kann es viele Gründe geben. In der letzten Zeit ist das aber irgendwie mehr geworden, was mir Sorgen macht. Was meinst du dazu? Glaubst du, dass ich Grund zur Sorge habe?*

Seid offen für andere Erklärungen

Es gibt viele unterschiedliche Erklärungen dafür, warum Menschen auf uns eine bestimmte Wirkung haben. Deshalb ist es wichtig, offen für andere Erklärungen zu sein als die, die wir erwarten. Sonst riskieren wir, dass das Gespräch sofort erstickt wird und uns wertvolle Informationen vorenthalten werden. Ein Gespräch, das sich eigentlich um Ernährung drehen sollte, kann schnell zu einem Gespräch über Zickenkrieg oder Liebeskummer werden, denn viele Problemen zeigen sich durch ähnliche Symptome. So könntet ihr euch ausdrücken:

» *Ich will keine tendenziösen Fragen stellen, denn es kann ganz viele unterschiedliche Gründe für deine Gefühle geben. Und ich will auch nicht so tun, als würde ich alles verstehen und alle Zusammenhänge kennen. Damit ich es verstehen kann, brauche ich deine Hilfe. Nur du kannst mir da helfen. Und ich würde dich wirklich gerne ein bisschen besser verstehen. Deshalb frage ich ja.*

» *Kann sein, dass ich die komplett falschen Fragen stelle, denn ich weiß ja, dass es viele Gründe dafür geben kann, warum du dir so viele Gedanken machst. Ich rate jetzt nur, aber hängt das vielleicht damit zusammen, dass …*

» *Ich will nicht so tun, als wüsste ich alles, deshalb frage ich dich. Hast du eine Idee, warum in der letzten Zeit alles so viel schwieriger geworden ist?*

» *Hast du eine Idee, warum ich das Gefühl habe, dass du dich mehr zurückziehst? Spürst du das auch? Oder bin ich irgendwie überempfindlich?*

» *Du, es kann sein, dass ich bestimmte Dinge überbewerte, weil ich dich so lieb habe. Deshalb möchte ich gerne mit dir reden. Nicht um dich zu quälen oder zu strafen. Ich will dich einfach nur besser kennenlernen.*

Sprecht ganz normal

Ihr solltet beschreiben, wie ihr die Momente erlebt, in denen eure Sorge konkret spürbar wird und sich auf spezielle Probleme richtet. Verwendet dabei aber keine psychologischen Fachausdrücke. Das würde nur abschreckend wirken und zu viel Distanz schaffen. Die Jugendlichen würden sich darin nicht wiedererkennen. Eröffnet das Gespräch lieber auf ganz alltägliche Weise.

In den folgenden Abschnitten findet ihr konkrete Beispiele dafür, wie ihr ein Gespräch beginnen und euch mit einfachen Worten dem schwierigen Problem nähern könnt.

Stress und Angst

Ein Gespräch über die Themen Stress und Angst solltet ihr ganz allgemein mit einer Beschreibung dessen beginnen, wie ihr die Dinge wahrgenommen habt. Da die Teens das jedoch schnell mal als Kritik auffassen, solltet ihr unbedingt gleichzeitig deutlich machen, dass ihr sie nicht kritisieren wollt.

> » *Es kommt mir so vor, als ob du dich etwas mehr als sonst zurückziehst. Ich weiß natürlich, dass es dafür viele Erklärungen geben kann. Und vielleicht hast du ja auch einen wirklich guten Grund dafür.*
> » *Uns fällt auf, dass du ein bisschen reizbarer bist als sonst. Besonders wenn wir viele Fragen stellen. Vielleicht kommt dir das so vor, als würden wir an dir herumnörgeln, aber das ist wirklich nicht als Kritik gedacht. Wir fragen uns nur, wie es dir eigentlich geht.*
> » *Vielleicht ist das eine blöde Fragen, aber kann es sein, dass du dich manchmal vor deinem Alltag fürchtest. Gibt es viele Dinge, vor denen du zurückschreckst? Ich will damit nicht sagen, dass es so ist, andererseits ist es ganz natürlich, dass man manchmal, wenn alles zusammenkommt, sich vor etwas fürchtet.*

» *Hast du manchmal den Eindruck, dass es ein bisschen viel ist,
was du leisten sollst?*

» *Wenn so viel auf einmal passiert, bringt uns das oft gewaltig zum
Nachdenken. Und manchmal überdenken wir die Dinge einfach zu
intensiv. Das passiert vor allem, wenn wir erschöpft sind oder zu
viel zu tun haben. Erkennst du dich darin irgendwie wieder?*

» *Einige Menschen denken mehr als andere. Glaubst du, dass du zu
den Menschen gehörst, die sich zu viele Gedanken machen?*

» *Bist du tagsüber häufig müde? Hast du das Gefühl, dass zu viel auf
dich zukommt – mit der Schule und allem anderen? Sollte dem so
sein, wäre es ja kein Wunder, dass du dich zurückziehst und unsere
Fragen als Nörgelei auffasst.*

Depression und Niedergeschlagenheit

Angst und Stress ähneln sich und treten häufig gemeinsam mit Depressionen oder ganz normaler Niedergeschlagenheit auf. Betont deshalb, was ihr selbst empfindet, und seid offen für andere Erklärungen. Macht aktiv deutlich, dass ihr die Jugendlichen nicht kritisieren wollt.

» *Es kommt mir so vor, als würdest du dich etwas mehr zurückziehen und als hättest du nicht dieselbe Energie wie sonst.
Ich meine das nicht als Kritik, und ich weiß, dass es dafür viele
mögliche Erklärungen gibt. Trotzdem mache ich mir Sorgen,
dass es dir nicht gut geht.*

» *Ich habe den Eindruck, als würdet du dich etwas mehr isolieren als
früher. Es kann aber gut sein, dass das Zufall oder vorübergehend
ist und ich nur überreagiere. Trotzdem möchte ich gern wissen, wie
es dir in deinem Alltag geht. Deshalb möchte ich mit dir reden.*

Auch in diesen Gesprächen ist es wichtig, so normal wie möglich zu reden. Was ihr sagt, muss den Teenagern vertraut klingen. Eure Worte

171

müssen den Jugendlichen die Sicherheit geben, dass das Leben auch mal schwer sein kann, ohne dass dies gleich heißt, dass mit ihnen etwas nicht stimmt.

» *Bist du tagsüber oft müde?*
» *Machst du dir viele Gedanken?*
» *Schläfst du gut?*
» *Du, das ist gar nicht verwunderlich. Manchmal ist das Leben einfach anstrengender als sonst. Es gibt Zeiten, in denen wir uns mehr Gedanken machen als sonst und von diesen Gedanken vielleicht auch nicht richtig loskommen.*
» *Bist du tagsüber oft traurig? Manchmal sind wir Menschen trauriger als sonst, und nicht immer wissen wir, warum das so ist. Manchmal gibt es keinen klaren Grund.*
» *Deshalb frage ich mich, ob irgendetwas geschehen ist. Vielleicht hast du jetzt gerade keine Lust, darüber zu sprechen, du musst aber wissen, dass ich dir gerne zuhöre, wenn du so weit bist.*
» *Ich verkrafte das, was du mir erzählst, und ich werde das nicht als Belastung auffassen. Es ist für mich viel schwerer, nichts zu wissen, denn dann grübele ich nur die ganze Zeit herum.*

Ernährung und Körper

Ernährung und Körper sind ein sehr sensibles und privates Thema, weshalb ihr als Eltern euch diesem Thema sehr behutsam nähern solltet.

Wenn ihr das Thema Ernährung und Körper ansprechen wollt, müsst ihr offen schildern, was euch aufgefallen ist und weshalb ihr euch Sorgen macht. Gleichzeitig ist es von zentraler Bedeutung, dass ihr empfänglich für andere Erklärungen seid und jedwede Kritik vermeidet, da die Gespräche sonst häufig im Konflikt enden. Essstörungen sind für gewöhnlich Geheimnisse, und Geheimnisse behalten wir für uns, zur Not mit Lügen. Das Ziel des Gesprächs ist es deshalb nicht, die Wahrheit ans Licht zu bringen, sondern zu zeigen, dass ihr beobachtet und euch kümmert. Das Wichtigste ist, dass die Jugendlichen wissen, dass ihr bereit für das Gespräch seid, wann immer sie so weit sind.

» *Ich möchte dich nicht kritisieren, außerdem gibt es für das, was mir aufgefallen ist, sicher viele mögliche Erklärungen. Aber ich habe bemerkt, dass du in letzter Zeit abgenommen hast, und ich mache mir Sorgen, dass das daran liegen könnte, dass es dir nicht gut geht oder du mit deinem Körper Schwierigkeiten hast.*

» *Ich möchte dich nicht kritisieren, aber mir ist aufgefallen, dass du in der letzten Zeit deinen Teller nicht leergegessen hast. Es kommt mir so vor, als würdest du weniger essen, ja als gäbe es überhaupt weniger Sachen, die du isst. Ich weiß, dass es dafür viele Gründe geben kann, ich mache mir aber Sorgen, dass du zurzeit Probleme mit dem Essen und deinem Körper hast.*

» *Was ich jetzt sage, ist keine Kritik und ich spioniere dir auch nicht nach. Aber mir ist aufgefallen, dass du in letzter Zeit immer wieder beim oder direkt nach dem Essen auf die Toilette verschwindest. Ich bin dir nicht gefolgt, aber ich mache mir Sorgen. So ehrlich muss ich sein.*

» *Ich weiß, dass dieses Gespräch für dich jetzt sehr plötzlich kommt, es ist also völlig in Ordnung, wenn du nicht weißt, was du antworten sollst. Ich will dich auch nicht unter Druck setzen. Du sollst nur wissen, dass ich mich um dich sorge und bereit bin, mit dir zu reden, wann immer du willst. Ist es in Ordnung, wenn ich dir ein paar Fragen stelle?*

» *Was denkst du?*

» *Habe ich einen Grund, mir Sorgen zu machen, oder sehe ich nur Gespenster?*

» *Machst du dir selbst Sorgen?*

» *Denkst du viel darüber nach, was du im Laufe eines Tages isst?*

173

> » *Bist du in einer Phase, in der du dich in deinem Körper nicht wohl fühlst?*
> » *Denkst du viel darüber nach, wie dein Körper aussieht?*
> » *Oder geht es um ganz andere Dinge?*
> » *Das mag für dich ein sehr seltsames Gespräch sein. Und ich werde dich nicht bedrängen, wenn du nicht reden willst. Aber ich komme auf die Fragen vielleicht noch einmal zurück. Das ist mir einfach ein Bedürfnis.*

Drogen und Alkohol

Probleme rund um Drogen und Alkohol sind noch größere Geheimnisse als Körper- und Essprobleme, da die betroffenen Teens selbst gern die Augen davor verschließen. In einem Gespräch mit Heranwachsenden über diese Themen, solltet ihr euch darüber bewusst sein, dass die Jugendlichen keine Lust haben werden, darüber zu sprechen, und sich überdies vermutlich selbst nicht eingestehen wollen, Probleme mit Alkohol oder Drogen zu haben. Deshalb enden diese Gespräche häufig im Konflikt. Trotzdem müsst ihr versuchen, eure Sorge klar zum Ausdruck zu bringen, dabei aber gleichzeitig akzeptieren, dass die Jugendlichen sich selbst keine Sorgen machen.

> » *Kann sein, dass ich überreagiere, aber es kommt mir so vor, als wenn du abends sehr oft unterwegs wärst und morgens nur selten in Topform bist. Es ist nicht sicher, dass du das selbst als Problem empfindest, und vielleicht ist das in deinem Freundeskreis auch ganz normal, ich mache mir aber Sorgen, dass du in gefährliche Situationen geraten könntest und vielleicht Sachen zu dir nimmst, die gefährlich für dich sein können.*
> » *Uns besorgt, dass andere Dinge in deinem Leben darunter leiden. Und dass du dich zurückziehst und wir weniger reden als früher. Das ist nicht ungewöhnlich. Sorgen machen wir uns trotzdem.*

» *Ich will dir keine Vorwürfe machen, ich weiß aber, dass in verschiedenen Jugendmilieus diverse Drogen kursieren. Und ich glaube – korrigier mich, wenn ich mich irre –, dass ihr eine etwas andere Beziehung zu Drogen habt, als das in unserer Zeit der Fall war.*

Indem ihr ansprecht, dass ihr ein etwas anderes Verhältnis zu Drogen und Alkohol hattet, schafft ihr einen Raum für unterschiedliche Wahrnehmungen. Das kann ein guter Ausgangspunkt sein, um die Unterschiede gemeinsam zu erforschen und die Wahrnehmungen des jeweils anderen besser kennenzulernen.

» *Was denkst du? Habe ich einen Grund, mir Sorgen zu machen? Würde ich mir Sorgen machen, wenn ich wüsste, was du abends so treibst?*
» *Hast du Angst, ich könnte wütend werden und dir verbieten, abends rauszugehen?*
» *Ich frage nur, weil ich dich gern habe. Aber erkennst du dich in dem, was ich sage, wieder? Sind Drogen bei den heutigen Jugendlichen ein Thema? Und stimmt es, dass ihr eine andere Beziehung dazu habt?*
» *Glaub mir, ich rede wirklich nicht gern mit dir über dieses Thema. Ich tue es aber trotzdem, weil ich dich gern habe und weil ich will, dass es dir gut geht. Ich hoffe, dass du mir verzeihen kannst, wenn dir dieses Gespräch wie ein Angriff vorkommt und ich komplett blöde Fragen stelle.*

Gesprächsabschluss
Bei allen, wie auch immer gearteten Gesprächen über Sorgen ist es klug, das Gespräch mit einer Art Zusammenfassung des Gesagten zu beenden. Dabei solltet ihr den Jugendlichen stets die Möglichkeit geben, euch zu korrigieren. Bevor ihr auseinandergeht, ist es durchaus angebracht, dass

ihr euch für das Gespräch und die Ehrlichkeit bedankt. Gern könnt ihr dabei auch noch einmal darauf hinweisen, dass der Ausgangspunkt des Gespräches eure Sorgen und eure Liebe sind. Die Jugendlichen sollen das Gespräch mit dem Gefühl verlassen, dass es nicht so schlimm war wie befürchtet, was die Chancen für ein weiteres Gespräch erhöht.

» *Okay, du hast mir also gesagt – und bitte korrigier mich, wenn ich etwas falsch verstanden habe –, dass ...*
» *Danke, dass du mit mir gesprochen hast und so geduldig warst. Ich habe bestimmt viele blöde Fragen gestellt, ich habe das aber nur getan, weil ich dich so gern habe. Und ich hoffe, es ist in Ordnung, wenn ich auch in Zukunft mal die eine oder andere Frage stelle?*
» *Ich will dich nicht bei irgendetwas ertappen, sondern dich bloß besser kennenlernen und besser verstehen, wie es dir geht. Deshalb danke ich dir, dass du mich heute ein Stück an dich herangelassen hast und mir dabei geholfen hast.*
» *Danke, dass du so offen zu mir warst. Ich bin mir nicht sicher, ob ich das in deinem Alter geschafft hätte. Die Welt dreht sich weiter, das beweist du mir jeden Tag!*

Notizen

_____

_____

_____

_____

Hilfe von außen annehmen[27]

Sobald es um Unterstützung von außen geht, ist es eigentlich immer das Beste, wenn die Jugendlichen selbst sich um Hilfe bemühen. Es gibt ja durchaus Fälle, in denen die Eltern mit ihren Sorgen nicht zu den Teenagern durchdringen oder diese erst mit jemandem von einer Beratungsstelle sprechen wollen. Doch das geschieht natürlich nicht immer.

Wenn Eltern sich um die Jugendlichen so große Sorgen machen, dass sie psychologische Hilfe in Anspruch nehmen wollen, entsteht für die Teenager, sobald sie dies mitbekommen, eine beängstigende Situation, da ihnen das wichtige Gefühl von Kontrolle und Vorhersehbarkeit entgleitet. Daher ist es wichtig, die Jugendlichen an dem Prozess der Hilfesuche zu beteiligen, um ihnen einen Gefühl von Mitbestimmung und Freiwilligkeit zu geben. Dann kann die erste Begegnung mit dem Hilfsangebot auch zu einer positiven Überraschung werden: Ziel jedes Psychologen oder jeder Psychologin ist es nämlich, dass die Jugendlichen sie nach der ersten Konsultation mit dem Gefühl verlassen, dass es gar nicht so unangenehm war, wie sie es befürchtet hatten. Damit solch eine Erfahrung möglich ist, müssen die Jugendlichen freiwillig kommen und ganz genau wissen, zu wem sie gehen. In unserem Fachgebiet - ganz besonders im Umgang mit dieser Altersgruppe - ist es leider nicht so, dass jede Sitzung besser ist als keine. Negative Erfahrungen mindern die Chancen deutlich, dass die Jugendlichen später noch einmal Kontakt mit einer Beratungsstelle aufnehmen.

Jede Hilfe muss also angemessen sein, wofür die Beteiligung der Jugendlichen an diesem Prozess unverzichtbar ist. Vielleicht sind sie eher dazu bereit, ein Gespräch mit der ihnen bekannten Sozialarbeiterin der Schule oder der Vertrauenslehrkraft zu führen, als gleich zu einem Wildfremden im Schulpsychologischen Beratungsdienst zu gehen. Letzteres ist bereits ein sehr großer Schritt und kann wirklich beängstigend sein. Meine

Erfahrung zeigt, dass manche Jugendliche zu früh in Kontakt mit spezialisierten Kräften gekommen sind. Sie verstehen dann die Bedeutung der Konsultation nicht, weshalb diese Begegnung sie einschüchtert. Sie bauen in der Folge ein ambivalentes Verhältnis zum Hilfsangebot und besonders zu den Therapierenden auf, was die Chance, dass sie zu einem späteren Zeitpunkt erneut Hilfe suchen, ebenso reduziert wie ihren Glauben daran, dass die psychologischen Angebote ihnen wirklich helfen können.

Das alles bedeutet jedoch nicht notwendigerweise, dass die Jugendlichen bei ihrem ersten Kontakt mit einem Psychologen oder einer Psychologin keine Hilfe nötig gehabt hätten. Sie waren nur einfach noch nicht bereit dafür. Vielleicht hätten sie vorher ein paar Gespräche mit der Vertrauenslehrkraft oder Sozialarbeitskraft führen sollen. Das hätte ihnen helfen können, die richtigen Worte zu finden und sich besser auf die Sitzung vorzubereiten. Niemand kann die Teenager auf die Begegnung mit einer Spezialkraft besser vorbereiten als vertraute Personen aus dem Sozialarbeitsbüro oder dem Erste-Hilfe-Raum.

Besonders wichtig ist das in den Fällen, in denen die Jugendlichen vorher nie Kontakt mit einer psychologischen Fachkraft hatten. Dieses Hilfsangebot der Schule, auf die Teenager jeden Tag gehen, stellt ein niederschwelliges Angebot dar, dass sie leichter annehmen. Auch was das Hilfsniveau angeht, ist es besser, niederschwellig anzufangen und dann bei Bedarf die Intensität über den Schulpsychologischen Beratungsdienst bis hin zu einem Jugendpsychologen oder einer -psychologin zu steigern. Das Niveau muss mit den Gefühlen und Eindrücken der Jugendlichen übereinstimmen, damit ihre Motivation und Bereitschaft, Hilfe anzunehmen, aufrechterhalten werden. Diese Motivation ist entscheidend, um eine gute, erste Beratung sicherzustellen, die dann wiederum der Ausgangspunkt für einen weiteren erfolgreichen Verlauf ist.

Es dauert immer eine Weile, bis Jugendliche Vertrauen zum Gesundheitssystem und dem Behandlungsablauf aufbauen, weshalb die Schritte erst allmählich gesteigert werden sollten.

Hilfe zu suchen und anzunehmen ist ein Prozess und keine einfache Handlung. Es ist ein Weg und nicht nur ein einzelner Schritt. Damit Jugendliche motiviert werden und bleiben, um diesen Weg einzuschlagen, müssen die Erwachsenen an ihrer Seite sein. Es ist nie hilfreich, zehn Schritte vor ihnen zu sein, auch wenn es sich positiv anhören mag, vorauszugehen, und sich das richtig anfühlt, wenn die Sorgen um die Jugendlichen groß sind. Eine Regel für diesen Weg lautet: Bleibt immer so nah beieinander, dass ein Flüstern zur Verständigung ausreicht. Seid ihr so weit vorausgeprescht, dass ihr euch umdreht und den Jugendlichen zurufen müsst, um sie zu stützen oder aufzumuntern, solltet ihr lieber ein paar Schritte zurückgehen.

Behutsames Vorgehen

Das behutsame Vorgehen, beginnend bei einem niedrigschwelligen Hilfsangebot am Anfang, ermöglicht es den Jugendlichen, weitere Schritte ganz bewusst zu wählen, sobald sie dazu bereit sind. So können sie ihr Tempo selbst bestimmen, was entscheidend sein kann, damit ihre Kraft auch längerfristig reicht.

Manchmal kann es sinnvoll sein, für eine gewisse Zeit zu einem vorherigen Hilfsangebot zurückzukehren. Die Jugendlichen kommen so in ein vertrautes Milieu zurück. Auch der damit verbundene Wechsel der helfenden Kontaktpersonen kann sie motivieren, anschließend den nächsten Schritt zu machen. Jugendliche sind in gewissen Fällen weitaus offener für Ratschläge und motivierende Angebote von professionellen Helfenden als solchen von ihren eigenen Eltern. In dem Veränderungsprozess der Jugendlichen ist es viel wichtiger, dass die Eltern ihnen emotionalen Halt geben als direkte Motivation oder konkrete Ratschläge.

Falls die Jugendlichen offen für die Motivation und Ratschläge der Eltern sind, sollten deren Ratschläge darauf abzielen, dass die Teens Kontakt mit Vertrauenslehrkräften, Schulsozialarbeitskräften oder der Schulpsychologischen Beratungsstelle aufnehmen. Ferner ist es wichtig, die

Jugendlichen immer wieder zu motivieren, mit der Veränderungsarbeit weiterzumachen, auch und insbesondere an den Tagen, an denen ihnen die Beratungen oder Therapiesitzungen als sinnlos, schmerzhaft oder gar als vergeudete Zeit erscheinen. In jedem Veränderungsprozess gibt es Phasen, in denen man Stagnation, Frustration oder Vertrauensbrüche erlebt, die dann zum Bruch mit der Beratungsperson und zum Ende des Hilfsprozesses führen können. Normalerweise sind dies aber Probleme, die man klären und hinter sich lassen kann, wenn die Jugendlichen weiterhin kommen. Dafür ist es aber entscheidend, dass die Eltern wissen, wann die nächsten Sitzungen sind, und die Teens zur Teilnahme motivieren. Dies gilt auch in Phasen, in denen die Jugendlichen auf einem guten Weg zu sein scheinen. Solange die Eltern es schaffen, ihre Teenager zur weiteren Teilnahme zu bewegen, können die theapeutischen Fachkräfte ihre Arbeit machen und die Jugendlichen motivieren, ihren richtigen Weg fortzusetzen.

Wichtige Rollenverteilung

Die grobe Rollenverteilung in diesem Prozess sieht wie folgt aus: Die professionell Therapierenden sind verantwortlich für die harten Verhandlungen. Sie entscheiden, wann die Jugendlichen im Veränderungsprozess den nächsten Schritt machen müssen. Die Beziehung der Teenager zu den Eltern ist zu wichtig und darf nicht mit solchen Verhandlungen belastet und womöglich zerstört werden. Schließlich ist es deutlich einfacher, sich eine neue psychologische Fachkraft zu suchen als die Eltern auszutauschen.

Die primäre Aufgabe der Eltern besteht hingegen darin, die Jugendlichen Tag für Tag zur weiteren Mitarbeit zu motivieren. An diesem Punkt seid ihr als Eltern wirklich unersetzbar. Ihr seid es, die mit den Jugendlichen morgens am Frühstückstisch sitzen und sie an die Termine erinnern, die sie sonst vergessen würden, und ihr seid es, die abends fragen könnt, wie es denn war. Manchmal ist nicht mehr als eine einfache Frage nötig, um zu signalisieren, dass ihr weiter an der Seite eurer Kinder steht und ihren Prozess verfolgt, auch wenn sich vieles schon gebessert hat. In dieser Funktion sind die Eltern durch niemandem zu ersetzen. Nutzt also euren Einfluss.

> **"** *Die Eltern sollten den Verlauf der Sitzungen während der gesamten Zeit verfolgen, auch wenn ihnen das aufdringlich vorkommt oder überflüssig erscheint.*

Dadurch zeigt ihr zum einen, dass ihr bei der Sache seid, und zum anderen, dass ihr euch für die Jugendlichen interessiert. Damit schafft ihr den Raum, in dem ihr mit ihnen über die Themen der Sitzungen sprechen könnt, und so wissen die Jugendlichen gleichzeitig, dass sie diesen Raum nutzen können, wann immer sie möchten. Für viele Jugendliche ist dieser Raum entscheidend. Außerdem besteht das Ziel einer jeden Therapie ja auch darin, den Jugendlichen die Fähigkeit zu vermitteln, zwischenmenschliche Räume auf eine gute Weise zu nutzen. Ihr könnt mit euren Fragen dort kaum etwas falsch machen. Das Schlimmste, was passieren kann, ist, dass euer Sohn oder eure Tochter euch als bedrängend oder anstrengend erlebt, aber diese Wahrnehmung ist normal.

Viel besorgniserregender ist es, wenn die Jugendlichen sich nicht über ihre nervigen und anstrengenden Eltern beklagen, sondern stattdessen behaupten, ihre Eltern seien „ein bisschen cooler als andere Eltern". Wenn ich das höre, bekomme ich es wirklich mit der Angst zu tun.

Auf einen Blick:
- Bezieht die Jugendlichen in den Prozess des Hilfesuchens ein.
- Nutzt niederschwellige Hilfsangebote, z. B. der Schule.
- Geht behutsam und motivierend vor.
- Verfolgt den Verlauf der Sitzungen.

---

vier

Das Verhältnis zur Schule

Die Schule als Gesprächsthema

Jugendliche verbringen für gewöhnlich sechs bis acht Stunden pro Werktag in der Schule, von den Ferien mal abgesehen. Rechnet man die Zeit für die Hausaufgaben und den Schulweg dazu, kommen schnell mehr als zehn Stunden pro Tag zusammen. Berücksichtigen wir dann noch die acht Stunden, die sie schlafen sollten, heißt das, dass sie etwa zwei Drittel ihrer wachen Zeit für schulbedingte Tätigkeiten aufwenden. Man kann also mit Fug und Recht sagen, dass das Leben der Teenager in der Schule stattfindet. Und selbst wenn Jugendliche nicht in der Schule sind, kreisen ihre Gedanken um das, was dort geschehen ist, was nicht geschehen ist oder was geschehen könnte. Kein Bereich des Lebens gibt Anlass zu einer annähernd vergleichbaren Menge an Hoffnungen und Ängsten wie die Schule.

Für Jugendliche ist die Schule Arbeitsort und sozialer Treffpunkt, eine Mischung aus Öffentlichkeit und Privatsphäre. Die Eltern haben zwar das Recht zu erfahren, wie sie in den Fächern zurechtkommen, nicht aber wie es bei ihnen auf den Fluren und in den großen Pausen läuft. Das sind Informationen, die die Jugendlichen lieber zurückhalten.

Die Schule als Gesprächsthema zwischen Jugendlichen und ihren Eltern sollte allerdings beide Bereiche umfassen. Viel zu oft beschränkt sich das Gespräch nur auf die fachlichen Leistungen, eben weil die Jugendlichen in die private Sphäre ihres Schulalltags nur ungern Einblick gewähren und überdies davon überzeugt sind, dass sich die Eltern in erster Linie für ihre Leistungen interessieren.

Wenn ihr als Eltern die Heranwachsenden fragt, wie es in der Schule war, beginnen diese für gewöhnlich von den Fächern zu sprechen. Sie deuten eure Fragen automatisch in Richtung Leistung - ein Thema, über das sich leichter reden lässt. Gleichzeitig beklagen die Jugendlichen sich bei mir oft darüber, dass ihre Eltern sich nur für die Noten interessieren und nicht dafür, wie es ihnen geht.

Konkret fragen

Um das Gespräch umfassender zu gestalten, müsst ihr als Eltern konkrete Fragen stellen. Es reicht nicht, nach der Schule allgemein zu fragen, denn allgemeine Fragen führen zu allgemeinen Antworten, so wie Standardfragen Standardantworten generieren:

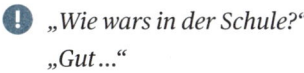 *„Wie wars in der Schule?"*
„Gut..."

Wenn ihr wissen wollt, wie es in einem Fach oder bei einer Prüfung war, fragt konkret danach. Und wenn ihr erfahren wollt, wie es im zwischenmenschlichen Bereich läuft, müsst ihr auch danach ganz konkret fragen. Erkundigt euch, ob die Jugendlichen in den Pausen mit jemandem gesprochen haben oder ob sonst irgendetwas Spannendes passiert ist.

Natürlich garantiert das nicht, dass ihr auch eine erfreuliche Antwort bekommt. Vielleicht bekommt ihr zu hören, dass es mit den anderen nicht gut läuft, wofür es viele Gründe geben kann. Die Antwort kann Angst machen oder die Teenager an etwas erinnern, für das sie sich schämen und das sie nicht erzählen wollen. Würde eine ehrliche Antwort die Gedanken und Gefühle offenbaren, gegen die die jungen Leute sich schützen wollen, kann die Frage auch als Angriff auf ihr labiles Selbstbewusstsein aufgefasst werden. Nicht wenige Jugendlichen deuten solche Fragen spontan in die Richtung, wo ihre größte Angst liegt. Das heißt aber nicht, dass ihr nicht fragen sollt, auch wenn eure Frage als bedrängend aufgefasst wird.

Gemeinsame Regel festlegen

Es ist allerdings durchaus ratsam, dass ihr euch genau überlegt, wie ihr am besten über das Thema Schule sprechen könnt. Die Schule ist zu wichtig, um nicht danach zu fragen. Es kann helfen, wenn ihr gewisse gemeinsame Regeln für die Fragen und das Gespräch festlegt.

Die Schule umfasst alles und die Schule bewertet alles. In der Schule werden die Schüler in fachlicher wie auch in sozialer Hinsicht beständig beurteilt. Die Schule bietet unendliche Möglichkeiten zu scheitern und Abneigungen zu entwickeln, und es muss schon alles richtig gut laufen, damit nicht irgendwann Angst und Scham aufkommen. Es wird immer jemanden geben, vor dem die Jugendlichen Angst haben oder sich schämen. Es wird Gedanken und Gefühle geben, gegen die sie sich schützen und über die sie nicht reden wollen. Und immer wird ihnen irgendein Thema so peinlich sein, dass sie es tunlichst vermeiden.

Alle Teenager werden Teile ihres Schulalltags für sich behalten wollen, ganz gleich, ob sie sich nun dafür schämen oder unangenehme Reaktionen der Eltern fürchten. Alle Jugendlichen haben Geheimnisse, und das ist ihr gutes Recht. Ihr müsst mit ihnen nicht über alles reden, solange sie nur wissen, dass sie mit euch darüber reden können, wenn sie das wollen. Und genau das solltet ihr ihnen sagen.

Für einige Jugendliche ist das Thema Schule komplett tabu. Über die Schule reden sie dann gar nicht, auch wenn der Grund dafür manchmal bloß ein winziges Puzzleteil im komplexen Schulalltag ist. Oft führen Kleinigkeiten oder Missverständnisse dazu, dass Jugendliche nicht mehr über das Thema Schule reden können. Manchmal erzählen sie mir dann:

> » *Ich rede nicht mehr über die Schule, weil ich da so schlechte Leistungen bringe, dass ich einfach nicht daran denken will. Außerdem will ich meine Eltern nicht ständig enttäuschen. Die würden nur durchdrehen.*
> » *Ich will zu Hause nicht an die Schule denken, weil ich mich derart vor einer Prüfung fürchte, dass ich Angst habe, Panikanfälle zu kriegen, wenn ich noch mehr daran denke.*
> » *Ich rede nicht mehr über die Schule, weil ich einsam oder unglücklich verliebt bin. Es ist mir einfach peinlich und tut mir zu weh, darüber zu reden. Ich würde sterben.*

Als Eltern solltet ihr mit viel Abweisung und schlechter Laune rechnen, bis es euch gelingt, die automatisierten Gesprächsmuster zu durchbrechen, die aus den etablierten gegenseitigen Erwartungen mit der Zeit entstanden sind und die nur noch aus standardisierten Phrasen und Ausflüchten bestehen.

> *Um das Gespräch in Gang zu bringen, müsst ihr die Jugendlichen bedrängen und nerven. Als Erwachsene seid ihr nervig.*

Ihr seid nicht cool, und das solltet ihr auch nicht sein. Wenn Eltern cool sind, machen sie etwas falsch. Als Erwachsener müsst ihr diejenigen sein, die nicht cool sind, schließlich wollt ihr mit Teenagern reden. Ihr müsst bereit sein, über euren Schatten zu springen und euch demütigen zu lassen, wenn es darauf ankommt. Cool sein hilft da nicht.

Eltern müssen nerven – aber mit Maß

Erwachsen sein heißt zu nörgeln und zu nerven. Gute Erwachsene sind vorhersehbar und langweilig. Sie fragen immer wieder mit Empathie in der Stimme, auch wenn sie schon hundert Mal in vernichtendem Ton abgewiesen worden sind. Was die Schule angeht, müsst ihr einen langen Atem haben, denn die Schule ist ein zu wichtiges Feld, um es kampflos aufzugeben.

Solange eure Fragen ehrlich sind, von Herzen kommen und euer Interesse am Schulalltag zeigen, macht ihr nichts falsch, auch wenn die entnervte Stimme, die euch antwortet, allzu deutlich machen will, dass ihr eine Grenze übertretet oder etwas Dummes sagt. Als Eltern müsst ihr das ertragen. Ihr müsst Grenzen übertreten, um zu signalisieren, dass ihr da seid, dass ihr versucht, auf dem Laufenden zu bleiben, und dass zu Hause über alles geredet werden kann, was in der Schule passiert.

Gleichzeitig solltet ihr eine Art Balance anstreben, auch wenn euch das schier unmöglich vorkommt. Ihr dürft nur so viel nerven, dass euer

Interesse noch ehrlich wirkt und keinen zusätzlichen Widerstand generiert. Um diese Balance zu finden, müsst ihr euch Tag für Tag vortasten, Woche für Woche, und dabei einkalkulieren, dass das Erreichen dieses Gleichgewichts auch abhängig von der Laune der Jugendlichen sein kann. Was heute in Ordnung ist, kann es morgen schon nicht mehr sein. Es muss aber immer akzeptabel sein, dass ihr als Erwachsener Fragen stellt, und zwar ganz gleich, wie die Antworten ausfallen.

Die Qualität der Antwort hängt ohnehin von etwas ganz anderem ab als von der gestellten Frage. Im Dialog mit Jugendlichen solltet ihr euch immer wieder daran erinnern, dass es nicht immer um euch geht, in Wahrheit ist das Gegenteil der Fall. Es geht immer seltener um euch. Trotzdem müsst ihr weiterhin Fragen stellen, um zu zeigen, dass ihr euch für mehr als nur die Noten interessiert.

Die Antworten auf die Fragen, in denen es nicht um die Leistung geht, sind für die Jugendlichen manchmal derart unangenehm und mit Scham belastet, dass viele Eltern diese Fragen irgendwann aus Rücksicht auf ihre Kinder nicht mehr stellen. Die Jugendlichen ziehen daraus verletzt den falschen Schluss, dass ihre Eltern sich nur noch für die Noten interessieren, sodass die Gespräche über die Schule auch von der Furcht geprägt sein können, dass die Eltern das alles eigentlich gar nicht interessiert. Gespräche über die Schule rühren daher oft an etwas Negativem und Schmerzhaftem.

In welchem Grad die Jugendlichen das Thema Schule verweigern, ist unterschiedlich. Es geht dabei nicht immer nur darum, ob es ihnen gut geht oder sie die Konsequenzen auf ihre Antworten fürchten. Für viele ist Schule einfach eine Privatangelegenheit. Das muss nicht heißen, dass etwas schiefläuft, auch wenn es bei den Eltern natürlich Angst und Unbehagen weckt, wenn ihre Kinder ihnen den wichtigsten Bereich ihrer Jugend vorenthalten.

Plötzliches Schweigen

Noch beunruhigender ist es für Eltern, wenn sie von einem Tag auf den anderen kaum noch Informationen erhalten. Gerade auf derart plötzliche Veränderungen solltet ihr achten, auch wenn viele davon unvermeidlich und in den meisten Fällen auch ganz natürlich sind. Ihr könnt versuchen, die Jugendlichen darauf anzusprechen, und ihnen sagen, dass ihr das Gefühl habt, immer schlechter über das Thema Schule sprechen zu können. Bereitet euch innerlich aber auf eine enttäuschende Antwort vor, denn was ihr zu hören bekommen werdet, ist nur selten richtig durchdacht.

In den meisten Familien gibt es Phasen, in denen es für die Eltern schwer ist, mit ihren Kindern über die Schule zu reden. Ursachen dafür gibt es viele, und manche sind rein zufällig. Für alle Teenager ist die Schule irgendwann einmal ein heikles Thema, über das sie nicht reden wollen. Sie ziehen sich zurück und geben die Antworten, die ihnen am sichersten erscheinen. Gleichzeitig kann es ihnen aber helfen, wenn die Eltern weiterfragen und ihnen so ein Gefühl von Kontinuität und Sicherheit geben. Die Jugendlichen sind in der Beziehung zu ihren Eltern von diesen Gefühlen abhängig, können aber selber noch keine Verantwortung dafür übernehmen.

> **„** *Nichts gibt mehr Sicherheit als etwas dumme, nervige Eltern.*

Versucht es zu ertragen, wenn die Teens sich zurückziehen, die Augen verdrehen, schimpfen oder sich die Ohren zuhalten, wenn ihr sie fragt, wie ihr Tag in der Schule war. Sollen die jungen Menschen ihren Weg finden, müssen sie wissen, dass ihr noch da seid, wenn sie zurückkommen.

Eltern von Jugendlichen zu sein ist eine Geduldsprobe. Wenn verzweifelte Eltern zu mir kommen und mich fragen, wie sie denn verfolgen sollen, wie es in der Schule läuft, ohne die Beziehung komplett zu zerstören, sage ich oft, dass die Zusammenarbeit und das Miteinander, wenn auch widerwillig, weitergehen. Dies gilt in besonderem Maße auch für Auseinandersetzungen über Hausaufgaben und Prüfungsvorbereitungen, wobei ihr wirklich nur dann helfen solltet, wenn euer Kind euch explizit darum bittet.

Auf einen Blick

- Stellt Fragen zu Leistungen UND sozialen Kontakten.
- Seid nervig und interessiert, aber nicht cool.
- Ertragt Abweisung.

★ Tipps zum Gesprächsthema

Da bei den Gesprächen über das Thema Schule immer der Anfang das Schwierigste ist, solltet ihr euch lieber täglich mit den Jugendlichen darüber austauschen, als nach einer längeren Pause wieder neu anzufangen. Euer Ziel sollte sein, kontinuierlich an dem Thema dranzubleiben.

Erst so gelangt ihr in die Position, konkrete Fragen stellen zu können, auf die ihr in den folgenden Tagen zurückkommen könnt, und so die ablehnende Haltung der Jugendlichen aufzubrechen. Dafür braucht ihr allerdings ein paar Vorkenntnisse. Ihr solltet die Namen von Freunden, Freundinnen und Lehrkräften der Teenager kennen und wissen, wann welche Prüfungen anstehen. Erst dann könnt ihr wirklich konkrete Fragen stellen, die eure Sprösslinge nicht mit generellen Phrasen abtun können.

❗ Das Ziel lautet, von generellen Fragen (z. B.: Wie ist es heute in der Schule gelaufen? Oder: Wie waren eigentlich deine letzten Prüfungen?) zu konkreten Fragen zu kommen, wie beispielsweise diesen:

» *Wie läuft es mit (Namen der betreffenden Person)? Habt ihr noch mal miteinander gesprochen?*
» *Ist (Name der Lehrkraft) noch immer so streng mit den Hausaufgaben?*
» *Glaubst du, dass (Name der Lehrkraft) die Arbeit streng bewerten wird?*

Es gibt viele Möglichkeiten, die anfängliche Ablehnung zu durchbrechen. Welche ihr wählt, ist abhängig davon, was für Menschen ihr seid und wie das Verhältnis zu den Jugendlichen ist. Für einige ist es sicher in Ordnung, bei diesen Fragen ein bisschen cooler und freundschaftlicher als sonst zu sein, während andere am besten in ihrer Rolle als strenger Elternteil funktionieren.

Das Wichtigste ist, dass ihr in der Kommunikation verlässlich und ehrlich bleibt. Damit die Jugendlichen euch Einsicht in ihre private Schulwelt gewähren, müssen sie sich sicher sein, dass immer dieselbe Person anklopft – und zwar aus Liebe. Sie müssen verstehen, dass Forderungen und nervige Fragen kein Zeichen von Misstrauen sind, sondern von eurer Liebe zu ihnen. Macht es ihnen mit den folgenden Worten klar:

» *Ich nerve dich nicht, weil ich dir nicht vertraue. Sondern nur, weil ich dich gern habe.*
» *Ich weiß, dass du meine Fragen sicher total nervig findest, ich hoffe aber, dass du weißt, dass ich das aus Liebe frage.*

Für viele Jugendliche ist es wichtig, dass ihr in den Gesprächen über das Thema Schule ganz konkret Liebe vermittelt. Unzählige Schüler haben mir erzählt, dass ihre Eltern sich mehr für ihre Noten interessieren als dafür, wie es ihnen geht. Sicher liegt das auch daran, dass einige Schüler die Elternfragen ganz automatisch in diese Richtung deuten, obwohl sie gar nicht so gedacht waren.

Deshalb solltet ihr Fragen vermeiden, die in diese Richtung gedeutet werden können und euch stattdessen anfangs auf weiter gefasste Fragen konzentrieren. Beispielsweise solche:

- ❗ War es schön heute in der Schule? Oder konkreter:
- ❗ Ist heute mal irgendwas Nettes in der Schule passiert? Hast du Spaß gehabt?

Es ist gut möglich, dass ihr auf diese Frage ein resigniertes Nein zur Antwort bekommt, aber eine solche Frage kann mit Sicherheit nicht als Frage nach der Schulleistung gedeutet werden.

Um das Gespräch über die Schule in Gang zu bekommen, hilft es manchmal auch, von seiner eigenen Schulzeit zu erzählen. Die Jugendlichen geben mir oft zu verstehen, dass ihre Eltern nur wenig aus ihrer eigenen Jugend erzählen, und die wenigsten wissen, wie es ihren Eltern in der Schule ergangen ist und wo diese Schwierigkeiten hatten. Auch wenn man durch solche Geschichten automatisch alt wirkt, hilft es überraschend gut, wenn man erzählt, wie man sich selbst als Teenager in der Schule gefühlt hat, beispielweise so:

> » Ich höre mich jetzt sicher alt an, aber als ich in deinem Alter war, hat es mir davor gegraut, in die Schule zu gehen. Besonders schrecklich war für mich Mathe. Ich hatte eine Wahnsinnsangst vor meinem Mathelehrer. Er hat mich immer Sachen gefragt, die ich nicht beantworten konnte.
> » Ich weiß noch, wie es mir davor gegraut hat, an der weiterführenden Schule anzufangen. Es war ein schreckliches Gefühl, plötzlich wieder zu den Jüngsten zu gehören. Außerdem waren da so viele neue Leute aus ganz verschiedenen Schulen. Die Pausen habe ich am meisten gehasst.

» *Und dann war das schrecklich aufgeteilt in die unterschiedlichen Cliquen und Freundeskreise. Alles drehte sich darum, in der richtigen Clique zu sein, und wenn man zu keiner Gruppe gehörte, war es beinahe unmöglich, irgendwelche neuen Leute kennenzulernen.*

Geschichten aus eurer eigenen Schulzeit zu teilen macht euch selbst zu den Menschen, von denen Jugendlichen glauben, dass diese sie verstehen können. Ihr könnt damit das quälende Schweigen brechen, das die Jugendlichen mitunter ganz gezielt einsetzen, um ein Gespräch zu beenden. Statt zu denken, dass die Schlacht verloren ist, solltet ihr lieber aus eurer Schulzeit berichten. So ermutigt ihr die Jugendlichen, selbst zu erzählen. Haltet das Gespräch so lange am Laufen, bis die Teens sich wieder einklinken. So gesehen ist ein Glück, dass die Geduld, mit der Jugendliche ihren Eltern zuhören, begrenzt ist. Irgendwann werden sie den Drang verspüren, euch zu korrigieren oder zu unterbrechen. Sollte das nicht so sein, könnt ihr sie fragen, ob sie sich in irgendetwas von dem, was ihr erzählt habt, wiedererkennen:

» *Gibt es eigentlich noch immer so viele unterschiedliche Cliquen und Gruppen? Sind die Leute bei euch auf der Schule auch in erster Linie mit denen zusammen, die sie von früher kennen?*
» *Hast du eigentlich auch Fächer, vor denen es dir graut? Oder Lehrkräfte, deren Anblick du einfach nicht erträgst?*

Als Eltern müsst ihr allerdings aufpassen, wie ihr bestimmte Fächer und Lehrkräfte bezeichnet, da ihr durch eure Beschreibungen und eure Wortwahl den Standard dafür setzt, wie die Jugendlichen selbst darüber sprechen. Viele Teens lernen zu Hause, dass bestimmte Fächer total kompliziert oder unmöglich und bestimmte Lehrkräfte einfach schrecklich sind. Solche Aussagen prägen die Einstellung der Jugendlichen zu diesen Fächern und den Lehrenden.

So nehmen viele Teenager schon von zu Hause aus mit, dass Mathe ein superkompliziertes, unverständliches Fach ist. Meist durch Aussagen wie:

❗ *Niemand in der Familie kann Mathe. Wir haben einfach kein „Hirn für Zahlen".*

Aus solchen Äußerungen ziehen die Jugendlichen den Schluss, dass sie es gar nicht erst probieren müssen. Man spricht dann von erlernter Hilflosigkeit. Statt zu kommunizieren, dass bestimmte Fächer zu kompliziert oder bestimmte Lehrkräfte unmöglich sind, solltet ihr sagen, dass die Fächer mehr verlangen oder die Lehrenden höhere Ansprüche stellen. Ihr solltet signalisieren, dass sich die Arbeit lohnt, auch wenn das Fach kompliziert und die Lehrkraft anspruchsvoll ist. So zum Beispiel:

» *Ich verstehe ja, dass dir Mathe nicht so leicht fällt. Das war für mich auch so. Ich weiß noch, dass ich für kein anderes Fach so hart arbeiten musste.*
» *Mathe ist ein Fach, das wirklich viel von uns verlangt. In keinem Fach ist es so wichtig, systematisch zu arbeiten.*
» *Ich verstehe ja, dass du frustriert über diese Lehrerin bist. Sie scheint wirklich sehr viel von euch zu verlangen und hohe Ansprüche zu stellen. Für die müsst ihr viel lernen.*

Über das Thema Schule kommt man im Gespräch häufig auch auf die Zukunft zu sprechen, was oftmals genauso beängstigend ist.

Viele Jugendlichen setzen sich selbst unter Druck, um herauszufinden, was sie nach Ende der Schule machen sollen. Sie haben das Gefühl, kaum Zeit für diese Entscheidung zu haben und mit dieser Entscheidung aber bereits festzulegen, was sie für den Rest ihres Lebens tun wollen. Das stresst viele so sehr, dass sie das Thema nicht konstruktiv angehen.

Die Tragweite der Entscheidung überwältigt sie einfach. Auch wenn die Jugendlichen Vorlieben haben, nehmen sie die guten Gefühle, die sie dabei empfinden, nicht richtig wahr. Der Stress führt dazu, dass sich jede Entscheidung irgendwie falsch anfühlt. Deshalb ist es wichtig, dass ihr kommuniziert, dass die Jugendlichen reichlich Zeit haben, eine solche Entscheidung zu treffen und sich später auch noch anders entscheiden können:

» *Es ist wirklich nicht so, dass du heute entscheidest, was du für den Rest deines Lebens tun musst. Das kann in deinem Alter doch niemand wissen. Wie willst du heute schon wissen, was in zehn oder zwanzig Jahren zu dir passt?*

» *Bei den Prüfungen und dem Stress, den du gerade hast, kann ich mir nicht vorstellen, wie du jetzt auch noch die Kraft aufbringst, Entscheidungen für dein späteres Leben zu treffen. Ich kann mir keinen schlechteren Zeitpunkt dafür vorstellen.*

» *Auch wenn es dir so vorkommt, als hätten alle um dich herum längst einen Plan, garantiere ich dir, dass viele deiner Freunde in ein paar Jahren etwas vollkommen anderes machen werden.*

» *Du hast so viele Möglichkeiten, dich noch anders zu entscheiden. Manchmal geht es einfach darum, bestimmte Dinge auszuprobieren. Vielleicht findest du dabei heraus, dass du eigentlich etwas ganz anderes machen willst.*

» *Es ist überhaupt kein Problem, erst die falsche Wahl zu treffen, wenn die dann dazu führt, dass du schließlich die richtige triffst. Entscheidend ist nur, dass du am Schluss auf deinem Weg bist. Die einzige Belohnung, die du kriegst, wenn du dich jetzt gleich entscheidest, ist ein Jahr mehr im Arbeitsleben. Und ob du jetzt 48 oder 49 Jahre arbeitest, spielt eigentlich keine Rolle.*

» *Aber wenn du dich durch die Arbeitstage quälst und dich immer nur nach dem Wochenende sehnst, sind 49 Jahre verdammt lang.*

195

» *Es gibt keine Eile, erwachsen zu werden. Die meisten Erwachsenen denken im Nachhinein, dass sie sich ruhig ein paar Jahre Zeit hätten lassen sollen. Das Leben ist lang, aber um das zu verstehen, musst du vielleicht noch ein bisschen älter werden.*

Notizen

Stress, Leistungsdruck und Prüfungsangst

Wie im vorigen Kapitel beschrieben, werden Teenager in der Schule in allem beurteilt, was ihnen wichtig ist, sowohl in schulischer als auch in sozialer Hinsicht. Im Schulalltag werden sie täglich bewertet - schriftlich, mündlich oder *nonverbal*[28]. Es mutet paradox an, dass Menschen ausgerechnet in dem Lebensabschnitt, in dem sie am wenigsten selbstsicher sind, am häufigsten von außen bewertet werden. Manche Jugendliche erleben die Teenagerzeit als eine viele Jahre andauernde Prüfungszeit, in der ununterbrochen Urteile über sie gefällt werden. Und nach den sechs Jahren wird ihr Erfolg öffentlich festgelegt, nicht nur im Abschlusszeugnis, sondern - viel schlimmer - auch auf sozialer Ebene. Man steht entweder als klug oder dumm da, und alle können es sehen. Für manche führt dies zu einem Verlust des Selbstbewusstseins, mit dem sie ihr Leben lang kämpfen. Andere gewinnen ihr Selbstbewusstsein nach einigen Semestern an der Universität, während eines Orientierungsjahres oder in der Ausbildung zurück. Dort holen sie die verlorene Jugendzeit in Gesellschaft Gleichgesinnter nach. Für manche beginnt die wahre Teenagerzeit erst, nachdem sie nominell längst vorüber ist.

Natürlich ist das fragile Selbstbewusstsein von Teenagern kein neues Phänomen. Neu ist allerdings, dass immer mehr und immer jüngere Jugendliche den ständigen Druck nicht mehr aushalten. Die „erschöpften guten Schülerinnen" gehören heutzutage allen Geschlechtern an und werden immer jünger.

Angst vor der Bewertung

Leistungsdruck und Prüfungsangst sind in Wirklichkeit *Bewertungsangst*[29], denn die Betroffenen fürchten die Bewertung mehr als die zu erbringende Leistung. Das Phänomen der Prüfungsangst war früher hauptsächlich unter Studierenden verbreitet, heute betrifft es bereits jüngere Schüler und Schülerinnen. Schon vor der ersten benoteten Prüfung entwickeln sie Prüfungsangst.

Wenn ich mit gestressten Teenagern rede, ganz gleich, ob in Klassen, Gruppen oder in Einzelsitzungen, erkläre ich meist zu Anfang, dass Stress und Angst unterschiedliche Stadien des emotionalen Empfindens und des Unbehagens sind, denen sie mit verschiedenen Maßnahmen entgegentreten können. Stressbewältigung besteht hauptsächlich in der Strukturierung des Alltags und einer realistischen Anpassung der Erwartungen an sich selbst. Oft kommt Stress einfach nur daher, dass man wirklich zu viel zu tun hat oder unrealistische Ansprüche an die eigene Leistungsfähigkeit stellt. Der Stress ist real, folglich sollte ist es klüger, auf ihn zu reagieren, als ihn beherrschen oder unterdrücken zu wollen.

Führt man diesen Gedanken weiter, muss man sich unweigerlich mit den Erwartungen an sich selbst auseinandersetzen, die maßgeblich zu dem Stress beitragen. Was versucht man, sich zu beweisen? Lässt es sich überhaupt beweisen? Stimmen die Ansprüche an sich selbst mit realen Erfahrungen überein? Für viele Jugendliche bedeutet dies eine kritische Hinterfragung der Überzeugung, sie seien nicht gut genug.

Die Angst vor der Angst bekämpfen

Will man jedoch die Angst bekämpfen, reicht es meist nicht aus, nur positiv zu denken. Man muss sich der Angst stellen, sich exponieren, zum einen, um besser mit Angstsituationen zurechtzukommen, zum anderen, um konkret zu erfahren, dass man sie durchsteht.

In ernsthaften Fällen von Prüfungsangst geht es laut klinischen Studien vor allem darum, die Angst vor der Angst und vor den Konsequenzen der Angst zu bekämpfen. Die Betroffenen fürchten, dass die Angst ihre Leistung schwächen oder gar verhindern wird. In diesem Fall ist es am besten, sich physisch durch die Angst zu kämpfen, um hinterher sagen zu können, dass man sie ertragen hat. Hier zählt die neue Erfahrung, dass man die Angstsituation überstehen kann.

Das Schlimmste, was man tun kann, ist aufzugeben, wenn die Angst am stärksten ist. Trotzdem tun dies die meisten von uns, und bestätigen damit sowohl die Furcht vor dem eigentlichen Angsterlebnis als auch die Befürchtung, dass wir die Angst oder unseren Körper nicht bezwingen können. Dann jedoch ist der Körper in der Gewalt der Angst.

Stressbewältigung und Angstüberwindung finden auf drei verschiedenen Ebenen statt. Auf der ersten strukturiert man den Alltag und hinterfragt die Selbstansprüche. Auf der zweiten setzt man sich mit den Ursachen für die überzogenen Selbstansprüche auseinander. Die Angst, den Erwartungen nicht zu entsprechen, wird von Gedanken über sich selbst und andere genährt. Erst wenn man diese Gedanken kennt, lässt sich überprüfen, ob sie der Realität entsprechen. Auf der dritten Ebene lernt man, die Angst zu bezwingen, indem man ihr direkt entgegentritt.

Vorbild sein

Die Eltern spielen auf allen drei Ebenen eine wichtige Rolle, sie können die Jugendlichen gleichzeitig unterstützen und herausfordern. Sie müssen nur wissen, was sie *wann* tun sollen, und natürlich auch *wie*. Dafür gilt es zunächst, das Stresslevel der Teenager zu erkennen, den Alltag zu strukturieren und die Selbstansprüche der Jugendlichen zu hinterfragen.

Die wichtigste Rolle der Eltern in diesem Prozess ist die des Vorbildes. Kinder wollen wie ihre Eltern sein, auch wenn viele Jugendlichen dies abstreiten.

> 99 *Was ihr euren Kindern vorlebt, ist mindestens so lehrreich wie eure Worte.*

Worte können sogar das Gegenteil bewirken, wenn sie nicht mit dem übereinstimmen, was die Teens sehen. Bringt euren Kindern bei, Prioritäten zu setzen und die Grenzen der eigenen Existenz zu erkennen. Kann man wirklich alles erreichen, wenn man nur hart genug arbeitet? Kann jeder werden, was er will? Steht und fällt dies wirklich nur mit uns selbst und unserem Einsatz? Selbst die besten Absichten können jungen Menschen eine schwere Last aufbürden, wenn wir vermitteln, dass ein Mensch alles erreichen kann und es nur auf einen selbst ankommt. Wie sollen Kinder und Jugendliche lernen, was gut genug ist, wenn die Antwort immer lautet, dass es noch besser geht?

Um Stress bei Kindern und Jugendlichen zu vermeiden, dürfen wir nie vergessen, dass wir Vorbilder in Wort und Tat sind. Es gibt ein *gut genug*, auch für uns selbst. Wir dürfen nicht jeden unserer Schritte als Fortschritt definieren. Das Leben ist keine Treppe, und unsere Liebe hängt nicht davon ab, dass unsere Kinder immer weiter nach oben steigen. Dies bedeutet unter Umständen auch, dass Eltern die eigenen Ansprüche und Prioritäten herunterschrauben sollten, denn das Problem besteht keineswegs nur bei Jugendlichen. Fleißige Kinder haben meist fleißige Eltern.

Gemeinsam herausfinden, was gut genug ist

Somit hat man in der Familie ein Gesprächsthema, bei dem sich alle wiedererkennen, und das man gut zu einem gemeinsamen Projekt machen kann:

> » *Wir wollen gemeinsam herausfinden, was gut genug ist, und dann üben wir, Prioritäten zu setzen.*

Ein solches Projekt birgt die einmalige Gelegenheit, einander zu verstehen, und kann dazu beitragen, dass sowohl die Eltern als auch die Jugendlichen nicht mehr allein mit der Angst sind. Am Anfang mag es euch unheimlich vorkommen, dass die Teens euch als Menschen begreifen und nicht nur die Eltern in euch sehen, doch auf lange Sicht gehört dies zur Entwicklung eines reifen Verhältnisses zwischen euch und euren Kindern.

„ *Irgendwann werden alle Eltern für ihre Kinder zu Menschen.*

Eine weitere wichtige Aufgabe der Eltern besteht in vorbeugender Aufklärung. Erklärt euren Kindern, dass es gefährlich sein kann, zu hohe Ansprüche an sich selbst zu stellen, und erzählt aus eurem Leben: Findet Beispiele, die den Zusammenhang zwischen Stress und Leistung sowie Stress und Angst beleuchten. So trifft es nicht unbedingt zu, dass man besser wird, wenn man mehr lernt und sich stresst. Stress wird über kurz oder lang die Leistung mindern, und Dauerstress kann sich in Form von Angst in unserem Körper festsetzen.

Diese Rolle ist anspruchsvoll und stößt bei Jugendlichen oft auf Widerstand. Manchmal sind die Eltern die Letzten, auf die Teenager hören wollen, insbesondere wenn sie einen Ratschlag als Kritik oder verkappten Befehl missverstehen. Dann kann der Einsatz der Eltern sogar das Gegenteil bewirken, und die Jugendlichen fühlen sich unverstanden.

„ *Timing und Einfühlung sind entscheidend.*

Ihr müsst nicht nur glaubwürdig sein, sondern auch Zeitpunkte nutzen, zu denen die Teenager für eure Ratschläge offen sind. Wenn die Probleme schon da sind, ist dies meist nicht der Fall.

Eltern sind wichtige Gesprächspartner bei diesem Thema, weil sie Jugendlichen die emotionalen Erfahrungen vermitteln, die es in dieser Situation braucht. Viele Teens meinen, sie würden nur geliebt, wenn sie erfolgreich sind, was die Angst vor dem Versagen unendlich steigert. Sie glauben, sie müssten gut sein, damit andere sie lieben.

Bedingungslose Liebe zeigen

Dieser Fehlschluss kann nur durch die emotionale Versicherung korrigiert werden, von den Eltern in jedem Fall geliebt zu werden, ganz gleich, was passiert. Können sich die Jugendlichen der bedingungslosen Liebe der Eltern sicher sein, ganz gleich, wie sehr sie sich blamieren, werden sie Prüfungen mutiger angehen. Es reicht jedoch nicht, ihnen dies nur zu sagen, sie müssen es auch so empfinden. Unsere Liebe kommt den Teenagern meist weniger selbstverständlich und bedingungslos vor, als sie ist.

Erwachsene sind oft entsetzt darüber, wie schlecht die Jugendlichen über sich selbst denken, und Entsetzen und Angst liegen dicht beieinander. Sogar für einen Psychologen ist es manchmal bitter zu hören, wie Teenager sich selbst abwerten. Doch Worte oder Gedanken an sich sind nicht gefährlich. Gefährlich werden sie erst, wenn sie zu Taten führen. Der Weg zwischen Gedanke und Tat wird jedoch keineswegs kürzer, wenn man den Gedanken ausspricht.

Im Gegenteil, er kann sogar länger werden, solange die Jugendlichen spüren, dass Erwachsene sie tolerieren, keine Panik bekommen und nicht versuchen, sie zu irgendetwas zu überreden. Erst dann können sie ihre Sorgen loswerden und wirklich spüren, dass sie nicht allein damit sind. Es kann sogar dazu führen, dass sie weniger Angst vor ihren Gedanken haben, weil sie sehen, dass wir uns nicht davor fürchten. Dies wiederum kann die Häufigkeit solcher Gedanken reduzieren. Wenn wir Angst haben, denken wir meist an etwas, vor dem wir uns fürchten - selbst, wenn wir versuchen, gerade nicht daran zu denken.

**" *Damit Teenager sich weniger vor ihren Gedanken, Gefühlen und Worten fürchten, dürfen Erwachsene selbst nicht zu viel Angst zeigen.* **

Wir müssen vermitteln, dass wir alles ertragen, was sie mit uns teilen wollen. Dies ist leichter gesagt als getan. Wenn Jugendliche euch erzählen, dass es ihnen schlecht geht oder sie Angst um ihr Leben haben, werdet ihr automatisch ebenfalls Angst bekommen. Doch ihr müsst ihnen klarmachen, wie sehr ihr es schätzt, in ihre Gedankenwelt eingeweiht zu werden, ganz gleich, wie schmerzhaft dies auch sein mag. Viele Jugendliche fürchten sich davor, schwierige Gedanken und Gefühle mit ihren Eltern zu teilen, weil sie glauben, dann selbst als Belastung empfunden zu werden.

Wenn euer Kind so denkt, müsst ihr dies unbedingt zurechtrücken:

> » *Wir tolerieren und lieben dich auch, wenn es nicht gut läuft.*

Bemerken wir bei unserem Gegenüber ein schlechtes und irrationales Selbstbild, reagieren wir üblicherweise mit einer Gegenmeinung. Das ist menschlich. Wir versuchen dann, den Gegenbeweis anzutreten und den Teenager zu überzeugen, dass sein Selbstbild nicht der Wirklichkeit entspricht, und drücken uns beispielsweise so aus:

> » *Du lernst doch so viel und brauchst keine Angst vor Klassenarbeiten zu haben. Du kannst bestimmt alles! Außerdem liebe ich dich, egal wie es in der Schule läuft. Mach dir keine Sorgen, du hast immer gute Noten, bist klug und arbeitest gewissenhaft.*
> » *Dick? Du bist doch dünn wie ein Strich. Wenn du dick bist, bin ich fett.*
> » *Wie willst du denn einsam sein, du bist doch dauernd mit deinen Freunden draußen? Dein Telefon klingelt die ganze Zeit.*

Eure eigene Angst oder euer Stress verstärkt euer Gefühl, ihr müsstet die Jugendlichen so schnell wie möglich umstimmen. Viele Eltern denken vielleicht:

> » *Das kann nicht mehr warten. Mein Kind soll nicht so schlimm über sich selbst denken.*
> » *Mein Gott, das Kind soll nicht glauben, dass meine Liebe von guten Noten abhängt oder dass ich es als Belastung empfinde, wenn es sich mir anvertraut.*

» *Wie kann er oder sie so schlecht über sich selbst und uns denken? Was habe ich falsch gemacht? Ich bin die schlechteste Mutter / der schlechteste Vater der Welt.*

Ein negatives Selbstbild kann anstecken und vereitelt gute Gespräche. Es hilft nicht, Teenagern nur mit Worten zu begegnen. Würde einfache Überredung gegen ein negatives Selbstbild helfen, wäre ich arbeitslos.

Verständnis zeigen

Um jemanden zu überzeugen, müsst ihr zuerst zeigen, dass ihr ihn oder sie versteht, auch wenn der Grund für die negativen Gedanken euch unverständlich erscheint. Ihr müsst bereit sein, in die Empfindung der Jugendlichen einzutauchen, und dürft diese nicht zu früh infrage stellen. Dass ihr anerkennt, wie sie das Problem erleben, bedeutet nicht, dass ihr zustimmt. Im Gespräch mit Teenagern fasse ich die Aussagen, die sie machen, zunächst zusammen. Ich versuche, mich einzufühlen und korrigiere gegebenenfalls meine Auffassung ihres Empfindens. Kurz: Ich versichere mich, dass ich sie verstehe. In meiner Zusammenfassung betone ich, dass dies die Empfindung des Teenagers ist, und keine objektive Beschreibung:

» *Okay, lass mich kurz zusammenfassen. Nur um sicherzugehen, dass ich dich richtig verstehe. Du findest also, dass ...*

Indem ich betone, dass ich mit persönlichen Empfindungen arbeite, schaffe ich die Grundlage, um allmählich den Empfindungen anderer Raum zu geben. Die Teenager haben ihr Empfinden und ich habe meines, und beide müssen nicht zwangsläufig übereinstimmen:

» *Okay, wenn ich das richtig verstehe, fühlst du dich ... Aber du musst sagen, wenn du dich darin nicht wiedererkennst. Wir sind ja zwei verschiedene Menschen, die die Dinge unterschiedlich erleben.*

Wenn die Jugendlichen hören, wie ein anderer - in diesem Fall ich - ihr Problem empfindet, entsteht nach und nach ein Raum für die Wahrnehmung anderer. Erst in solch einem Spannungsfeld können Veränderungen allmählich angestoßen werden. Überhitzte Wortgefechte bewirken das nicht. Die wenigsten von uns können schreien und gleichzeitig zuhören. Doch der sichere Raum des gegenseitigen Verständnisses besteht nicht auf Dauer. Er muss bei jedem Gespräch neu geschaffen werden.

> *Zuerst kommt die Anerkennung, dann die Infragestellung - dies ist eine goldene Regel im Gespräch mit Jugendlichen.*

Zuerst erkenne ich ihr Empfinden durch eine Zusammenfassung an, danach stelle ich ihren Standpunkt behutsam infrage, indem ich mein Empfinden schildere. Am Anfang wiederhole ich diesen Ablauf bei jedem einzelnen Punkt, doch zum Glück lässt sich der Weg von der Anerkennung zur Infragestellung mit jedem Gespräch schneller beschreiten.

Irrationale Angst anerkennen

Besonders im Fall von typischen, scheinbar irrationalen Angstgedanken ist deren Anerkennung wichtig. Solange man sie nicht anerkennt, steigern sie sich immer weiter. Ein typisches Beispiel ist die Versagensangst beim Examen. Die Betroffenen glauben, sie seien nicht ausreichend vorbereitet und könnten trotz intensiven Lernens nichts. Solche Gedanken haben ihren Ursprung in starken Emotionen und subjektiven Erfahrungen. Diese Art der Gefühlskommunikation dient dazu, andere (meist die Eltern) zu überreden, dass man die betreffende Prüfung nicht antreten muss. Diese Art der Kommunikation wird immer intensiver, bis das Angstempfinden anerkannt wird.

Angstgedanken lassen sich jedoch nicht durch Worte beschwichtigen. Erst durch ihre Anerkennung beruhigen sich die Teenager ausreichend, um Rat und Unterstützung anzunehmen. Wer angstgeplagte Teenager dazu bringen will, eine Prüfung anzutreten, muss erst deren Angst anerkennen.

Verinnerlichte Überzeugungen lassen sich nicht mit einer einfachen Kehrtwendung ablegen, sondern nur allmählich, in einem sanften, langgezogenen Bogen. Um die Ängste der Teenager besser kennenzulernen, müsst ihr zuerst ein Stück gemeinsam gehen, ehe ihr beginnt, euren Gesprächspartner behutsam in die andere Richtung zu lenken. Ruhig, nicht mit einer plötzlichen Wende. Letzteres erzeugt nur mehr Angst. Langgezogene Kurven hingegen spürt man kaum. Genau dies müsst ihr als Eltern versuchen, wenn ihr am Abend vor einer Klassenarbeit innerlich zitternd am Küchentisch sitzt und euer Kind kurz vor einer Panikattacke steht.

> *Erst zuhören, dann anerkennen und schließlich beruhigen.*

Erst dann wirken eure Worte.

Fokus verschieben

Um Prüfungsangst entgegenzutreten, solltet ihr euch auf das Ablegen der Prüfung konzentrieren, nicht auf die Leistung. Besonders bei Teenagern muss das Ergebnis zunächst zweitrangig sein. Selbst wenn die Jugendlichen zur Prüfung oder Klassenarbeit antreten und gute Leistungen bringen, solltet ihr hinterher vor allem betonen, wie wichtig es war, dass sie sich ihrer Angst gestellt und durchgehalten haben, und nicht, dass sie eine gute Note geschrieben haben.

Der Punkt ist, dass die Jugendlichen sich der Situation stellen und lernen, dass sie diese überleben, ganz gleich, ob mit gutem oder schlechtem Ergebnis. Am lehrreichsten ist es, ein schlechtes Examen auf gute Weise zu überstehen. Das Dümmste wäre aufzugeben, wenn die Angst am schlimmsten ist, und dadurch eine Bestätigung dafür zu erhalten, dass die große Furcht berechtigt war.

» *Es war so schlimm, ich dachte, ich würde sterben.*

Mit jedem Aufgeben wird die Chance geringer, dass die Teenager beim nächsten Mal zur Prüfung antreten. Sie werden der wertvollen Erfahrung beraubt, dass die Angst von selbst vergeht, ohne dass sie etwas tun.

Angst kommt in Wellen, die über uns hinwegrollen und uns das Gefühl vermitteln zu ertrinken. Der Gedanke, dass wir uns in Lebensgefahr befinden, hält die Angst am Leben. Wir fühlen uns, als könnten wir nicht mehr atmen, aber in Wirklichkeit atmen wir zu schnell. Wir hyperventilieren, aber wir merken es nicht. Damit entsteht automatisch die Furcht, in Ohnmacht zu fallen, obwohl dies bei dem hohen Blutdruck während einer beginnenden Panikattacke fast ausgeschlossen ist. Man fällt in Ohnmacht, wenn der Blutdruck sinkt, nicht umgekehrt.

All dies sollten Teenager und Eltern wissen, sonst wird die Angst schnell unheimlich. Sogar für einen Psychologen ist ein echter Angstanfall unheimlich. Er ist dramatisch und wirkt beinahe lebensgefährlich. Wenn so etwas dann das eigene Kind betrifft, hält man es kaum aus. Trotzdem müssen wir ruhig bleiben und uns daran erinnern, dass es vorübergehen wird.

" *Erwachsene können es sich nicht erlauben, genauso ängstlich zu sein wie die Teenager.*

Angst verstärkt die Angst, sie spiegelt sich in ängstlichen Augen. Wenn euer Kind Angst hat, sucht es euren Blick, mit dem ihr die Gefahr entweder bestätigt oder entkräftet. Sobald ihr Angst ausstrahlt, verstärkt ihr die Angst des Kindes. Wenn die Eltern sich fürchten, gibt es wirklich einen Grund für die Angst. Sie sind schließlich erwachsene Menschen, die nichts fürchten sollten - so denken Kinder und Jugendliche.

Signalisieren Erwachsene hingegen, dass sie keine Angst haben, kommunizieren sie gleichzeitig, dass die Situation nicht gefährlich ist. Dies muss jedoch unter gegenseitigem Verständnis geschehen, sonst riskiert man, die Symptome nur zu verstärken und die Angst noch weiter zu schüren. Am schlimmsten wäre es, wenn auch ihr euch der Angst ergebt und ihr euch gegenseitig hochschaukelt. Solche Szenen spielen sich oft in den letzten Tagen vor einer Prüfung ab, wenn die Teenager spüren, dass sie nicht um die Prüfung herumkommen und die innere Unruhe nicht mehr durch Lernen besänftigen können.

Stillschweigen und Normalität

Weil die Angst sich leicht in der Familie festsetzt und Eltern und Jugendliche sich gegenseitig anstecken, führe ich oft folgendes Experiment durch: Ich bitte die Teenager, zu Hause nichts von einer Klassenarbeit zu erzählen. Zwar kann es für sie schwierig sein, dort mit ihrer Angst allein zu bleiben, andererseits bekommen die Jugendlichen so mehr Kontrolle über die Situation. Sie entkommen dem Ausnahmezustand, der in den Tagen und Wochen vor einer Prüfung in der Familie herrscht. Damit vermeiden sie auch die schlimmsten Angstauslöser, nämlich die gut gemeinten, aber mit ängstlichem Unterton gestellten Fragen:

> » *Wie läuft es mit dem Lernen? Wie geht es dir heute? Hast du gut geschlafen? Kriegst du ein bisschen Essen herunter? Bist du gut genug vorbereitet? Soll ich dich zur Schule fahren? Wünschst du dir was Bestimmtes zum Essen?*

Solche gut gemeinte Fragen stellen viele Eltern. Doch sie signalisieren Gefahr, insbesondere wenn sie mit ängstlicher Stimme und ängstlichem Blick vorgetragen werden.

Für viele Jugendliche sind Normalität und Stabilität im Alltag besonders wichtig, um die Prüfungsangst zu mindern. Übertriebene Sorge und „Unterstützung" kann das Gegenteil bewirken. Ein Examen mag unvorhersehbar sein, der Alltag sollte es nicht sein. Jugendliche brauchen das Gefühl, dass die Welt um sie herum den gewohnten Gang geht, und dass der Tag des Examens nur ein Tag wie jeder ist. Eine Klassenarbeit soll ihr Zuhause nicht verändern, ihre Existenz steht und fällt nicht mit einer Prüfung, gewisse Dinge im Leben bleiben vorhersehbar und damit kontrollierbar.

> **99** *Die Aufgabe der Eltern besteht vor allem darin, Normalität im Alltag zu gewährleisten.*

Das ist besser, als das Leben durch vermeintliche Hilfe auf den Kopf zu stellen.

Auch deswegen solltet ihr euch mehr auf die Durchführung einer Prüfung als auf die erbrachte Leistung und das Ergebnis konzentrieren. Die Leistung hängt sehr von unkontrollierbaren Faktoren ab. So können die Teenager einfach Pech haben. Es kann immer passieren, dass die Prüfungsfragen ein Thema behandeln, für das sie weniger oder nicht gelernt haben. Dann können die schlimmsten Angstszenarien wahr werden, und wir können nichts dagegen tun.

Dennoch können die Jugendlichen lernen, mit einer solchen Situation und den Angstschüben umzugehen, die vor der Prüfung als Folge ihrer Unsicherheit auftreten. Um gegen die Angst anzukämpfen, sollte man Unsicherheit verringern und sich auf die Faktoren konzentrieren, die man selbst beeinflussen kann. Ebenso wichtig ist das Erlebnis, die Angstsituation durchzustehen.

Leistung anerkennen

Die Jugendlichen sollen erkennen, dass eine gut überstandene Prüfung mehr ist als bloßes Glück oder das Ergebnis fleißigen Lernens. Diese Erfahrung trägt wesentlich dazu bei, das Selbstwertgefühl des Teenagers zu korrigieren. Hier kommt den Eltern eine wichtige Aufgabe zu, denn den auf Perfektion getrimmten Jugendlichen fällt es schwer, die eigene

Leistung beim Durchstehen einer Prüfung zu würdigen. Eine gute Note wird schnell als „Glück" abgetan. Wir können den Jugendlichen helfen, ihre wahre Leistung zu erkennen, wenn sie dazu nicht selbst in der Lage sind. Denn oft ignorieren sie diese, um ihr negatives Selbstwertgefühl aufrechtzuerhalten.

Erstaunlicherweise absolvieren nicht wenige Teens mit einem hervorragenden Notendurchschnitt ihre Schulzeit mit einem schlechtem Selbstvertrauen. Sie sabotieren gewissermaßen ihr eigenes Erfolgserlebnis, indem sie Folgendes denken oder sagen:

> » *Ich habe das nur geschafft, weil die Lehrerin mich mag und die Frage genau das Thema behandelte, das ich gelernt hatte. Es war ja auch nur eine Eins minus.*
> » *Ja, ich habe eine gute Note, aber es fühlt sich nicht so an. Dieser eine Flüchtigkeitsfehler hat alles kaputt gemacht!*
> » *Ist gerade noch gut gegangen, weil ich so viel gelernt habe. Auf die nächste Arbeit muss ich mich aber viel intensiver vorbereiten. Was, wenn ich das nicht schaffe, wir schreiben diese Woche noch etliche Arbeiten.*
> » *Mein Gott, war das unheimlich. Ich dachte, ich würde sterben.*
> » *Wenn Mama mich nicht zur Schule gefahren und nicht den süßen Zettel in meine Frühstücksdose gelegt hätte, hätte ich das nie geschafft. Zum Glück hat der Lehrer ihn nicht für einen Spickzettel gehalten. Nicht auszudenken, was dann passiert wäre!*

Im Kampf gegen die Angst gibt es immer Situationen, in denen Menschen aufgeben müssen. Dies ist eher die Norm als die Ausnahme, was Eltern nicht vergessen dürfen. Deshalb ist man jedoch noch lange nicht gescheitert. Vielleicht hat euer Kind dieses Mal der Angst etwas länger widerstanden, vielleicht wart ihr auf dem richtigen Weg, aber das Ziel war einfach zu hochgesteckt.

Es hilft nicht zu beklagen, dass es nicht geklappt hat. Auch wenn es euch schwerfällt, die Enttäuschung zu verbergen, vergesst nicht, dass die Situation für die Jugendlichen wesentlich dramatischer ist. Jetzt brauchen sie Unterstützung. In diesem Moment solltet ihr ihnen helfen, konstruktiv und lösungsorientiert zu denken. Nichts wird besser, indem man sich in einer Niederlage vergräbt. Wertschätzt lieber den erfolgten Versuch und was die Teens bereits erreicht haben. Eine Niederlage einstecken zu können, ist eine wertvolle Erfahrung.

> *Wer fühlt, dass er Niederlagen verkraften kann, hat auch weniger Angst davor.*

Reagieren Eltern hingegen wütend, ängstlich oder verzweifelt, verstärkt dies die Angst der Jugendlichen, die Eltern zu enttäuschen oder zu belasten. Es fügt der Angstbürde eine weitere Last hinzu und erhöht das Risiko, dass sich die Situation wiederholt. Wenn ihr stattdessen die Situation entdramatisiert und Normalität bewahrt, wird die Angst vor dem Versagen kleiner und ihr signalisiert, dass ihr euer Kind trotzdem liebt.

Wenn Jugendliche Angst haben, ihre Eltern zu enttäuschen, liegt es in der Verantwortung der Eltern zu zeigen, dass ihre Liebe zu dem Kind bedingungslos ist. Dies gehört zu den wichtigsten korrektiven emotionalen Erfahrungen von Teenagern und ist somit die wirkungsvollste Intervention.

Auf einen Blick
- Seid Vorbild bei der Stressreduzierung.
- Zeigt bedingungslose Liebe.
- Erkennt die irrationale Angst an.
- Bewahrt Normalität im Alltag.

★ Stress, Leistungsdruck und Prüfungsangst als Gesprächsthema

Mit Jugendlichen über Stress zu reden, bedeutet vor allem, sie auf etwas Normales hinzuweisen. Stress sollte als natürliche und allgemeine Reaktion auf Druck und zu hohe Ansprüche erkannt werden. Es ist ein Stück psychologische Erziehung, die man am besten in der Wir-Form realisiert. So kommuniziert ihr, dass ihr als Erwachsene versteht, wie es den Jugendlichen geht. Drückt es beispielsweise so aus:

> » *Kein Wunder, dass du gestresst bist, wenn du so viel zu tun hast. Stress ist eine normale Reaktion, wenn wir zu viel zu tun oder Sorgen haben.*
> » *Wenn zu viel auf einmal geschieht, fühlen wir uns gestresst. Das geht allen so.*
> » *Stress ist die natürliche Reaktion des Körpers auf mehr Druck, als wir vertragen.*

Wenn wir körperlich gestresst sind, kommen uns auch stressige Gedanken. Unser Kopf versucht immer, den Gefühlen einen Sinn zu geben. Wenn wir gestresst sind, sucht das Gehirn nach Gründen dafür, und wir werden nur noch gestresster. Deshalb wächst der Stress so schnell an. Weil Gedanken und Gefühle einander verstärken.

> » *Es ist verdammt schwer, positiv zu denken, wenn wir gestresst sind. Man glaubt einfach nicht, dass alles gut gehen kann, wenn es sich nicht so anfühlt. Deshalb fällt es uns so schwer, rational aus dem Stress herauszukommen.*

Gestresste Jugendliche fühlen sich oft anormal. Sie glauben, dass alle anderen etwas besser können. Deshalb hilft es manchmal, ihnen klarzumachen, dass ihr Empfinden nichts Ungewöhnliches für ihr Alter ist. Damit kommuniziert ihr, dass das Problem hauptsächlich bei den Ansprüchen liegt, die an die Jugendlichen gestellt werden, und nicht bei den Teens selbst:

» *Klar bist du gestresst, wenn du so viel zu tun hast. Ich würde mir fast Sorgen machen, wenn du nicht gestresst wärst.*
» *Ich glaube, wir Erwachsene wären in eurer Situation noch viel gestresster. Ihr habt so viele Ansprüche zu erfüllen und so viele Prüfungen in der Schule. Ich glaube, das ist heute viel schlimmer als damals bei uns.*
» *Ich kann mir kaum vorstellen, wie stressig es sein muss, so viele Ansprüche zu erfüllen und dann noch so viele Arbeiten zu schreiben. Ihr habt ja gar keine Zeit zum Entspannen.*
» *Eure Generation stellt ziemlich hohe Ansprüche an sich selbst. Bei uns war das damals nicht so. Aber wir hatten auch Stress, ich weiß trotzdem, wie das ist.*
» *Ehrlich gesagt weiß ich nicht, wie ihr es aushaltet, ständig so perfekt zu sein!*

Bevorstehende Prüfungssituationen verstärken den Alltagsstress von Jugendlichen besonders. Daher ist es wichtig, im Alltag so viel Normalität wie möglich zu bewahren und möglichst keine zusätzlichen Gefahrensignale auszusenden. Diese führen nur zur Eskalation und erhöhen das Stressniveau. Ihr vermeidet eine solche Eskalation, wenn ihr das Empfinden der Teenager zusammenfasst, ohne sie zu trösten, zu überreden oder gleich Lösungen vorzuschlagen:

» *Okay. Du fühlst dich also so gestresst, dass du kaum atmen kannst.*
» *Du glaubst also, dass du überhaupt nicht vorbereitet bist und die Arbeit verhauen wirst.*

» *Du findest also, dass du nichts kannst und alles blöd ist? So
schlimm? Okay.*

Manchmal hilft auch Ablenkung. Wenn die Jugendlichen nur noch an
die nächste Klassenarbeit denken, kann ein Themenwechsel gut sein.
Die schlimmen Gedanken müssen nicht das einzige Gesprächsthema
der Familie sein. Erzählt von eurem Alltag und eurem Leben, das erhält
ein gewisses Gefühl der Normalität aufrecht:

» *Rate mal, was heute auf der Arbeit geschehen ist (oder auf dem
Weg zur Arbeit usw.)*
» *Erinnerst du dich an den Termin, von dem ich erzählt habe.
Ist ganz gut gelaufen, aber ...*
» *Ich freue mich auf das Fitnessstudio heute Nachmittag. Aber es
wird hart. Freu dich drauf, alt und steif zu werden!*
» *Gestern Abend habe ich noch einen Film geschaut ...*

Viele Jugendliche haben das Gefühl, dass die nächste bevorstehende
Bewertung immer die wichtigste ist. So geht es immer weiter, ihre Zukunft scheint davon abzuhängen. Das trifft natürlich nur äußerst selten zu,
weshalb ihr klarstellen solltet, wie wichtig oder unwichtig die betreffende
Beurteilung im Grunde ist. Erklärt den Jugendlichen, dass sie viel Zeit in
ihrem Leben haben und dass es viele Wege zum Glücklichsein gibt:

» *Ich verstehe ja, wie du dich fühlst, aber du hast noch viel Zeit im Leben, auch um die eine vielleicht missglückte Arbeit wettzumachen.*
» *Obwohl du das glaubst, es heißt bestimmt nicht: „Jetzt oder nie!"
Das Leben ist lang, glaub mir.*
» *Den einen richtigen Weg im Leben gibt es nicht. Ich kenne viele,
die glücklich sind, obwohl sie sich ihr Leben ganz anders vorge-
stellt hatten.*

> » *Es läuft nicht immer alles wie geschmiert. Manchmal müssen wir ein paar Umwege machen, und im Nachhinein freuen wir uns oft am meisten über die Umwege.*

Wenn die Teens glauben, ihre Zukunft stehe auf dem Spiel, tut eine Erinnerung an all das, was nicht auf dem Spiel steht, gut. Fast alles im Leben wird gleich bleiben, ganz gleich, wie die nächste Prüfung oder Bewertung verläuft. Wenn der Stress das Denken dominiert, vergisst man dies schnell.

Ihr könnt folgende konkrete Übung machen:

Bittet die Jugendlichen um zwei einfache Aussagen:
> » *Nenne mir drei Dinge in deinem Leben, die gleich bleiben, egal, wie die Prüfung läuft.*
> » *Nenne mir drei Menschen, die dich genauso lieben werden wie bisher, ganz gleich, wie die Prüfung läuft.*

Wenn Letzteres nicht gelingt, erinnert die Jugendlichen daran, dass sie mindestens einen Menschen kennen, der sie genauso lieben wird. In vielen Fällen ist dies das Wichtigste, was ihr sagen könnt:

> » *Ich kenne schon mal einen, der dich genauso lieben wird. Das verspreche ich!*
> » *Ich werde dich in jedem Fall lieben und bin stolz darauf, dass du es versuchst.*
> » *Und wenn es nicht so gut läuft, wie du hoffst, bin ich trotzdem stolz auf dich, weil du es versucht und die Herausforderung angenommen hast. Das ist der erste Schritt zum Gelingen.*

Wenn Jugendliche nicht zur Schule wollen

In Norwegen wie auch in vielen anderen Ländern stellt man derzeit die erschreckende Entwicklung fest, dass immer mehr Jugendliche es nicht mehr schaffen, die Schule zu besuchen, und einfach zu Hause bleiben. Die Gründe dafür sind vielfältig und häufig komplex. Bei einigen handelt es sich um kurze Phasen mit relativ hohen Fehlzeiten, andere fehlen für eine längere Zeit, sodass sie komplett den Anschluss verlieren. Besonders kritisch sind die Übergangszeiten zwischen den Schuljahren, den verschiedenen Schultypen oder die Wiedereingliederung nach Krankheiten.

Die Schule stellt einen bedeutenden Teil des Alltags der Jugendlichen dar. Dort verbringen sie ihr Leben. Dort haben sie Erfolg oder Misserfolg, sowohl fachlich wie auch sozial. Manche Jugendlichen fürchten sich jeden Tag davor, in die Schule zu gehen. Aber im Gegensatz zu den Erwachsenen haben sie keine Wahl. Sie können weder den Job wechseln noch sich krank melden. Sie sind zum Schulbesuch verpflichtet und müssen sich Tag für Tag den immer gleichen Menschen und Situationen stellen und Gefühle wie Furcht oder Ohnmacht ertragen.

Alle Jugendliche, die Schulmüdigkeit entwickeln, gehen bereits eine längere Zeit nur mit unguten Gefühlen zur Schule. *Schulverweigerung*[30] kommt selten plötzlich, sieht man von den wenigen Fällen ab, in denen dieses Verhalten die direkte Folge von konkreten Geschehnissen oder Auslösern ist. Für gewöhnlich entwickelt sie sich schrittweise, nicht selten in Folge einer längeren Krankheitsphase oder nach den Ferien, aus denen die Betreffenden nie zurückkehren. Sie ertragen die Rückkehr nicht, die Schwelle ist zu hoch geworden. Viele beschreiben das Gefühl so, als ob sie gegen eine schwarze Wand rennen oder sich durch einen tiefen Morast kämpfen.

Gründe für Schulverweigerung

Die Ursachen für Schulverweigerung entsprechen in weiten Teilen den Gründen, deretwegen viele Jugendliche generell ungern zur Schule gehen. So können die Teens das Gefühl haben, den fachlichen Ansprüchen nicht gerecht zu werden. Sie können einsam sein, gemobbt oder geschnitten werden.

Schulverweigerung kann sowohl als Symptom eines psychischen Problems als auch als eigenständiges psychisches Problem verstanden werden. Es geht dabei nicht zwingend um etwas Konkretes, das in der Schule passiert ist. Meistens türmen sich die Schwierigkeiten im Leben eines jungen Menschen einfach auf, sodass die Belastungen insgesamt zu groß werden. Die Belastung durch die Schule ertragen die Jugendlichen dann einfach nicht mehr. Da der Schulalltag von den Teenagern fordert, sowohl fachlich als auch sozial Ergebnisse abzuliefern, wird die Schule zu dem Bereich, in dem alles kulminiert und die gesamte Lebensbelastung offensichtlich wird.

Viele Jugendliche haben durchaus gute Gründe dafür, nicht zur Schule zu gehen. Doch ist es deshalb nicht weniger problematisch, den Anschluss zu verlieren, da die Schule einen wichtigen Teil des Lebens ausmacht. Verlieren die Teens den Anschluss, fühlt sich das für sie so an, als würden sie den Anschluss im ganzen Leben verlieren. Deshalb ist der Weg zurück auch so aufwendig.

>> *Man kann nicht einfach ins Leben zurückkehren, wenn das Leben bereits weitergelaufen ist.*

Jugendliche, die nicht zur Schule gehen wollen, erzählen nur selten ihre Geschichte. Nur sehr wenige der Schulverweigerer, die ich getroffen habe, haben mir eine stringente Geschichte erzählt, die ihr Unbehagen gegenüber der Schule wirklich erklären konnte. Viel eher präsentieren sie die Schule als ein vollständig verknotetes Knäuel aus Unbehagen und

Widerständen, das schon zu einem früheren Zeitpunkt hätten entwirrt werden müssen. Da sich aber niemand um ihre Probleme gekümmert hat, mussten die Jugendlichen zu lange allein mit ihren Ängsten und Schwierigkeiten klarkommen, bis sie schließlich krank wurden. Nicht immer findet sich eine direkte Ursache oder ein einziger Auslöser für Schulverweigerung, doch wenn es sie gibt, handelt es sich häufig um Mobbing oder aktives Hinausekeln.

Oft müssen wir uns mit der Erklärung begnügen, dass die Schulverweigerung schleichend entstand, als Folge unterschiedlicher Ursachen. Viel interessanter ist, dass die Ursachen nicht immer dieselben sind, die die Jugendlichen veranlassen, diese Verweigerungshaltung auch beizubehalten. Auch nachdem wir alle Knoten gelöst, die Ursachen für die Verweigerung aufgearbeitet und korrigierende Maßnahmen in Gang gesetzt haben, ist der Weg zurück in die Schule mitunter noch sehr lang.

Problemverlagerung

Die Verweigerung wird nämlich zu einem Problem an sich. Um eine Änderung des Verhaltens und die Rückführung in den normalen Schulbetrieb zu erreichen, müssen wir herausfinden, warum die Jugendlichen weiterhin die Schule verweigern. Dies ist ebenso wichtig, wie die Gründe, die zum Beginn ihrer Verweigerung geführt haben, insbesondere wenn die Schulverweigerung über lange Zeit angedauert hat. Normalerweise kann man dann davon ausgehen, dass sich die Ursachen für die anhaltende Weigerung von den ursprünglichen Gründen deutlich unterscheiden. Für viele besteht der schwierigste Punkt vor allem im Zurückkehren, denn was sollen die Jugendlichen den anderen in der Klasse sagen? Folgende Gedanken treiben sie dann um:

> » *Wie werden die reagieren, wenn ich plötzlich wieder da bin? Was werden die denken? Die müssen mich doch für komplett durchgeknallt halten.*

» *Verdammt, was für einen Idioten müssen die in mir sehen ... Der Irre hat ein halbes Jahr nur zu Hause im Bett gelegen. Was zum Henker soll ich denen sagen?*

» *Wie soll ich im Unterricht denn mitkommen? Ich hab doch vorher schon kaum was verstanden. Ich muss doch wahnsinnig viel verpasst haben. Ich hänge total hinterher und bald sind Prüfungen.*

» *Ich werde doch total versagen und das steht dann schwarz auf weiß im Zeugnis. Ich hab keine Chance. Da brauche ich es doch gar nicht erst probieren.*

» *Ich bleib doch eh sitzen. Zum Weitermachen ist es viel zu spät.*

» *Ich bin total fertig, aber das interessiert keinen. Denen ist doch vollkommen egal, ob ich wieder da bin. Wahrscheinlich haben die nicht mal gemerkt, dass ich weg war.*

Durch die Aufarbeitung der Gründe, weshalb Jugendliche nicht zurück in die Schule wollen, lernen wir ihre Gedankengänge kennen, und diese Gedankengänge führen alle zu dem Schluss, dass es für eine Rückkehr viel zu spät ist. Die ursprünglichen Gedanken und Gefühle haben zu diesem Zeitpunkt bei Weitem nicht mehr dieselbe Relevanz wie am Anfang. Trotzdem müssen wir sie aufdecken, um sie als Gründe für eine Verweigerung der Rückkehr ausschließen zu können. Wenn Teenager in der Schule *gemobbt*[31] werden, müssen wir dieses Thema angehen. Gleiches gilt für bewusstes Ausgrenzen.

Wenn ich nach den entscheidenden Faktoren einer Schulverweigerungsproblematik forsche, betrachte ich die Faktoren, die die Teens von der Schule fernhalten. Welche Faktoren motivieren die Jugendlichen, zu Hause zu bleiben, statt in die Schule zu gehen? Und welche schrecken sie ab, morgens das Haus zu verlassen? Die gleichen Fragen stellen sich in Bezug auf die Schule. Was motiviert die Jugendlichen zu einer Rückkehr in die Schule und was hält sie davon ab?

Aus der Unterscheidung zwischen Motivation und Angst und deren Ursachen resultieren schließlich unterschiedliche Maßnahmen. So hilft es zum Beispiel nicht, den Schulalltag vorhersehbarer zu machen, wenn Teenager gar nicht motiviert sind, in die Schule zu gehen. Ebenso wenig hilft es, Jugendliche zu motivieren, die so voller Angst stecken, dass sie keinen klaren Gedanken fassen können. Ähnlich ist es mit den Faktoren, die für das eigene Zuhause gelten. Für einige ist es einfach überaus angenehm, zu Hause zu bleiben, während andere zu große Angst haben, aus der Tür zu treten. Wir lösen Angst nicht durch Motivation auf, und fehlende Motivation kann nicht dadurch kompensiert werden, dass wir alles Abschreckende entfernen. Es geht bei diesen Aspekten nicht um dasselbe.

Natürlich greifen in vielen Fällen verschiedene, auch widerstreitende Faktoren ineinander. Es kann einerseits zu beängstigend sein, in die Schule zurückzukehren, andererseits kann der Aufenthalt zu Hause aber auch zu angenehm sein.

Hilfreich ist dann möglicherweise, verschiedene Faktoren gleichzeitig in Angriff zu nehmen. Die Schule sollte zum Beispiel dafür sorgen, den Ablauf sicher und vorhersehbar zu machen, während wir zu Hause daran arbeiten, die Teenager zum Schulbesuch zu motivieren. Als Psychologe kann ich mit den Jugendlichen an der zugrunde liegenden Angst arbeiten. Die Zusammenarbeit von verschiedenen Instanzen - mit ihren klar definierten Arbeitsbereichen - ist oftmals die eigentliche Voraussetzung für eine erfolgreiche Rückführung der Jugendlichen in einen normalen Schulalltag.

Häusliche Motivationsfaktoren

Auch wenn die Schulverweigerung von einem oder mehreren Geschehnissen in der Schule ausgelöst wurde, können häusliche Faktoren sie aufrechterhalten. Es kann viele Gründe dafür geben, dass Jugendliche für eine kürzere Zeit lieber zu Hause bleiben, den wenigsten wird das jedoch auf längere Sicht behagen - außer das Zuhausebleiben bietet mehr als nur eine Unterbrechung des Unbehagens, das mit dem Schulbesuch verknüpft ist. Für jugendliche Schulverweigernde kann der Alltag zu Hause aufgrund der Angstreduktion einen Sinn haben oder befriedigend sein. Jugendliche gehen in ihren Hobbys völlig auf - zum Beispiel am PC - oder sie starten Projekte, die ihnen sinnvoller erscheinen als die Schule. Gerade bei Teens, die in der Schule keinen Nutzen mehr sehen und dort auch keine Bestätigung finden, ist ein sinnerfüllteres Leben zu Hause sehr viel reizvoller. Außerdem befriedigen viele ihre sozialen Bedürfnisse durch die Kontakte im Internet, sowie über ihr Handy oder die sozialen Medien, sodass sie sich dem Unbehagen und der sozial unübersichtlichen Situation in der Schule gar nicht mehr stellen müssen. Gleichzeitig dürfen wir nicht vergessen, dass der Schulalltag nicht von allen als sozial erlebt wird. Einige Teenager sind tatsächlich allein, während andere sich allein fühlen, weil sie nicht mehr sie selbst sein können.

Ein anderer Motivationsfaktor, zu Hause zu bleiben, kann darin liegen, dass es dort vielleicht spaßiger und angenehmer ist. Besonders wenn auch andere tagsüber zu Hause sind. Durch die Reaktionen und die Sorgen, die die Jugendlichen wecken, erleben sie so unter Umständen mehr Nähe und Fürsorge als früher. Des Weiteren ist es möglich, dass sie zu Hause eine ganz bestimmte Rolle erfüllen, weil Eltern oder Geschwister eventuell ihre Unterstützung und Gesellschaft brauchen. Dies kann dazu führen, dass die Teenager es als Risiko auffassen, morgens das Haus zu verlassen, weil sie dann das Gefühl haben, weniger Fürsorge zu bekommen oder ihre eigene, sinnreiche Rolle verlieren zu können:

» *Aber was wird aus Mama, wenn ich nicht mehr zu Hause bin?*
» *Wer soll denn dann auf meine Geschwister aufpassen?*

Ein solches Verhalten sowohl von Kindern als auch von Jugendlichen kann das Symptom einer Störung sein, die tief in der Familienstruktur verborgen ist. So kann es beängstigend sein, die eigene Abhängigkeit von einer Bezugsperson oder auch die Abhängigkeit eines anderen Familienmitglieds von einem selbst zu beenden.

> » *Wie soll es denn mit Mama oder Papa weitergehen, wenn er oder sie nicht mehr von mir abhängig sein kann oder nicht mehr durch meine Abhängigkeit gestützt wird?*

Die Antwort auf diese Frage hält oftmals die unglückliche Familiensituationen aufrecht, in denen Kinder oder Jugendliche sich verpflichtet fühlen, zu Hause zu bleiben.

Sinnlose Schule

Einigen Jugendlichen hingegen erscheint die Schule selbst als eine sinnlose Einrichtung, die weder soziale noch fachliche Erfolgserlebnisse zu bieten hat:

> » *Warum soll ich in die Schule gehen, wenn doch niemand merkt, ob ich da bin oder nicht, und ich ohnehin nicht die Leistungen bringen kann, die ich für meinen Abschluss brauche? Warum soll ich mich Tag für Tag dem Unbehagen und der Niederlage aussetzen, wenn es doch schon zu spät ist?*

Das Gefühl, dass es zu spät ist, ist bei den meisten Schulverweigerern deutlich ausgeprägt. Bei einigen mag das stimmen, bei anderen dient dieses Argument jedoch primär als Ausrede, es nicht versuchen zu müssen. Aufzugeben erzeugt weniger Angst, als sich dem Unbehagen zu stellen und dabei die Niederlage zu riskieren. Resignation ist beherrschbar. Angst hingegen ist von Natur aus unbeherrschbar.

Bei vielen Jugendlichen liegen die Gründe deshalb eher in der Angst als in der Motivation. Sie wollen in die Schule, wagen es aber nicht. Ganz gleich, wie motiviert sie sind, wenn die Angst den Körper lähmt, ist der

Wille machtlos. Besonders schwierig ist das häufig bei den Jugendlichen, die ihre Angst nicht mit Worten erklären können. Die Angst wird als vages Unbehagen empfunden, das mit der Vorgeschichte und der eigentlichen Ursache nichts mehr zu tun hat. Viel häufiger haben die Jugendlichen nun Angst, in ein Alltagsleben zurückzufinden, das ohne sie weitergegangen ist.

Wenn Teens lange gefehlt haben, ist dieses Fehlen häufig das eigentliche Problem und nicht der Grund, weshalb sie gefehlt haben. Es kann den Jugendlichen deshalb schwerer fallen zu erklären, warum sie nicht zurückgekommen sind, als die ursprünglichen Gründe für ihre Schulverweigerung zu nennen. Der Grund für das Nichtzurückkommen ist für sie irrational, und die Angst vor der Rückkehr verstärkt sich dadurch, dass sie nicht vorhersehen können, was in der Schule geschehen wird. Sie verstehen an diesem Punkt ihre Gefühle nicht mehr.

Gefühle verstehen

Um die Teenager erfolgreich in die Schule zurückzuführen, muss genau an diesem Punkt angesetzt werden. Die Entwicklung der Jugendlichen muss dadurch gestützt werden, dass sie verstehen, wie es zu der Schulverweigerung kam und warum sie diese so lange aufrechterhalten haben.

> » *Welche Gedanken und Gefühle sind es, die dich abhalten, in die Schule zu gehen?*
> » *Sind es dieselben Gedanken, die die Schulverweigerung ausgelöst haben?*

Diese Fragen müssen beantwortet werden, um das diffuse Unbehagen so klar zu definieren, dass die Jugendlichen das Problem in Angriff nehmen können.

Die Maßnahmen, die dann zur Rückkehr in die Schule führen sollen, müssen sich auf die aufrechterhaltenden Faktoren und nicht auf die ursprünglichen Auslöser der Schulverweigerung richten. Gleichzeitig profitieren viele Jugendliche aber auch davon, dass die ursprünglichen Gründe und Erlebnisse thematisiert werden, damit diese einen Sinn bekommen und die Teens sie verarbeiten können. Mitunter führt dies auch dazu, dass die Jugendlichen eine empathischere Haltung zu sich selbst und ihrer eigenen Lebensgeschichte bekommen. Denn sie erkennen, dass es einen Grund dafür gibt, weshalb die Dinge sich in der Vergangenheit so entwickelt haben, und dass das alles nicht nur ihr Fehler ist.

Diese Haltung kann entscheidend sein, wenn die Jugendlichen später nicht automatisch in dasselbe Muster zurückfallen sollen. Sie stärkt das Selbstbewusstsein, das durch den sozialen Rückzug, der mit der Schulverweigerung einhergeht, einen Dämpfer erhalten hat.

Die meisten Jugendlichen, die zu Hause bleiben, werden von vielen negativen Gedanken gequält. Sie suchen in sich selbst nach Gründen für die Ereignisse, was dazu führen kann, dass sie viele negative Ansichten über sich selbst kultivieren und mit der Zeit verinnerlichen. Diese setzen sich im Bewusstsein fest und steigern die Angst davor, was andere über einen denken könnten.

" *Isolation von den anderen schafft ein perfektes Klima für die eigene innere Selbstdemontage.*

Wir alle brauchen andere, um unseren eigenen negativen inneren Monolog unterbrechen zu können.

Zusammenarbeit der Fachinstanzen

Für die weitere allmähliche Rückführungsarbeit in einen normalen Schulalltag ist es daher entscheidend, dass die verschiedenen fachlichen Instanzen eng miteinander zusammenarbeiten. Eine Instanz sollte die Koordination übernehmen und darauf achten, dass alle anderen innerhalb ihres Zuständigkeitsbereichs arbeiten. So entsteht ein gemeinsames Verständnis der Lebenssituation und der Schwierigkeiten der Jugendlichen und bildet die Grundlage für weitere Maßnahmen. Fälle von Schulverweigerung stellen folglich hohe Ansprüche an die Logistik und die Ressourcen. In Anbetracht der Kosten eines möglichen Schulabbruchs sollte die Gesellschaft jedoch diesen Preis in Kauf nehmen.

Ist die Verweigerungshaltung auf Ursachen im schulischen Umfeld der Jugendlichen zurückzuführen, ist die Schule verpflichtet, Maßnahmen zu ergreifen und einen Handlungsplan zu erstellen, um sicherzustellen, dass die Rechte der Schüler und Schülerinnen auf ein sicheres und gutes Lernklima gewährleistet sind. Dies gilt sowohl bei Mobbing als auch bei Ausgrenzung. Es muss aktiv daran gearbeitet werden, die Schule für die Teenager zu einem sicheren, vorhersehbaren Ort zu machen, bevor die Schulverweigernden zurückkehren. Die Schule sollte aktiv an der Ausarbeitung eines reduzierten Stundenplans mitarbeiten, der dann stufenweise angepasst wird. In den meisten Fällen müssen auch andere Instanzen eingeschaltet werden. Dies gilt sowohl für die Bearbeitung der zugrunde liegenden Probleme als auch für die Schwierigkeiten, die durch die lange Isolation und den verpassten Unterricht entstanden sind.

🙸 *Die wichtigste Aufgabe der Eltern besteht darin, die Jugendlichen zu stützen und zu motivieren.*

Außerdem fällt euch oftmals die Rolle der Antreibenden zu, die die Schule und andere Instanzen kontrollieren müssen, damit die Teens die ihnen zustehende Unterstützung auch bekommen. Dies ist besonders zu Beginn des Prozesses von Bedeutung, bis die Zusammenarbeit etabliert ist und jemand die Koordination übernommen hat. Es ist nicht ratsam, dass die Eltern selbst diese Verantwortung übernehmen. Eine professionelle Koordinationskraft sollte dafür verantwortlich sein, dass die Probleme der Jugendlichen von allen gleich verstanden werden und dass ein gemeinsamer Handlungsplan mit klar definierten Arbeitsaufgaben festgelegt wird.

Dies verlangt Kompetenz und Distanz, was mit der Elternrolle nicht vereinbar ist. Kein Elternteil sollte sein eigenes Kind behandeln.

Des Weiteren ist es wichtig, dass die Vertreter der verschiedenen Instanzen sich regelmäßig zusammensetzen, um die Wirkung der eingeleiteten Maßnahmen gemeinsam zu beurteilen. Dies ist sowohl für die Evaluation als auch für die Sicherung des gemeinsamen Verständnisses der Probleme der Jugendlichen von Bedeutung.

Gegenseitiges Vertrauen

Abschließend möchte ich noch einmal die Bedeutung einer guten und fächerübergreifenden Zusammenarbeit betonen. Schulverweigerung wird häufig von Ursachen aus unterschiedlichen Bereichen aufrechterhalten, die sich zu einem diffusem Unbehagen verwoben haben, das viel zu lange nur als somatisches Leiden betrachtet wurde. Da die Angst von diesen Ursachen aufrechterhalten wird, die quer durch alle Bereiche gehen, müssen auch die Maßnahmen auf ein breites Fundament gestellt werden. Das erfordert Zusammenarbeit. Die Schule kann die zugrunde liegende Angst nicht mindern, der Psychologe oder die Psychologin nicht für ein sicheres Lernumfeld sorgen, und weder Schule noch Therapierende können die Jugendlichen motivieren, morgens aus ihrem Bett aufzustehen.

Einer der wichtigsten Faktoren, damit diese Arbeit erfolgreich sein kann, ist das gegenseitige Vertrauen, dass alle Beteiligten ordentlich mitarbeiten. Niemand wird sich an seine definierten Arbeitsbereiche halten können, wenn man den anderen misstraut. Dies gilt insbesondere dann, wenn es um das eigene Kind geht. Eltern geraten in solchen Situationen leicht in Stress und aus diesem Stress wird dann nicht selten Wut oder Angst. Wut auf die Unveränderlichkeit der Zustände und Angst, dass die Probleme nie vorbeigehen. Und diese Gefühle übertragen sich auf die Jugendlichen. Gegenseitiges Vertrauen ist entscheidend und muss auf einem realistischen Plan für die Rückführung aufbauen. Stress ist da fehl am Platz. Stress überträgt sich nämlich nicht nur von Erwachsenen auf

Jugendliche, sondern auch auf die Familie, die Schule und das gesamte Hilfssystem.

Wir müssen uns deshalb immer wieder daran erinnern, dass die Dinge Zeit brauchen und wir langsam, aber kontinuierlich vorgehen müssen. Der Weg zurück in die Schule fühlt sich viel länger an als der Weg aus der Schule heraus. Manchmal hat man den Eindruck, in einem tiefen Tal zu leben, während die Schule ganz oben auf dem Gipfel steht. Aber auch wenn der Weg langsam und steil ist, führt er doch kontinuierlich nach oben.

Auf einen Blick

- Unterscheidet die Gründe für die Schulverweigerung von den Gründen für das Nichtzurückkehren.
- Teens müssen ihre Gefühle dafür verstehen.
- Arbeitet mit anderen Instanzen zusammen.
- Habt Geduld!

★ So redet ihr über Schulverweigerung

Wenn ihr als Eltern mit dem Thema Schulverweigerung konfrontiert seid, besteht eure Hauptaufgabe in der Motivation. Zunächst müsst ihr die Jugendlichen motivieren, überhaupt Hilfe anzunehmen. Im späteren Behandlungsverlauf geht es dann darum, sie bei der Stange zu halten.

Damit Jugendliche bereit sind, Hilfe anzunehmen, ist es wichtig, dass ihr Verständnis zeigt und anerkennt, dass es für die Teenager nicht leicht ist und diese sicher gute Gründe dafür haben, nicht zur Schule zu gehen. Ginge es nur darum, sich zusammenzureißen, hätten die Jugendlichen das längst getan.

Folgende Formulierungen könnt ihr bei einem Gespräch nutzen:

» *Ich verstehe, dass es für dich nicht so einfach ist, in die Schule zu gehen. Und ich weiß, dass es nicht nur darum geht, dich zusammenzureißen oder zu konzentrieren. Wenn es so wäre, hättest du das längst getan.*

» *Auch wenn ich vielleicht nicht ganz verstehe, warum es so schwer für dich ist, in die Schule zu gehen, weiß ich, dass das nichts mit Faulheit oder Desinteresse zu tun hat.*

» *Ich glaube, du hast gute Gründe dafür, dich von der Schule fernzuhalten, auch wenn wir anderen diese Gründe vielleicht noch nicht ganz verstanden haben. Mir ist aber wichtig, dass du weißt, wie sehr ich davon überzeugt bin, dass das nichts mit mangelndem Einsatz zu tun hat.*

» *Ich glaube dir, wenn du sagst, dass du zur Schule gehen willst. Dass es nichts mit der Schule selbst zu tun hat.*

Indem ihr anerkennt, dass eure Kinder sich nicht einfach nur zusammenreißen müssen, verhindert ihr die Eskalation des Gesprächs, was bei Jugendlichen nur das Gefühl verstärken würde, wie sinnlos alles ist und dass niemand sie versteht. Insbesondere das Gefühl, von niemandem verstanden zu werden, kann erschreckend und schmerzhaft sein, da die Jugendlichen vielleicht ja auch selbst Schwierigkeiten haben, sich und ihre eigenen Probleme zu verstehen. Diesen Aspekt solltet ihr deshalb auch im Gespräch anschneiden. Mitunter ist dies ein guter Ansatz, um die Möglichkeit für professionelle Hilfe zu präsentieren:

» *Wir verstehen, dass es schwer sein kann, uns die Gründe dafür zu nennen, warum du so ungern in die Schule gehst. Vielleicht ist ja etwas in der Schule vorgefallen, über das du mit uns noch nicht sprechen willst, vielleicht ist es aber auch so, dass du es selbst nicht richtig verstehst.*

»

» *Es ist doch nicht erstaunlich, dass du die Übersicht über all diese Dinge verloren hast. Wenn etwas so komplex ist, verliert man schnell mal den Überblick. Das kann einem Angst machen, aber so ist es, wenn die Dinge kompliziert werden und lange dauern.*

» *Wenn es sowohl konkrete Ursachen als auch eine komplexe Vorgeschichte gibt, muss dich das doch verwirren. Schließlich muss dann ja auch das Unbehagen total komplex sein.*

» *Deshalb glaube ich, dass es gut wäre, wenn du Hilfe bekommen würdest, um Klarheit in dieses Unbehagen zu bringen. Vielleicht ist es leichter, etwas dagegen zu tun, wenn wir es besser verstehen? Wie hört sich das für dich an?*

» *Wenn es so komplex und verwirrend wird, ist es sicher gut, sich Hilfe zu holen, um das Chaos ein bisschen aufzuräumen und deine Gedanken zu sortieren. Was meinst du dazu?*

Damit ihr die Jugendlichen auch in der weiteren Behandlung motivieren könnt, müsst ihr die anerkennende Haltung beibehalten, auch wenn ihr zwischendurch keine Fortschritte erkennt und es irgendwie nicht vorwärtsgeht. Eure Rolle ist nicht einfach, aber in einer von Hoffnungslosigkeit geprägten Situation ist es entscheidend, dass jemand zuversichtlich bleibt und diese Zuversicht auch weiterhin kommuniziert, beispielsweise so:

» *Obwohl sich das vielleicht so anfühlt, als kämen wir nicht weiter, sehe ich, wie sehr du es versuchst. Manchmal geht es einfach darum, einen langen Atem zu haben und es wieder und wieder zu probieren. Man darf nicht aufgeben!*

» *Auch wenn wir vielleicht noch nicht am Ziel sind, sind wir ein ganzes Stückchen weitergekommen, und es gibt mir Hoffnung zu sehen, dass du dir so viel Mühe gibst und es von ganzem Herzen probierst. Jetzt kommt es darauf an, weiterzumachen und einen Schritt nach dem anderen zu machen.*

» *Okay, der Tag ist nicht so gelaufen, wie wir das gehofft hatten. Ich verstehe deine Enttäuschung, ich bin nicht enttäuscht über dich. Ich bin stolz auf dich, weil ich weiß, wie hart du arbeitest und wie viel Einsatz du zeigst. Und dieser Einsatz wird uns hier rausbringen.*

» *Was wir heute nicht hingekriegt haben, schaffen wir vielleicht morgen. Wir müssen einen Tag nach dem anderen angehen und dürfen uns von den schlechten Tagen nicht einschüchtern lassen. Es ist besser, immer weiterzugehen.*

Es kommt sicherlich vor, dass ihr als Eltern Fortschritte seht, die Jugendlichen selbst diese aber nicht mitbekommen. Es ist nicht leicht zu erkennen, dass etwas in die richtige Richtung geht, wenn man sich selbst im Kreis dreht und gefühlt nicht vom Fleck kommt. Logischerweise stellt sich dann das Gefühl ein, nichts auf die Reihe zu bringen. Deshalb ist es wichtig, dass ihr als Eltern den Erfolg aus eurer Sicht deutlich macht. Geht dabei auf eure einzelnen Eindrücke ein und kommuniziert klar, dass das, was ihr seht, eure Sichtweise ist:

» *Ich verstehe ja, dass du einen ganz anderen Eindruck hast, aber ich habe wirklich das Gefühl, dass du schon ein ganzes Stück weitergekommen bist, seit wir begonnen haben. Klar ist es für dich noch immer schwer, das Klassenzimmer zu betreten, aber ich habe den Eindruck, dass du es immer öfter schaffst, in die Schule zu gehen. Dein nächster Schritt wird dann sein, täglich in die Klasse zu gehen. Ich habe wirklich den Eindruck, dass du den ersten Schritt schon gemacht hast.*

» *Vielleicht bist du anderer Meinung, aber ich habe wirklich das Gefühl, dass wir seit unserem Anfang schon ein gutes Stück geschafft haben. Auch wenn du es nicht jeden Tag in die Schule schaffst, sehe ich, dass du öfter dort bist als noch vor ein paar Monaten. Das ist doch schon mal eine super Leistung.*

» *Mag sein, dass du das anders erlebst – und das ist auch nicht er-staunlich, weil du schon immer ungeduldig warst –, aber ich habe wirklich das Gefühl, dass du auf einem guten Weg bist. Mein Ein-druck ist, dass es immer mehr Tage gibt, an denen du es schaffst, einen ganzen Tag in der Schule zu sein. Und das erlebe ich als sehr positiv.*

Notizen

fünf

Ernährung und Gesundheit

Ernährung und Sport

Psychologen und Ärzte sind lange davon ausgegangen, dass Essstörungen im Zusammenhang mit dem schwierigen Übergang vom Kind zum Erwachsenen stehen. Anfangs nahm man an, dass junge Mädchen, die sich den sexuellen Möglichkeiten ihres erwachsenen Körpers noch nicht gewachsen fühlen, versuchen, sich in ihren Kinderkörper *zurückzuhungern*[32]. Dann dachte man, dass Essstörungen mit einer fatalen Mischung unterschiedlicher Emotionen zusammenhängen, bei denen das Sättigungsgefühl als eine Art Schwangerschaft gedeutet wird und vor denen die Mädchen sich entweder durch Erbrechen oder durch Nahrungsverweigerung schützen wollen[33]. Beide Annahmen stützen sich auf die Erfahrungen junger Frauen, die an der Schwelle zum Erwachsenwerden stehen.

Per Definitionem konnten Jungen daher ebenso wenig Essstörungen ausbilden wie erwachsene Frauen.

Zum Glück sehen wir Essstörungen und Körperbildprobleme heute in einem größeren Rahmen. Trotzdem scheint die Jugendzeit definitiv die Phase im Leben zu sein, in der wir besonders anfällig für ein negatives oder ambivalentes Verhältnis zum eigenen Körper sind. Bei einigen Jugendlichen kann eben dies zu Essstörungen führen.

Der Hintergrund für diese besondere Anfälligkeit in der Jugend ist höchst komplex, wobei einige Eigenschaften dieser Jahre eine größere Bedeutung zu haben scheinen als andere. Zum einen ist die Jugendzeit ein Lebensabschnitt, in dem das Selbstbewusstsein extrem gefühlsabhängig ist und die physische und psychische Reife nur selten miteinander Schritt halten. Des Weiteren können die physischen Unterschiede zwischen gleichaltrigen Klassenkameraden sehr offensichtlich sein. Schaut euch irgendein Klassenfoto aus eurer Mittelstufe an: Einige Heranwachsende sehen noch aus wie in der Grundschule, während andere mit der Lehrkraft verwechselt werden könnten, die neben der Gruppe steht.

Dazu kommt, dass die Jugend die Zeit im Leben ist, in der es uns teuer zu stehen kommen kann, anders als die anderen zu sein. Jugendliche können es als lebensbedrohlich empfinden, sich körperlich zu unterscheiden, ganz gleich, ob sie nun zu groß oder zu klein sind. Alles, was sie wollen, ist, wie die anderen zu sein. Dabei fühlen sich nicht wenige in ihrem Körper gefangen, wie auch immer dieser sich entwickelt hat.

Nach dem heutigen Wissensstand[34] sind frühreife Mädchen und spät entwickelnde Jungen am anfälligsten für negative Körperbilder und die Ausbildung von Essstörungen. Sie nehmen wahr, dass ihre Körper anders sind und versuchen deshalb, diesen zu ändern. Bei einigen führt das zu einer lebenslang andauernden, ambivalenten Beziehung zum eigenen Körper, dem bleibenden Gefühl, dass damit etwas nicht stimmt. Manche denken noch als Erwachsene, dass sie dick sind, obwohl sie seit zwanzig Jahren schlank sind, oder sie kommen nicht von dem Gedanken los, ein schmächtiger Hänfling zu sein, ganz gleich, wie definiert ihre Muskeln mittlerweile sind. Es ist nicht ungewöhnlich, dass sich die Gedanken, die man über seinen Teenagerkörper hatte, ein Leben lang halten, unabhängig davon, wie sehr man diesen mittlerweile verändert hat.

Neue Schönheitsideale

In der heutigen Jugendgeneration nähern sich die Schönheitsideale für Männer und Frauen an. Beide Geschlechter streben einen athletischen Körper an, an dem die Sichtbarkeit der Muskeln wichtiger als deren Größe ist. Das neue Schönheitsideal fordert Schlankheit und Stärke, was die Jugendlichen zwingt, neue Wege zu gehen. Es reicht nicht, sich schlank zu hungern oder genügend Gewichte zu stemmen. Sie müssen beides tun.

Eine Folge davon ist, dass sich die Symptome von Essstörungen und Körperbildproblemen geändert haben. Eltern müssen heute sowohl auf übertriebenes Training und Besessenheit für gesundes Essen achten - Letzteres gern getarnt als angebliche Allergie oder Unverträglichkeit - als auch auf klassische Symptome von Anorexie[35] und Bulimie[36].

Außerdem müssen sie nicht mehr nur auf ihre Tochter aufpassen. Auch wenn Mädchen noch immer am häufigsten betroffen sind, sind Essstörungen und exzessives Sporttreiben die psychischen Störungen, die bei Jungen in der heutigen Gesellschaft am stärksten zunehmen. Für gewöhnlich ist das bei Jungen schwerer zu erkennen, da diese nur selten klassische Symptome ausbilden. Häufig wird bei Jungen, die schon immer gerne trainiert haben, das Training dann aber irgendwann zu einem angstgesteuerten Zwang.

Da die heutigen Jugendlichen einem gesünderen Körperideal nacheifern, als dies früher der Fall war, halten wir es schnell einmal für ungefährlich, wenn sie für eine gewisse Zeit wie besessen auf ein bestimmtes körperliches Ziel hinarbeiten. Es erscheint weniger gefährlich, extrem gesund als extrem dünn zu sein. Aber die äußeren Symptome sagen nur wenig über die Gefahr im Inneren aus. Die Betroffenen sind von ihrem Körper krankhaft besessen, und der Hass auf ihren Körper kann ebenso stark sein wie bei Magersüchtigen. Dabei ist das Leiden für Außenstehende kaum wahrnehmbar, da diese Auffassungen weniger sichtbar sind und die Grenze zu normaler Trainingsfreude nicht klar gezogen werden kann. Diese Betroffenen bekommen nur selten Hilfe, sodass viele ihren inneren Leidensdruck sehr lang mit sich herumschleppen. Wenn diese Jugendlichen dann darüber berichten, sprechen sie über sich oder ihren Körper zumeist schlecht. In den meisten Fällen ist es aussichtslos, ihnen zu widersprechen, da die Gegenargumente zu den Jugendlichen nicht durchdringen.

❞ In einem gesunden Körper wohnt nicht immer ein gesunder Geist.

Der sportliche junge Mann, der pausenlos joggen kann oder immer schwerere Gewichte stemmt, kann seinen Körper ebenso hassen wie das abgemagerte Mädchen, das sich zu essen weigert, wie die etwas rundliche junge Frau, die alles, was sie isst, wieder erbricht oder der dicke Junge, der den Frust heimlich in seinem Zimmer in sich hineinfrisst. Esssucht ist die am weitesten verbreitete und am wenigsten diagnostizierte Essstörung. Weitaus mehr Jugendliche fressen den Frust im wahrsten Sinne des Wortes in sich hinein, als sich zu Tode zu hungern. Entscheidend ist, dass es nicht notwendigerweise einen direkten Zusammenhang zwischen der Schwere der sichtbaren Symptome und der Intensität der schmerzhaften Gedanken gibt, die den Symptomen zugrunde liegen.

Motive und Gründe

Um sinnvoll durch die verschwimmenden Grenzbereiche zwischen gesund und normal sowie ungesund und schädlich navigieren zu können, muss man die Motive für dieses Verhalten betrachten. Der Grund für das Training ist sowohl für die Art des Trainings als auch für das Verhältnis entscheidend, das die Betroffenen zum Training und zu ihrem eigenen Körper entwickelt haben. Es ist ein wichtiger Unterschied, ob man trainiert, weil man das gern macht, oder weil man das Gefühl hat, es zu brauchen oder trainieren zu müssen. Aber auch dieser Grenzbereich ist unübersichtlich, denn anfangs mögen die meisten ihr Training so oder so. Die Abhängigkeit kommt meistens erst als Folge eines Projekts, mit dem man den eigenen Körper konkret ändern will. Man trainiert nicht mehr, weil man Spaß am Training hat, sondern weil man seinen Körper nicht mag. Dabei lernt man mehr und mehr, dass man seinen Körper ändern und gegen ihn ankämpfen kann. Der Körper wird von einem Subjekt zu einem Objekt, von einem Ausgangspunkt für eigene Erfahrungen und Entfaltung zu einem Objekt, das von anderen beurteilt wird.

Jugendliche, die in solchen Veränderungsprojekten feststecken, frage ich gern, was passieren würde, wenn sie mit dem Training aufhören und die Nahrungsaufnahme nicht mehr kontrollieren würden. Die Antworten offenbaren häufig dahinter verborgene Horrorszenarien, die oftmals mit rasanter Gewichtszunahme oder totalem körperlichen Verfall verbunden sind. Ebenso häufig zeigen die Antworten aber auch, dass es im Grunde gar nicht um den Körper oder das Aussehen geht. Vielmehr gibt es eine zugrunde liegende Furcht, die mit der Frage verbunden ist, was man denn sonst mit der Zeit anstellen soll oder wie man seinem Leben einen Sinn geben kann.

> **"** *Manche Jugendlichen werden von der Angst beherrscht, die Kontrolle über ihr Leben komplett zu verlieren.*

Es geht bei den Essstörungen oder der Trainingssucht oftmals also um etwas ganz anderes als den Körper, nämlich um die Seele und den Versuch, dem Leben einen Sinn zu geben und eine Leere zu füllen. Häufig beginnen Essstörungen mit einer Verlusterfahrung, sei es nun dem Sinnverlust oder dem Verlust einer wichtigen Bezugsperson.

Kontrolle und Entschuldigung

Die Störung fungiert als Ziel oder hilft, um einen unbefriedigten Kontrollbedarf zu stillen. Hier haben die Jugendlichen die Kontrolle darüber, wie wenig oder viel sie essen, wie weit sie laufen oder welche Gewichte sie stemmen. Im Gegensatz dazu können sie nicht kontrollieren, ob andere sie mögen oder wie es ihnen geht. Fokussiert man den Sinn seines Lebens auf Ernährung oder Training, kann man anscheinend die Kontrolle über das eigene Leben und Wohlbefinden zurückerlangen. Vielen Jugendlichen gibt dies ein Gefühl der Befriedigung. Dieses Gefühl hat noch größeres Suchtpotenzial als das Erfolgserlebnis, immer stärker, schneller oder dünner zu werden. Zum ersten Mal haben die Jugendlichen so das Gefühl, aktiv kontrollieren zu können, wie es ihnen geht.

Essstörungen und Trainingssucht haben darüber hinaus eine weitere wichtige Funktion. Das Leiden gibt den Betroffenen zum einen eine Begründung dafür, warum sie sich unglücklich fühlen, und es dient zum anderen als Entschuldigung dafür, nicht mit dem eigentlichen Leben anzufangen.

" *Leben und Glück werden aufgeschoben, bis der Körper so ist, wie er sein soll.*

Erst dann kann das wirkliche Leben beginnen, erst dann kann alles andere anfangen. Auf diese Weise haben die Teens eine beinahe magische Entschuldigung für alles, das nicht so ist, wie es sein sollte. Alles regelt sich, wenn der Körper den eigenen Erwartungen entspricht. Körper gut, alles gut. Dann kommen Glück, Freunde und vielleicht auch die Beziehung. Dann werden sie eingeladen und Mitglied in der richtigen Clique. Bis dahin nimmt der Körper aber alle Zeit in Anspruch, sodass es nicht schlimm ist, dass sie nicht eingeladen oder integriert werden. Das Leben der Jugendlichen ist im Augenblick noch unbefriedigend, aber wer auf etwas Gutes wartet, wartet nicht vergebens. Und es ist sicherer, zu warten als anzufangen, so wie es auch sicherer ist, zu träumen als zu leben. In der Hoffnung gibt es keine Enttäuschung, im Leben so einige. So fühlen viele Betroffene.

Das Wohl der Jugendlichen ganzheitlich betrachten

Da es viele Erscheinungsformen und Symptome gibt, die die Jugendlichen auf Basis recht ähnlicher Gedanken, Gefühle und Erlebnisse entwickeln können, halte ich es für ratsam, Ess- und Trainingsstörungen zusammen zu betrachten und nicht als einzelne Leiden. Häufig wechselt das Krankheitsbild auch von einer Störung zur anderen, ohne die Betroffenen jemals ganz loszulassen. Man muss wohl davon ausgehen, dass das Leiden immer neue Ausdrucksformen findet, um das ursächliche Bedürfnis nach Kontrolle und Sinn zu befriedigen.

" *Eltern sollten ganzheitlich auf das Wohl ihrer Kinder achten, statt sich auf einzelne, durchaus wechselnde Symptome zu fokussieren.*

Oft ist der Einfluss, den diese Symptome auf das Leben haben, viel entscheidender als die Intensität oder Sichtbarkeit der einzelnen Symptome selbst. Als Eltern solltet ihr deshalb ebenso aufmerksam auf alle Anzeichen eines sozialen Rückzugs achten wie auf die Reste von Erbrochenem am Toilettenrand. Leiden unter dem Training andere Lebensbereiche? Beginnen die Jugendlichen soziale Aktivitäten zu meiden?

Eine einfache Frage lautet, ob die Jugendlichen eine Woche Ferien machen können, ohne zu trainieren. Mitunter ist die Antwort ein unangenehmer Weckruf, denn viele Jugendliche können sich eine Woche ohne Training nicht vorstellen. Erst recht nicht in den Ferien, wenn sie die Ernährung nicht exakt anpassen können, um das fehlende Training zu kompensieren. Für manche ist schon ein Wochenende unter solchen Umständen kaum zu bewältigen - bei ganz extremen Fällen nicht einmal ein Tag.

Eltern von Jugendlichen fragen mich oft, ob bestimmte Jugendliche besonders gefährdet sind. Meine Antwort auf diese Frage ist leider zwar lang, aber nicht besondersgut. Denn abgesehen von den Risikofaktoren einer Spät- oder Frühentwicklung gibt es nur wenige deutliche Faktoren mit schädlichem Einfluss. Einzelne Milieus sind belasteter als andere, primär gilt das für ein Umfeld, in dem sehr auf das Äußere geachtet wird, seien das nun soziale Gruppen oder das Trainingsmilieu. Besonders Bulimie scheint in jüngeren Mädchenkreisen, in denen offen darüber geredet wird, beinahe ansteckend zu sein, während im Sportlermilieu eher anorektische Symptome oder Trainingsstörungen verbreitet sind. Bestimmte Persönlichkeitszüge oder Dispositionen treten mit einer gewissen Regelmäßigkeit auf, sind dann aber direkt mit bestimmten Symptomen verbunden. So stehen gesteigertes Kontrollbedürfnis und Perfektionismus häufig in Zusammenhang mit anorektischen Symptomen, während bulimische Symptome und Esssucht eher mit einem geringen Grad an Impulskontrolle einhergehen. Es ist also nicht nur dem Zufall überlassen, welche Symptome Jugendliche entwickeln, um ihre unbefriedigten Wünsche und ihre Unzufriedenheit mit dem eigenen Körper zu kompensieren.

Das heißt aber keineswegs, dass jeder Betroffene mit einem Hang zum Perfektionismus anorektische Symptome entwickelt oder alle mit zu geringer *Impulskontrolle*[37] bulimisch oder esssüchtig werden.

> **"** *Für die Eltern ist es in den meisten Fällen ratsamer, auf das zu achten, was im Leben der Jugendlichen passiert.*

Wie bereits erwähnt sind dabei Sinnverlust oder in die Brüche gegangene Beziehungen häufig von großer Bedeutung, das können beispielsweise der Verlust von Interessen, Hobbys, Zielen oder Freundinnen und Partnern sein. Besonders traumatisch wird der Bruch von engen Mädchenfreundschaften erlebt, insbesondere wenn einzelne Mädchen aus einer Gruppe ausgegrenzt werden (dies wirkt sich besonders schlimm vor dem Abi aus).

Geheimnis Essstörung

Nur wenige psychische Leiden werden allerdings mit einer solchen Akribie versteckt wie Essstörungen. Sie sind immer ein Geheimnis, das erst einmal entdeckt werden muss. Am sorgfältigsten wird eine solche Störung vor den eigenen Eltern versteckt. Das Eingreifen der Eltern weckt deshalb auch den stärksten Widerstand, wobei das keineswegs heißen soll, dass ihr dieses Thema nicht ansprechen dürft. Ich sage das, damit ihr auf den Widerstand vorbereitet seid. Trotz dieses Gegenwinds solltet ihr das Thema nicht vermeiden. Ihr müsst jedoch offen für die Antworten der Jugendlichen sein. Schildert und verteidigt dabei aber eure eigenen Empfindungen. Schließlich empfindet ihr eure Sorgen ja ganz real, wobei das, was ihr wahrnehmt, natürlich nicht die objektive Wahrheit sein wird. Wenn ihr diese Diskrepanz klarmacht, wird es den Teenagern leichter fallen, ihre eigenen Gefühle und Wahrnehmungen mitzuteilen. Subjektive Wahrnehmungen können und sollten nicht auf dieselbe Art und Weise diskutiert werden wie objektive Wahrheiten.

> *Gespräche sollten darauf fokussieren, die Ansicht der anderen kennenzulernen, statt eine gemeinsame Wahrheit zu suchen.*

Es ist aber wichtig, die eigene Position beizubehalten, da diese Gespräche gekennzeichnet sein werden von verschiedenen, sich teils widersprechenden Wahrnehmungen. Für die meisten Eltern ist es komplett unverständlich, dass die schlanke oder ganz normal gebaute Tochter sich selbst als fett erlebt und sich mit Blick auf Badeurlaub oder Schwimmunterricht als Wal beschreibt.

Natürlich ist es eine vollkommen natürliche Reaktion, das eigene Kind vom Gegenteil überzeugen zu wollen. Aber diesen Streit könnt ihr als Eltern nicht gewinnen, denn er zielt ja darauf ab, die subjektive Wahrnehmung der Jugendlichen durch die subjektive Wahrnehmung von euch, die noch dazu als objektive Wahrheit dargestellt wird, zu ersetzen. So etwas kann nur scheitern. Man kann andere nicht davon überzeugen, dass sie nicht dick sind.

Überreden funktioniert nicht

Überredungsversuche haben für gewöhnlich nur den Effekt, dass das Gegenüber seine Verteidigung mobilisiert und neue Argumente für seine Ansicht findet. Es mag paradox klingen, aber Überredungsversuche bestätigen nur die Ansichten der Jugendlichen, dick zu sein. Umgekehrt ist es sehr schwierig, den Glauben an das eigene Dicksein zu verlieren, wenn man andere die ganze Zeit über davon überzeugen will, dass man dick ist.

Gleichzeitig tragen solche Streitgespräche dazu bei, dass die Jugendlichen immer mehr das Gefühl bekommen, nicht verstanden zu werden. Das ist schmerzhaft und kann den Druck noch erhöhen, wenn die Betroffenen in der Folge noch angestrengter versuchen, ihrer Umgebung klarzumachen, dass sie es nicht leicht haben.

Es geht nicht einfach nur darum, wieder mit dem Essen anzufangen oder sich selbst zu sagen, dass man nicht mehr dick ist. Wäre das so einfach, gäbe es kein Problem. Als Eltern solltet ihr wissen, dass Teenager für gewöhnlich extrem sensibel auf solche Überredungsstrategien reagieren. Sie verstehen sich ja selbst nicht und fühlen sich dann nur noch dümmer und einsamer. Warum können sie nicht einfach wieder zu essen anfangen? Wüssten sie die Antwort auf diese Frage, hätte sich das Problem vermutlich längst von selbst erledigt oder wäre gar nicht erst entstanden.

Indem ihr darauf fokussiert, dass unterschiedliche Auffassungen möglich sind, erkennt ihr an, dass die Jugendlichen sich selbst als dick oder untrainiert empfinden, macht aber deutlich, dass ihr selbst eine andere Auffassung habt. Ihr könnt das beispielsweise so formulieren:

> » *Ich habe verstanden, dass du das so erlebst. Das ist dein gutes Recht, obwohl ich selbst eine andere Auffassung habe. Und auch wenn ich Lust dazu hätte, werde ich nicht versuchen, dich vom Gegenteil zu überzeugen.*
> » *Im Augenblick haben wir beide sehr unterschiedliche Auffassungen. Das ist nicht schlimm. Es ist einfach so.*

Über andere Dinge sprechen

Vielleicht wichtiger als die Frage, wie ihr über Ernährung, Gewicht und Sport sprecht, ist die Frage, wie ihr dem Thema ausweichen könnt, ohne es zu tabuisieren. Natürlich möchten sich Eltern intensiv mit den Themen auseinandersetzen, die für die Jugendlichen so wichtig sind, aber ihr habt auch die Verantwortung, innerhalb der Familie für größtmögliche Normalität zu sorgen. Ihr müsst über andere Dinge sprechen, an andere Dinge denken, euch Hoffnungen auf andere Sachen machen und euch erlauben, vor anderen Dingen Angst zu haben. Eine Essstörung nimmt von Natur aus einen Riesenraum für die Betroffenen und ihr Umfeld ein. Sie darf aber niemals zum Mittelpunkt des Lebens werden, weder für die

Betroffenen noch für die Familien. Jeder Mensch ist mehr als nur seine Krankheit.

Ein großer Teil des Heilungsprozesses besteht darin, die unterschiedlichen Lebensbereiche zurückzuerobern, in die die Störung eingedrungen ist und die sie besetzt hat. Als Eltern solltet ihr dafür sorgen, eine gewisse Normalität für die Familie zu bewahren und Bereiche zu etablieren, in denen die Essstörung nicht die Hauptrolle spielt. Dies ist eine echte Herausforderung, für die viele Eltern Unterstützung und Anleitung brauchen. Häufig wird empfohlen, die ganze Familie in diesen Prozess einzubeziehen, da Essstörungen sich auf alle Familienmitglieder auswirken und alle Beteiligten Angst haben, das Falsche zu sagen oder zu tun. Um eine Veränderung erreichen zu können, sollte das Zuhause ein ruhiger Hafen und nicht ein stürmisches Meer von Ängsten sein.

Lebensbereiche zurückerobern

Auch die betroffenen Jugendlichen müssen sich die Bereiche zurückerobern, die von der Essstörung besetzt worden sind. Für viele ist die Antwort auf die Frage, was sie getan hätten, wenn sie nicht trainiert oder gehungert hätten, auch die Antwort auf die Frage, warum sie weitermachen. Der Grund für das Weitermachen ist dabei nicht notwendigerweise derselbe, der zur Störung geführt hat. Essstörungen führen gern ein Eigenleben. Unabhängig von ihrer Entstehung bekommen sie im Alltag eine Rolle und eine Funktion, die durch etwas anderes ersetzt werden muss, wenn die Jugendlichen mit den Zwangshandlungen aufhören wollen. Für viele ist die Frage nach dem Danach so erschreckend, dass sie lieber weitermachen. Die Antwort könnte nämlich lauten, dass sie keine Ahnung haben, was sie tun wollen, oder es in ihrem Leben sonst nichts mehr gibt, das ihnen Befriedigung verschafft.

Einige Jugendliche versuchen, die Bereiche zurückzuerobern, in denen sich ihr Leben früher abgespielt hat, während andere neue Antworten auf die sich stellenden Fragen suchen, da ihnen die alten Bereiche für immer verschlossen sind. Manchen erscheint es so, als müssten sie komplett neu lernen zu leben, so wie andere das Essen neu erlernen müssen. Alle müssen ihrem Körper und ihrer Seele neue Bereiche erschließen, in denen diese sich entfalten können, Bereiche, in denen der Körper ein Subjekt und ein Ausgangspunkt für Erfahrungen ist - und nicht bloß ein Objekt.

Als Eltern müsst ihr ein steter Motor sein, der die Teens antreibt, alte Bereiche zurückzuerobern oder neue zu entdecken. Ihr könnt sie aufmuntern oder selbst an diesen neuen Bereichen teilnehmen.

> **99** *Für Jugendliche ist dies eine Phase im Leben, in der Eltern auch Freunde sein müssen, jedenfalls solange es keine anderen Freunde gibt.*

Eine positive Folge davon ist, dass ihr gemeinsame Erfahrungen machen könnt, die nichts mit dem Leiden zu tun haben, und die zu Gesprächen führen, in denen es nicht um Essen, Training oder Körper geht. Indem ihr die Jugendlichen in neue Bereiche begleitet, tragt ihr auch dazu bei, dass die Familie verlorenes Land zurückerobert und euch neu kennenlernt.

Auf einen Blick
- Neue Schönheitsideale führen zu Ess- und Trainingsstörungen.
- Die Störung fungiert als Kontrolle und Entschuldigung.
- Überreden hilft bei Heranwachsenden nicht.
- Lernt die Position eures Gegenübers kennen, statt eine gemeinsame Wahrheit zu suchen.
- Erobert euch Lebensbereiche ohne die Störung zurück.

★ Gesprächstipps zu Ernährung, Training und Körper

Vielen Eltern fällt es sehr schwer, mit den Jugendlichen über Themen wie Ernährung und Körper zu reden. Es ist ein sensibles Thema, das Eltern wie Jugendliche gern vermeiden. Es erscheint ihnen zu persönlich, sodass viele befürchten, etwas Falsches sagen zu können. Auf die Frage, wie man diese Themen ansprechen kann, gibt es jedoch keine einfache Antwort. Ein guter Ansatzpunkt ist allerdings, endlich damit aufzuhören, selbst schlecht oder herablassend über den eigenen Körper zu sprechen.

Die Jugendzeit ist von jeher mit Unsicherheit und Unzufriedenheit mit dem eigenen Körper verbunden. Viele sehen ihn in dieser Zeit als ein Objekt und beginnen damit, ihn mit den Körpern der anderen zu vergleichen. Oftmals hat der Hass auf den eigenen Körper hier seinen Ursprung.

Viele Jugendliche werden aber erst dann auf den eigenen Körper aufmerksam, wenn sie andere Menschen kritisch oder unzufrieden über ihre eigenen Körper reden hören. Sie bekommen mit, wie die Erwachsenen ihren Frust über das eigene Hinterteil oder den eigenen Bauch betonen, und richten dann den Blick auf sich selbst. Durch die Unzufriedenheit der Erwachsenen werden sie sich so ihres eigenen Körpers bewusst.

Aus diesem Grund ist das Körperbild der Jugendlichen weit mehr durch die negativen Dinge geprägt, die wir über uns selbst sagen, als durch die Komplimente, die wir ihnen machen. Die positiven Worte fühlen sich für die Teens unehrlich an oder werden als Trost missverstanden.

Denn warum sollen sie uns glauben, wenn wir betonen, wie perfekt sie sind, aber gleichzeitig kritisch über unsere eigenen Körper sprechen? Mit dem herablassenden Blick, den wir auf uns selbst werfen, machen sie sich ihre Körper bewusst und beschreiben diese dann mit den abschätzigen Worten, die sie von uns übernehmen. Und selbst wenn wir uns ironisch äußern, wissen wir nicht, wie die Teenager die Ironie auffassen.

Deshalb ist es wichtig, Sätze wie die folgenden zu vermeiden, die einen negativen Fokus auf den Körper im Allgemeinen richten:

- ❗ *Ich fühle mich in dieser Hose so dick. Ich sollte keine Kohlehydrate mehr essen.*
- ❗ *Meine Beine sehen echt fett aus. Von wegen Spalt zwischen den Oberschenkeln.*
- ❗ *Meine Oberarme sind total schlaff geworden. Das Winkfleisch muss weg.*
- ❗ *Dieses Jahr ist es noch ein langer Weg bis zur Bikinifigur. Ich muss wirklich trainieren.*
- ❗ *Mann, habe ich auf der Tour viel Ungesundes gegessen. Wenn ich wieder zu Hause bin, wird gefastet.*

Viele Jugendlichen, mit denen ich spreche, würden es vorziehen, wenn gar nicht über Körper oder Aussehen gesprochen würde. Schweigen ist ihnen lieber als Komplimente, da Komplimente in erster Linie Unbehagen wecken. Sie erinnern sie daran, dass andere sie bemerken, obwohl sie sich eigentlich wünschen, unsichtbar zu sein.

Des Weiteren können Komplimente das Gegenteil des Gesagten bewirken, da sie automatische Gegenargumente hervorrufen. Oftmals sind sie der Beginn einer Diskussion, ganz gleich, ob diese sich nun real zwischen Erwachsenen und Jugendlichen abspielt oder bloß im Kopf der Teens. Außerdem müssen wir uns darüber bewusst sein, dass die Jugendlichen andere Ideale haben als wir und unsere Komplimente über ihr gutes Aussehen das Gefühl wecken können, sie hätten zugenommen.

Besonders vorsichtig sollten Eltern mit Kommentaren über eine mögliche körperliche Veränderung sein, da Veränderungen gern gleichgesetzt werden mit Zunehmen.

Vermeidet Sätze, wie:

- ❗ *Du siehst so gesund und frisch aus.*
- ❗ *Es sieht so aus, als würde es dir besser gehen und als kämst du besser mit dir klar.*
- ❗ *Du siehst jetzt viel besser aus als noch vor ein paar Monaten.*
- ❗ *Es tut so gut, zu sehen, dass du jetzt wieder wie du aussiehst.*

Da viele Jugendliche ein äußerst ambivalentes Verhältnis zum eigenen Körper haben und mit niemandem darüber reden wollen, ist es ratsam, sich dem Thema etwas genereller zu nähern. So könntet ihr zum Beispiel erwähnen, dass es völlig normal ist, dass Jugendliche ein negatives Körperbild haben:

> » *Mag sein, dass das auf dich nicht zutrifft, aber du bist jetzt in der Phase des Lebens, in der die meisten Menschen unzufrieden mit ihrem Körper sind. Und viele haben Schwierigkeiten, darüber zu sprechen.*
> » *Vielleicht ist es bei dir nicht so, aber viele deiner Freundinnen sagen bestimmt abschätzige Dinge über ihre Körper und sind mit ihrem Aussehen nicht zufrieden.*

Es ist nicht ungewöhnlich, dass Jugendliche eine Zeit durchleben, in der sie mit ihren Körpern nicht zufrieden sind.

Ein Grund dafür, dass so viele nicht mit ihrem Körper zufrieden sind, ist sicher, dass er sich ständig verändert. Der Körper, den sie gerade haben, ist ja noch nicht fertig. Er wird sich noch verändern. Und das ist für alle Jugendlichen unangenehm.

Viele sind mit ihrem Aussehen unzufrieden, weil man den eigenen Körper anders sieht als den der anderen. Man ist viel kritischer, was den eigenen Körper angeht. Und das gilt auch für Erwachsene.

Für Eltern ist es nahezu unverständlich, dass Jugendliche unzufrieden mit ihrem Körper sind, da sie selbst ihren jugendlichen Körper schon so lange nicht mehr haben. Wir dürfen aber nicht vergessen, dass die Jugendlichen nicht dasselbe sehen wie wir. Niemand sieht sich wirklich selbst im Spiegel. Stattdessen sehen wir den, von dem wir fürchten, dass die anderen ihn sehen könnten. Für viele Jugendliche ist das erschreckend. Eltern sollten deshalb anerkennen, dass es nicht leicht ist und mit ambivalenten Gefühlen sowie möglicherweise sogar mit Angst verbunden ist, mehr zu essen oder weniger zu trainieren, beispielsweise so:

> » *Ich verstehe ja, dass das nicht so leicht ist. Man kann nicht einfach anfangen, wieder normal zu essen. Wenn es so einfach wäre, hättest du das längst getan. Das verstehe ich.*
>
> » *Ich verstehe gut, dass es dir unheimlich vorkommen muss, mehr zu essen oder weniger zu trainieren. Es ist nicht erstaunlich, dass du Angst davor hast, dein Körper könnte sich verändern.*
>
> » *Es braucht Zeit, bis man eine Änderung hinbekommt. Insbesondere wenn die Sache schon einen so großen Teil deines Lebens eingenommen hat. Deshalb müssen wir in einem Tempo vorgehen, bei dem du dich wohlfühlst.*
>
> » *Kein Wunder, dass du nur mit gemischten Gefühlen darüber reden kannst. Bestimmt hat es sich für dich sicherer angefühlt, als niemand davon wusste, denn da hattest du ja noch selbst alles unter Kontrolle. Vielleicht hast du jetzt auch Angst davor, dass ich mir zu viele Gedanken mache oder dich irgendwie anders sehe.*

Bei vielen Jugendlichen ist die Beziehung zu Ernährung, Training und Körper ein streng gehütetes Geheimnis. Häufig haben sie Angst, dass die Eltern enttäuscht oder traurig sind, wenn sie erfahren, wie es ihnen in Wirklichkeit geht. Dies gilt insbesondere für Jugendliche, die besessen von Sport und Training sind. Ganz automatisch haben sie Angst, dass die Eltern ihnen als Strafe oder aus Verzweiflung den Sport oder das Training verbieten. Deshalb ist es wichtig zu kommunizieren, dass das nicht das Ziel ist und ihr auch nicht enttäuscht seid:

» *Ich weiß, wie wichtig das Training für dich ist, und es ist auch nicht das Ziel, dass du damit aufhörst. Wichtig ist nur, dass wir eine Balance finden, damit das Training für dich wieder eine positive, gesunde Aktivität wird. Manchmal muss man im Leben einfach ein paar Schritte zurückgehen, um wieder richtig vorwärtszukommen.*

» *Es ist wirklich nicht meine Intention, dich zu bestrafen und dir das Training wegzunehmen. Ich habe keinen Grund, dich zu bestrafen, und ich bin sehr stolz auf dich, weil du mir das alles erzählt hast. Es hat mir natürlich weh getan, das zu hören, aber ich bin weder wütend auf dich noch irgendwie enttäuscht. In erster Linie bin ich erleichtert, dass wir jetzt darüber sprechen können. Denn dann musst du nicht mehr allein damit klarkommen.*

Notizen

Schlaf – ein schwieriges Thema

Hätte ich nicht selbst während meiner gesamten Jugendzeit unter Schlafstörungen gelitten, wäre ich sicher schockiert darüber gewesen, wie viele Jugendliche das ganze Schuljahr hindurch Schlafprobleme haben und wie wenige Stunden sie während der Woche tatsächlich schlafen. Als Erwachsener kann man sich kaum vorstellen, wie es möglich sein soll, über längere Zeit mit so wenig Schlaf auszukommen. Jugendliche mit Schlafproblemen schlafen tatsächlich deutlich weniger als Eltern von Kleinkindern, und die schlafen auch schon viel zu wenig.

Die Jugendlichen selbst sind bei Weitem nicht so schockiert über ihren unzureichenden, schlechten Schlaf wie ihre Eltern oder die Lehrkräfte. Für die Teens ist das einfach so, es hat sich so entwickelt. Sie schlafen wenig und haben Schwierigkeiten mit dem Aufstehen, weshalb sie nachmittags oder abends häufig Kopfschmerzen bekommen. Trotzdem erleben sie nicht den fehlenden Schlaf selbst als das Hauptproblem, sondern viel mehr die Konsequenzen ihrer Müdigkeit: Das ständige Verschlafen und die mangelnde Konzentration im Unterricht.

Es ist davon auszugehen, dass Schlafstörungen zu den Leiden mit der höchsten Dunkelziffer zählen, da die meisten Betroffenen schon so lange mit diesen Problemen zu kämpfen haben, dass sie diese als Teil ihres Lebens und ihrer Persönlichkeit akzeptiert haben. Oft heißt es dann:

> » *Ich schlafe schlecht. Das ist einfach so. Ich habe alles probiert.*
> » *Da kann man nichts machen, ich kann einfach nicht richtig schlafen.*

Viele Betroffene haben schon einiges versucht. Das heißt nicht, dass sie nicht doch etwas ändern könnten. Manchmal geht es lediglich darum, gewisse Dinge über längere Zeit in der richtigen Reihenfolge zu machen. Und dafür brauchen gerade Jugendliche eine Anleitung und Unterstützung.

Symptom oder eigenes Leiden?

Schlafprobleme können dabei sowohl ein Symptom für ein anders gelagertes Problem als auch ein eigenständiges Leiden sein, wobei die Grenzen zwischen beidem fließend sind. Aus ganz „normalen" Schlafschwierigkeiten können mit der Zeit komplexe Krankheitsbilder werden, wenn die Belastungen, die durch den Schlafmangel verursacht werden, kulminieren. Leidet man unter permanentem Schlafmangel, reduziert sich die Immunabwehr, man wird müder und müder und das Energieniveau nimmt kontinuierlich ab. Der Schlafmangel erschöpft einen und man ist daher den alltäglichen Belastungen nicht mehr richtig gewachsen.

Umgekehrt kommen Schlafstörungen häufig als Symptom oder direkte Folge einer tiefer liegenden Problematik vor, die mit verschiedenen Formen von Angst, Depressionen oder traumatischen Geschehnissen verknüpft ist. Anfangs gibt es einen Grund dafür, dass man nicht schlafen kann, vielleicht weil es einem nicht gut geht oder weil man von traumatischen Erinnerungen wach gehalten wird. Die Schlafstörungen hören aber nicht automatisch in dem Moment auf, in dem es einem wieder besser geht oder die Erinnerungen verblassen. Der Schlaf kann auch danach noch gestört sein, weil man sich daran gewöhnt hat, schlecht zu schlafen, und Angst entwickelt hat, nachts wach zu liegen. Negative Erwartungen an den Schlaf und die Angst, nicht einschlafen zu können, sind die Faktoren, die bei vielen Betroffenen die Schlafschwierigkeiten aufrechterhalten. Wenn man Angst davor hat, nicht schlafen zu können, oder es einem davor graut, abends ins Bett zu gehen, wird man auch nicht gut schlafen.

Stress und Smartphone

Bei Jugendlichen gibt es darüber hinaus noch eine Reihe anderer Faktoren, die die Schlafprobleme erklären können. Schon in der Jugendzeit gibt es immer etwas, an das die Teens denken müssen, vor dem sie sich fürchten oder auf das sie sich freuen. Das Leben der Jugendlichen ist voll von Stressfaktoren. Steht nicht gerade eine Prüfung an, so dreht sich womöglich alles um eine Freundin, einen Jungen oder ein Mädchen. Irgendetwas gibt es immer. Die Jugendzeit steht für Stress und emotionale Schwierigkeiten, und diese Faktoren wirken sich wiederum auf den Schlaf aus. Und dann greifen viele Jugendliche heute ganz automatisch nach dem Smartphone und starren auf das erleuchtete Display. Auch dieses Licht ist eine Ursache von *Schlafproblemen*[38]. Zum einen signalisiert das Licht „Tag" und weckt das Gehirn, zum anderen bieten das Licht und die Informationen, die das Smartphone liefert, Raum für neue Gedanken. Wie soll das Hirn abschalten, wenn man es ständig mit etwas beschäftigt?

Ein weiterer wichtiger Faktor, der zu den Schlafproblemen der Jugendlichen beiträgt, ist das lange Ausschlafen am Wochenende. Der Tagesrhythmus wird dadurch auf den Kopf gestellt. Die Folge ist eine Art Jetlag, der einem Flug von Hamburg nach New York entspricht. Ruft man sich in Erinnerung, dass man pro Tag nur eine Zeitzone kompensieren kann, heißt das, dass die Jugendlichen es theoretisch nie zurück zu ihrer normalen Leistungsfähigkeit schaffen können. Die ganze Woche über haben sie mit dem „Jetlag" zu kämpfen, und die Müdigkeit weckt dann wieder das Bedürfnis, sich am Wochenende richtig auszuschlafen. Damit treten sie dann aber erneut „die Reise über den Atlantik" an. Die Jugendlichen geraten auf diese Weise schnell in eine sehr unglückliche Schlafentzugsspirale.

Dies ist an sich bereits ein perfekter Ausgangspunkt für die Ausbildung von Schlafproblemen. Gemeinsam mit der sehr variablen Bettgehzeit und dem kontraproduktiven Gebrauch des Smartphones trägt das zu seinem sehr ungesunden Schlafklima bei und erhöht die Chancen, wach zu liegen und zu grübeln. Man spricht in diesen Fällen von schlechter Schlafhygiene, also von Voraussetzungen, die für guten Schlaf nicht geeignet sind.

Schlafhygiene verbessern

Will man etwas gegen die Schlafstörungen tun, muss man sich in erster Linie der Schlafhygiene widmen. Dies ist auch in den Fällen sinnvoll, in

denen negative Gedanken oder emotionales Unbehagen für die Schlafstörungen verantwortlich sind, wobei man dann auch parallel an der zugrunde liegenden Problematik, beispielsweise einer möglichen Depression oder einem Trauma, arbeiten sollte. Jugendliche müssen das Schlafen
wieder lernen, um die Angst vor dem Wachliegen überwinden zu können. Da Schlafprobleme häufig erlernt sind[39], kann man diesen Prozess
auch umkehren.

Die erste Maßnahme ist der konsequente Verzicht auf das Ausschlafen am Wochenende, ganz gleich, wie müde die Teens auch sind. Die Jugendlichen müssen damit anfangen, jeden Tag etwa zur gleichen Zeit aufzustehen, und zwar die ganze Woche hindurch. Solange sie keinen neuen
Tagesrhythmus etabliert haben, führt das allerdings erst einmal dazu,
dass sie im Laufe der Woche noch weniger Schlaf bekommen. Sie müssen
den zusätzlichen Schlaf an den Wochenenden opfern, um mit der Zeit
den Schlaf in den Nächten zwischen den Wochentagen zurückzugewin-
nen. Am Anfang der Therapie wird ihnen dies besonders schwerfallen.

Zeit ist hierbei der entscheidende Faktor. Zum einen geht es um die
Zeit, die nötig ist, einen neuen Tagesrhythmus zu etablieren, zum anderen um die Zeitspanne, die die Jugendlichen durchstehen müssen, ohne
genug Schlaf bekommen zu haben. Gerade in dieser Phase brauchen die
Jugendlichen Unterstützung und Aufmunterung sowie eine Person, die
sie weckt, wenn sie selbst gefrustet den Wecker ausgeschaltet haben.

" *Bei Schlafproblemen ist der alles entscheidende Punkt,*
sich jeden Morgen zusammenzureißen.

Erschwerend kommt allerdings hinzu, dass wir zu einer sehr frühen Uhrzeit noch gar nicht richtig bei Sinnen sind. Nach dem Aufwachen benötigen wir immer eine Weile, bis wir wieder ganz wir selbst sind, ganz gleich,
wie motiviert wir am Abend davor waren. Die Jugendlichen, die abends
ins Bett gehen, sind nicht dieselben, die am nächsten Morgen aufwachen.

Deshalb solltet ihr klare Weck-Absprachen treffen, an die ihr euch auf jeden Fall haltet. Verschlafen die Jugendlichen auch nur einmal, sind sie sozusagen wieder auf der anderen Seite des Atlantiks.

Die Jugendlichen halten ohne Hilfe von außen nicht lange genug durch, um den gewünschten Effekt zu erzielen. Sie brauchen jemanden, der sie aus dem Bett holt, wenn sie es selbst nicht schaffen. Für die Eltern ist das eine echte Herausforderung, die nicht selten zu Wut und Konflikten führt. Klare, konkrete Absprachen sind deshalb entscheidend:

> » *Es ist mein Job, dich zu wecken, egal, wie sauer du wirst. Darüber sind wir uns einig geworden. Das habe ich dir versprochen.*

Zur festgelegten Aufstehzeit gehört im nächsten Schritt, auch abends den Versuch zu unternehmen, zur immer gleichen Zeit ins Bett zu gehen - und zwar auch am Wochenende. Anfangs ist das Aufstehen aber die wichtigere Baustelle, weshalb ihr euch darauf fokussieren solltet.

Für die ersten Wochen empfehle ich, dass die Jugendlichen lieber etwas später als früher ins Bett gehen, um so das Risiko zu minimieren, dass sie wach liegen und nachdenken. Nichts ist schlechter für das Einschlafen, als über irgendetwas nachzugrübeln. Es mag merkwürdig erscheinen, jemanden, der Angst hat, nicht genug Schlaf zu bekommen, bewusst zu wenig schlafen zu lassen, aber es ist eben gerade das bewusst erzeugte Schlafdefizit, das die Betroffenen irgendwann schneller einschlafen lässt, wenn sie im Bett sind. So gewinnen sie in der Folge ihren Glauben zurück, doch schlafen zu können.

” *Negative Erwartungen lassen sich am besten mit positiven Erlebnissen bekämpfen,*

auch wenn die Voraussetzung für positive Erlebnisse ist, dass man für eine gewisse Zeit mit noch weniger Schlaf auskommen muss. Bei diesem gesamten Prozess geht es um die Rückeroberung der Kontrolle über das eigene Schlafverhalten.

Der Ort zum Schlafen

Der nächste Schritt besteht darin, das Schlafzimmer wieder zu einem Ort für den Schlaf zu machen. Das Schlafzimmer darf eigentlich kein Aufenthaltsort sein. Bei Jugendlichen ist das natürlich nicht leicht, da ihr Zimmer mehrere Funktionen erfüllt: Es ist Rückzugsort, Treffpunkt mit Freunden und Freundinnen und der Ort, wo sie ihre Hausaufgaben machen. Gedanken und Sorgen setzen sich aber gern zwischen diesen Wänden fest. Wenn Jugendliche sich in ihren Zimmern auf Prüfungen vorbereiten und dort ihre Hausaufgaben machen, kommen die stressigen Gedanken an die Schule nur allzu leicht zurück, wenn sie abends aus dem Bett auf ihren Schreibtisch blicken. Der Raum ist quasi gefüllt mit negativen Gedanken und Stress. Über längere Zeit betrachtet, wird das Zimmer damit zu einem Ort, an dem man nicht gut schlafen kann.

Liegen die Gründe für die Schlafprobleme im sozialen Bereich, rate ich, im Schlafzimmer nicht die sozialen Medien zu checken.

" *Das Schlafzimmer sollte ein Zimmer sein, in dem man schläft und keine Art von Stress oder Unbehagen erlebt.*

Deshalb empfehle ich, dass Jugendliche die unter Stress oder Schlafproblemen leiden, sich möglichst nur dann in ihrem Zimmer aufhalten, wenn sie schlafen wollen. Auch wenn es unpraktisch ist, sollten sie ihre Hausaufgaben und die Prüfungsvorbereitungen an anderen Orten machen, am besten sogar außerhalbihres Zuhauses. Das Zuhause sollte ein Refugium sein, an dem die Jugendlichen entspannen können.

Abendroutinen und Koffeinverzicht

Des Weiteren ist es ratsam, sich abendliche Routinen zuzulegen, die mit dem Schlafengehen verbunden sind. In den letzten beiden Stunden des Tages sollten Kopf und Körper einzig und allein auf die Entspannung vorbereitet werden. Für einige mag das mit etwas Bewegung oder Entspannungsübungen funktionieren, andere lesen lieber ein Buch. Generell sollte man sich in diesen Stunden nicht mit der Schule oder den sozialen Medien befassen, da diese Bereiche das Gedankenkarussell wieder in Gang setzen und das Licht der Bildschirme einen noch zusätzlich wach hält.

Andere Maßnahmen sollten bereits früher am Tag angegangen werden. Unter anderem sollten zeitliche Grenzen für die Aufnahme von Koffein und anderen Energiedrinks gesetzt werden. Noch besser wäre es, eine Weile ganz auf Koffein zu verzichten. Koffein hat bei Jugendlichen eine Halbwertzeit von etwa acht Stunden, was heißt, dass die Hälfte des Koffeins, das man nachmittags um vier aufgenommen hat, abends um zwölf noch wirkt. Die meisten sollten deshalb mindestens acht Stunden vor dem Schlafengehen kein Koffein mehr zu sich nehmen.

Die Schlafhygiene verbessert sich auch dadurch, dass man tagsüber alles unterlässt, was den nächtlichen Schlafmangel kompensieren könnte. So sollte man beispielsweise auf einen Mittagsschlaf verzichtet. Anfangs führt das natürlich dazu, dass man noch müder ist. Der Weg zu einem guten Nachtschlaf führt über ein Dasein als schlafloser Zombie, aber dieser Zustand geht glücklicherweise rasch vorüber. Man muss das einfach aushalten.

Mittel gegen Wachliegen

Jugendliche wie auch Erwachsene stellen sich oft die Frage, was sie in den Nächten tun können, in denen sie wach liegen. Leider gibt es kaum nachhaltige effektive Tipps, da die meisten Ratschläge darauf abzielen, etwas Neues zu machen, das die negativen Erwartungen durchbricht, die einen wach halten. Mit der Zeit wird man nämlich gegen solche Maßnahmen immun, da sie irgendwann nicht mehr das Gefühl von etwas Neuem vermitteln und das Muster somit nicht mehr durchbrechen.

> 99 *Eine einzige Maßnahme wirkt allerdings auch über längere Zeit: wieder aufstehen, wenn man nicht schlafen kann.*

Liegen die Jugendlichen länger als eine Stunde wach, drehen ihre Gedanken sich mehr und mehr darum, dass sie nicht schlafen können und welche Konsequenzen das nach sich ziehen wird, dann sind es diese Gedanken, die sie wach halten. In diesem Fall ist es sinnvoller, aufzustehen als liegen zu bleiben. Die Teens müssen nicht lange auf sein, eine Viertelstunde reicht für gewöhnlich. Es geht einfach darum, das Gedankenkarussell anzuhalten und dem Einschlafen eine neue Chance zu geben. Spüren die Jugendlichen körperliche Unruhe, können sie in der Zeit, die sie auf sind, die unruhigen Körperteile dehnen und so zur Ruhe kommen. Gerade Heranwachsende leiden oftmals unter körperlicher Unruhe und motorischer Rastlosigkeit der Glieder.

Eine andere Möglichkeit, das gewohnte Muster zu durchbrechen, ist, sich an einem anderen Ort im Haus oder in der Wohnung schlafen zu legen. Viele Menschen mit Schlafproblemen schlafen außerhalb des eigenen Bettes besser, da Bett und Schlafzimmer in Gedanken als der Ort abgespeichert sind, an dem man nicht schlafen kann. Deshalb ist es durchaus sinnvoll, eine Nacht auf dem Sofa oder in einem anderen Schlafzimmer zu verbringen. Jugendlichen schlage ich gern auch vor, sich einfach einmal komplett umzudrehen und den Kopf ans Fußende zu legen. *Bäh!* antworten die meisten und sicher mag sich das merkwürdig anfühlen, aber merkwürdig ist in diesem Fall gut. Denn das Merkwürdige durchbricht die negativen Erwartungen, die man mit den gewohnten Einschlafroutinen verbindet. Auch hier gilt aber leider, dass eine solche Maßnahme mit der Zeit ihre Wirkung verliert.

" *Nur die dauerhafte Veränderung der Schlafhygiene führt auf lange Sicht zu einer Verbesserung des Schlafs.*

Es gibt keine Tricks, die vom ersten Tag an wirken. In dem Veränderungsprozess ist es dennoch ratsam, einige Dinge etwas zu variieren, um die negativen Erwartungen zu durchbrechen. Dann bekommt man etwas Schlaf und hat gleichzeitig das positive Erlebnis, tatsächlich etwas tun zu können. So sind die Jugendlichen nicht hilflos, wenn der Schlaf ausbleibt. Sie können beeinflussen, wie viel sie schlafen. Es geht einfach darum, positive Schlaferlebnisse zu schaffen und einen langen Atem zu haben.

Auf einen Blick

- Klärt die Ursachen für die Schlafstörung: Ist sie ein Symptom oder ein eigenständiges Leiden?
- Verbessert die Schlafhygiene der Teens.
- Trefft Weck-Absprachen.
- Legt die Bettgehzeit fest.
- Habt Geduld – die Beseitigung von Schlafprobleme braucht Zeit.

★ Wie ihr über Schlaf sprechen könnt

Wenn ihr mit den Jugendlichen offen über das Thema Schlaf sprechen wollt, solltet ihr das Problem nicht unterschätzen. Jugendliche mit Schlafproblemen stecken in ernsthaften Schwierigkeiten, und sie sind es leid, ermahnende Sätze zu hören, die nur wieder zum Ausdruck bringen, dass sie faul sind, weil sie morgens nicht aus dem Bett kommen oder abends zu lange aufbleiben. Vermeidet Sätze wie:

❗ *Es wäre vielleicht einfacher, abends einzuschlafen, wenn du morgens früher aufstehen würdest. Es hilft nicht, den Tag zu verschlafen.*

❗ *Vielleicht solltest du versuchen, mal früher ins Bett zu gehen. Es ist ja nun wirklich nicht nötig, die ganze Nacht auf dem Handy herumzutippen.*

Wenn es wirklich so einfach wäre, wäre es kein Problem. Dann bräuchtet ihr dieses Gespräch gar nicht zu führen. Stattdessen solltet ihr Verständnis zeigen, dass Schlafprobleme ein echtes Problem sind, das man jedoch nicht so schnell lösen kann. Es geht dabei weder um Faulheit noch um bösen Willen. Drückt euch beispielsweise so aus:

» *Ich weiß, dass Schlafprobleme eine ernste Angelegenheit sind. Und mir ist klar, dass diese Probleme auch Einfluss darauf haben, wie es dir in der Schule und auch am Rest des Tages geht. Es ist nicht so leicht, die beste Leistung zu bringen, wenn man nicht geschlafen hat.*

» *Ich verstehe, dass es nicht leicht ist aufzustehen, wenn man die halbe Nacht wach gelegen hat. Und ich weiß, dass du nicht absichtlich wachliegst. Es ist nahezu unmöglich, sich selbst zum Schlafen zu zwingen. Das weiß jeder, der es schon einmal probiert hat.*

» *Ich verstehe gut, dass du am liebsten einfach einschlafen und morgens zur üblichen Zeit aufstehen würdest. Aber das ist nicht so leicht und manchmal dauert es eine Weile, bis man es schafft, das zu ändern.*

» *Es ist echt totaler Mist, wenn man nachts wachliegt und plötzlich alle möglichen Gedanken kommen. Noch dazu haben wir nachts kaum Kontrolle über diese Gedanken. Und wenn sie erst anfangen sich wieder und wieder im Kreis zu drehen, ist es mit dem Schlaf erst recht vorbei.*

» *Es ist echt verrückt, wie schnell die Zeit vergeht, wenn man nicht schlafen kann. Besonders wenn wir auf die Uhr sehen und es uns zu stressen beginnt, dass die Zeit vergeht. Wenn man erst denkt, dass man keine Zeit dafür hat, wach zu liegen, rennt die Zeit nur so dahin.*

Um den Dialog in Gang zu bringen, ist es entscheidend, dass ihr Verständnis signalisiert. Außerdem wird es den Jugendlichen guttun, dass jemand sie versteht, da sich die meisten ungeheuer allein fühlen, wenn sie nachts wach im Bett liegen und ihnen die Stunden einfach durch die Finger rinnen. Erklärt ihnen, dass es normal ist, nicht schlafen zu können. Es tröstet die Teenager, wenn sie wissen, dass sie nicht die Einzigen sind, denen es vor der Nacht graut, und dass es viele Menschen gibt, die wissen, wie es sich anfühlt, beim Klingeln des Weckers aufstehen zu müssen, obwohl sie nicht geschlafen haben.

Ihr könnt es folgendermaßen ausdrücken:

» *Ich weiß nicht, ob du das weißt, aber Schlafprobleme sind sehr weitverbreitet. Viele Menschen leiden in gewissen Lebensphasen darunter, andere haben ihr ganzes Leben hindurch diese Probleme. Ich glaube, die meisten von uns haben schon Zeiten hinter sich, in denen sie so schlecht geschlafen haben, dass sie tagsüber total gelitten haben.*

» *Ich glaube, sehr viele Menschen erkennen sich darin wieder, wenn du erzählst, dass du nachts wachliegst ohne auch nur einen Moment zu schlafen. Jeder hat wohl schon mal erlebt, wie es ist, wenn man nachts von Gedanken heimgesucht wird, die einen einfach nicht mehr loslassen. Es ist unglaublich frustrierend und wird nur schlimmer, je mehr man versucht einzuschlafen.*

» *Ich glaube, wir Erwachsenen vergessen oft, welch großes Problem der Schlaf in der Jugend sein kann. Ich weiß, dass in dieser Zeit*

261

sehr viele Jugendliche mit Schlafproblemen zu kämpfen haben, weil ständig so viel passiert und man an so vieles denken muss. Da ist es eigentlich kein Wunder, dass ihr nicht schlafen könnt.

Wenn ihr Verständnis und Akzeptanz signalisiert und zum Ausdruck bringt, dass Schlafprobleme ein echtes Problem sind, ist der weitere Dialog meist überraschend offen. Im Gegensatz zu vielen anderen psychischen Herausforderungen verbinden Jugendliche mit Schlafproblemen viel weniger Hemmungen und Scham. Sie wollen einfach schlafen. Deshalb sind Jugendliche beim Thema Schlaf auch empfänglich für konkrete Ratschläge. Als Eltern habt ihr deshalb den Raum und die Gelegenheit ein paar gute Tipps und Hintergrundinformationen zur Schlafhygiene zu liefern:

» *Ich weiß, wie blöd sich das anhört, aber wenn du dich an den Wochenenden ausschläfst, wird es schwieriger, während der Woche zu schlafen. Wenn du an den Wochenenden den Tag zur Nacht machst, verpasst du dir quasi einen Jetlag. Das ist genauso, als würdest du jedes Wochenende nach New York fliegen. Dein Körper kann das im Laufe der folgenden Woche einfach nicht kompensieren.*

» *Es geht hierbei nicht um alles oder nichts. Ich weiß ja, dass du an den Wochenenden deinen Schlaf brauchst, aber für jede Stunde, die du sonntags früher aufstehst, wirst du im Laufe der Woche mindestens zwei Stunden mehr schlafen.*

» *Koffein hat bei Jugendlichen eine Halbwertzeit von acht Stunden. Wenn du also nachmittags ein koffeinhaltiges Getränk zu dir nimmst, ist nachts um zwölf noch die Hälfte des Koffeins in deinem Körper. Deshalb sollte man nachmittags keinen Kaffee mehr trinken und auch keine Energydrinks.*

» *Wenn du nachts mehr als eine Stunde wach im Bett liegst, stehst*

du besser wieder auf. Bleib eine Viertelstunde auf, streck dich, lauf
ein bisschen herum und geh dann wieder ins Bett. Das ist besser,
als liegen zu bleiben, auch wenn du das Gefühl hast, keine Zeit
dafür zu haben.

» Eine andere Idee ist es, dich im Bett einfach mal umzudrehen.
Leg dich doch mal mit dem Kopf ans Fußende. Ich weiß, wie blöd
sich das anhört, und dass sich das bestimmt seltsam anfühlt, aber
genau darum geht es. Wenn du nicht schlafen kannst, ist alles, was
sich anders anfühlt, willkommen.

Die größte Herausforderung bei der Veränderung von Schlafmustern
ist, dass die Maßnahmen viel Zeit in Anspruch nehmen, bis sie wirken.
Genau dabei benötigen die Jugendlichen eure Hilfe. Ihr müsst für eure
Kinder stark sein, wenn diese zu müde sind, um allein stark zu sein.
Damit ihr die Rolle als Stütze einnehmen könnt, ist es wichtig, dass ihr
gemeinsam über die Probleme sprecht und konkrete Absprachen trefft,
wie ihr helfen könnt. Anderenfalls riskiert ihr den Bruch der Beziehung
zueinander. Damit die Jugendlichen das Gefühl haben, selbst hinter den
Absprachen zu stehen, solltet ihr dafür sorgen, dass die Teens die Be-
dingungen festlegen. Es reduziert das Risiko für Streit, wenn ihr einer
Absprache folgt, die die Jugendlichen selbst ins Spiel gebracht haben.
Geht es folgendermaßen an:

» Ich habe dich sehr gern und ich möchte dir helfen. Wir müssen
uns aber irgendwie darauf einigen, wie ich dir helfen kann. Sonst
streiten wir nur und du wirst wütend auf mich. Und dann kann ich
dir nicht mehr helfen.

» Ich habe Angst davor, dass wir uns irgendwann, wenn du kaputt
und müde bist, in die Haare kriegen, wenn wir keine klaren Absprachen treffen, wie ich dir helfen kann. Und dann kommen wir
nicht weiter.

» *Was meinst du, wie kann ich dir helfen? Was wäre eine gute Methode? Was brauchst du von mir als Elternteil. Ich helfe dir gerne, aber ich muss das auf eine Weise tun, die für dich in Ordnung ist.*

» *Okay. Dann treffen wir die Abmachung, dass ich in dein Zimmer komme und dich wecke, wenn mehr als eine Viertelstunde nach dem Klingeln des Weckers vergangen ist. Und wenn das nicht hilft, komme ich eine Viertelstunde später noch einmal. Und wenn du nicht aufgestanden bist, bis ich zur Arbeit muss, rufe ich dich aus dem Auto oder dem Büro noch einmal an. Du wirst sicher wütend sein, aber das halte ich aus.*

» *Du darfst bitte nicht vergessen, dass ich das tue, weil ich dich lieb habe und weil ich dir versprochen habe, dir zu helfen, damit du besser schläfst und es dir insgesamt besser geht. Es kann gut sein, dass du dich nicht gleich daran erinnerst, wenn ich dich wecke, denn nach dem Wecken ist niemand voll zurechnungsfähig. Es wäre aber gut, wenn du mir keine Vorwürfe machen würdest, sobald du wieder einen klaren Kopf hast.*

Notizen

_____

_____

_____

_____

_____

sechs

Grenzen setzen

Party – ja oder nein?

Jugendliche brauchen Grenzen, genau wie alle anderen auch. Fehlen diese Grenzen, bekommen wir Angst. Unsere Existenz braucht einen Rahmen, insbesondere dann, wenn die Welt um uns herum nicht vorhersehbar erscheint.

Für Jugendliche bilden Grenzen zwar diesen Rahmen, sind aber auch etwas, gegen das sie aufbegehren können. Selbst können sich die Teenager keine derartigen Grenzen setzen. Oft erzählen mir Jugendliche, die damit allein gelassen wurden, dass es sich so anfühlt, als wären sie nie Kind gewesen, sondern gleich in die Erwachsenenrolle gedrängt worden, weil es nie irgendwelche Erwachsenen gab, die ihnen deutliche Grenzen gesetzt hätten. Manche finden es sogar traurig, dass sie nie zu einer bestimmten Uhrzeit zu Hause sein mussten, oder dass nie jemand auf sie gewartet und ihnen eine Standpauke gehalten hat, wenn sie zu spät kamen.

Obwohl diese Jugendlichen manchmal alle Grenzen übertreten und anscheinend einen unreifen Lebensstil kultivieren, sind es paradoxerweise gerade sie, die sich selbst als erwachsener fühlen als die anderen. Sie verachten Gleichaltrige, die alle Regeln befolgen und sich in ihren Augen wie Marionetten von Erwachsenen führen lassen. Diese von ihnen verachteten Jugendlichen haben ab er so feste Grenzen von ihren Eltern gesetzt bekommen, dass sie es als sicher empfinden, in der Rolle des Kindes zu verharren.

Setzen die Eltern keine Grenzen, um die fragile Beziehung zu ihren Kindern zu wahren, so werden die Jugendlichen es ihnen später verwehren, in die Rolle der Verantwortlichen zurückzukehren.

„ *Wer keine Grenzen setzt, verliert das Recht,*
Erwachsener zu sein.

Ohne Leitplanken haben die Jugendlichen das Gefühl, sich selbst überlassen zu sein, wodurch sie sich in der Familienbeziehung nicht mehr in
der Rolle des Kindes sehen. Gleichzeitig lernen sie, nicht von anderen
Erwachsenen abhängig zu sein.

Nur einzelne Jugendliche, die von Natur aus verhältnismäßig selbst-
ständig sind und nicht das Bedürfnis haben aufzubegehren, sind in der
Lage, sich selbst Grenzen zu setzen. Für gewöhnlich sind diese Grenzen
aber recht weit gesteckt und ihr Verhältnis dazu ist ziemlich gleichgültig.
Meine Erfahrung zeigt, dass gerade diese Jugendlichen das größte Bedürfnis haben, von anderen Grenzen gesetzt zu bekommen.

Zuhören statt verhandeln

Für Jugendliche sind die Grenzen am bedeutsamsten, die ihren Radius ein-
schränken und das Partymachen betreffen. Dies deckt sich mit den Wünschen der Eltern - nur mit umgekehrten Vorzeichen. Damit wird die Frage,
ob man Partys zulässt oder verbietet, zu dem großen Streitpunkt zwischen
Eltern und Jugendlichen, der schnell zu Funkstille oder gar zum Bruch der
Beziehung führen kann. Dabei müssten diese Grenzen gar nicht erst zum
Thema von Verhandlungen werden. Eltern, die in ihrer Verzweiflung zu
mir kommen, rate ich meistens, ihren Kindern zuzuhören, statt mit ihnen
zu verhandeln. Erwachsene sammeln in der Verhandlung mit Jugendlichen
keine Pluspunkte, der eigene Standpunkt wird lediglich undeutlicher.

Jugendliche sollten in ihrem Elternhaus nicht das Sagen haben und
den Weg vorgeben. Erwachsene sollten ihren Kindern aber das Gefühl
geben, gehört und ernst genommen zu werden, auch in den Fällen, in
denen sie vielleicht gar nicht ernst genommen werden müssen. Denn
oftmals streiten Jugendliche nur, um die Grenzen auszutesten und mehr
Freiraum auszuhandeln. Trotzdem schadet es nicht zuzuhören, auch
wenn man nicht auf ihre Argumente eingeht.

Das Setzen der richtigen Grenzen ist auch deshalb extrem schwierig,
weil alle Jugendlichen sich unterscheiden. Außerdem variiert die Qualität

der Beziehung, die durch die Grenzen geschützt werden soll, mitunter sehr stark. Zudem gibt es keine klaren Empfehlungen, wann ein Jugendlicher alt genug ist, um Alkohol zu trinken, und wann er spätestens zu Hause sein soll. Selbst erfolgreiche Verhandlungen führen nur selten zu dauerhaften Lösungen. Statt gleich Grenzen zu setzen, muss man jedes Mal aufs Neue in den Kampf ziehen, mit den entsprechenden, möglicherweise negativen Folgen für die Beziehung. Die Suche nach perfekten Lösungen, mit denen alle zufrieden sind, führt nur zum Streit. Doch irgendwo müssen Grenzen gesetzt werden, und diese Grenzen werden, egal wie und wo ihr sie setzt, den Jugendlichen immer zufällig und unlogisch erscheinen. Sie sagen dann zum Beispiel:

> » *Warum ist es gefährlicher, wenn ich erst um halb zwei und nicht schon um eins zurück bin?*
> » *Warum habt ihr nicht mit meinem Bruder gestritten, als der angefangen hat, Alkohol zu trinken? Der war damals viel jünger als ich.*
> » *Warum seid ihr so streng mit Hasch, wenn ich doch Alkohol trinken darf? Der ist für den Körper viel schädlicher.*

Die Antworten auf diese Fragen sind leider nicht immer logisch. Es sind oft Zufälle, die zu den jeweiligen Grenzen führen, und so wird es wohl immer sein. Regeln und Grenzen fordern die Beziehung mit Jugendlichen heraus, dasselbe gilt aber auch für die Abwesenheit von Regeln, nur dass dann die Konsequenzen viel negativer und weitreichender sind.

Alkohol und Widerstand

In einem derart komplizierten Umfeld sind die wenigen Antworten, die man auf die Vielzahl der Fragen parat hat, Gold wert. Eine dieser beantwortbaren Fragen ist, ob die Erwachsenen Alkohol für ihre jugendlichen Kinder kaufen können, wenn diese auf eine Party wollen. Die Antwort sollte fast immer lauten: Nein, das ist nicht erlaubt.

Die weiteren Details der Antwort dürft ihr gern für euch behalten, um weitere Diskussionen oder Verhandlungen zu unterbinden. Denn auch wenn ihr Nein sagt, heißt das nicht, dass auf der Party nicht doch Alkohol getrunken wird. Wenn ihr aber für euren Teen Alkohol kaufen solltet, könnt ihr nicht sicher sein, wer diesen Alkohol trinkt. Als Eltern habt ihr keine Garantie dafür, dass er tatsächlich von eurem Jungen oder Mädchen getrunken wird, ebenso gut kann er von anderen getrunken werden. Mit eurer Entscheidung übernehmt ihr also auch die Verantwortung für die anderen Jugendlichen auf der Party, damit denen nichts zustößt.

Jugendlichen Alkohol zu kaufen, kann bloß dazu beitragen, die Grenze, ab der es Widerstand und Aufruhr gibt, zu verschieben. Die meisten Jugendlichen brauchen den Widerstand.

> ** Widerstand ist ein Teil ihres Abnabelungsprozesses auf dem Weg zum Erwachsenwerden.*

Je weiter ihr die Grenzen für etwas Verbotenes steckt, desto schneller werden die Teenager euch austesten und immer mehr fordern. So könnt ihr unfreiwillig dazu beitragen, dass es bei der Grenzsetzung plötzlich nicht mehr um Alkohol geht, sondern schon um Drogen. Zudem prägt die Erfahrung, wenn ihr euren eigenen Kindern Alkohol besorgt, deren ganze Jugendzeit. Ihr dürft es den Jugendlichen nicht leicht machen, sich Alkohol zu beschaffen. Diese Aufregung und Spannung gehört zum Jungsein, so wie es auch dazugehört, dass die Teens nicht immer einen Ort finden, an dem sie ihre Partys feiern können.

Ein Ort zum Feiern

Viele Eltern finden es sicherer, ihren Teenagern die Möglichkeit zu geben, Besuch zu bekommen oder die Partys zu Hause zu feiern. Sie wissen dann zwar, wo ihre Kinder sind, aber noch lange nicht, was diese tun. In diesem Zusammenhang fragen sich viele Eltern, ob sie zu Hause sein sollen, wenn die Jugendlichen ihre Party machen oder ob sie diese lieber in Ruhe lassen. Natürlich ist es weder für die Teens noch für die Eltern besonders angenehm, wenn die Erwachsenen im Haus sind und aufpassen. Als Eltern müsst ihr euch aber der Verantwortung bewusst sein, die ihr auch für andere Jugendliche übernehmt, wenn ihr einen Raum zur Verfügung stellt. Ist es aus Sicht der anderen Eltern in Ordnung, wenn ihr den jungen Leuten einen Ort für ihre Party gebt? Wissen die anderen Eltern, dass ihre Kinder bei euch sind? Indem ihr die Räumlichkeiten zur Verfügung stellt, seid ihr als Erwachsene auch für alles verantwortlich, was dort passiert. Und zwar ganz gleich, ob ihr selbst vor Ort seid oder nicht. Diese Verantwortung ist groß, dessen müsst ihr euch bewusst sein, und das solltet ihr auch den Eltern gegenüber kommunizieren, für deren Jugendliche ihr mittelbar die Verantwortung übernehmt.

Die Frage, ob ihr selbst außer Haus sein dürft, wenn die Jugendlichen feiern, wird automatisch von der Verantwortung beantwortet, die ihr für alles tragt, was während eurer Abwesenheit auf dem Fest passiert. Natürlich finden die meisten Partys ohne Wissen und Zustimmung der Eltern statt. Als Erwachsene solltet ihr euch dessen bewusst sein, wenn ihr euren Kindern das Haus oder die Wohnung überlasst.

Absprachen mit anderen Eltern

Es ist sehr wichtig, dass ihr, wenn es ums Partymachen geht, mit anderen Eltern redet, Informationen austauscht und gemeinsame Grenzen festlegt. Gemeinsam seid ihr vielleicht nicht stärker, aber wenigstens nicht mehr allein. Jugendliche lügen. Sie geben vor, bei diesem oder jenem zu sein, während sie in Wirklichkeit ganz woanders sind. Sie behaupten, dass alle dürften, was sie nicht dürfen, ganz gleich, ob es sich nun um Alkohol, Tabak oder illegale Stoffe handelt. Daran, dass Jugendliche lügen, kann man nichts ändern, und es nützt auch nichts, darüber enttäuscht zu sein. In diesem kurzen Lebensabschnitt bekommen einige triviale Dinge einfach eine solche Bedeutung, dass die Jugendliche die Grenzen der Wahrheit dafür ein bisschen großzügig auslegen.

In diesen Lebensjahren bedeutet es ihnen so viel, auf eine Party zu gehen, dass die Jugendlichen ihren Eltern dafür direkt ins Gesicht zu lügen. Deshalb solltet ihr sie unbedingt wissen lassen, dass sie mit euch reden können und dass ihr gemeinsam Grenzen festlegt. Das schwierigste Argument, mit dem ihr es dabei zu tun bekommen werdet, ist die Frage, warum euer Sohn oder eure Tochter nicht darf, was die anderen dürfen. Schließlich wollt ihr ja nicht, dass eure Kinder ins soziale Abseits geraten. Aber was dürfen die anderen wirklich? Diese Frage solltet ihr eher von deren Eltern als von den Jugendlichen beantworten lassen.

Neben dem Lügen, auf das Erwachsene gefasst sein sollten, muss man sich auch darauf vorbereiten, dass die Jugendlichen versuchen werden, die Grenzen zu übertreten oder auf andere Weise etwas anstellen. Das gehört zur Jugendzeit einfach dazu. Alle Jugendlichen übertreten Grenzen, und alle Jugendlichen bauen irgendwann einmal Mist. Aber gerade diese Fälle bieten die einzigartige Möglichkeit, sie besser kennenzulernen, denn durch den Fehltritt kann die Tür zu einem Teil ihres Lebens aufgestoßen werden, zu dem die Eltern sonst keinen Zutritt haben.

Sobald die Jugendlichen einen Fehler gemacht haben, wissen sie das normalerweise selbst. Deshalb erwarten sie auch, es von ihren Eltern zu hören. Sie erwarten eine Zurechtweisung, brauchen aber eigentlich etwas ganz anderes. Für gewöhnlich sind sie in diesen Situationen verwundbarer als sonst, aber sie rechnen nicht damit, dass die Eltern versuchen werden, sie besser kennenzulernen.

> *Indem Erwachsene die Erwartungen der Jugendlichen auf Zurechtweisung und Streit nicht erfüllen, können sie einen Dialog beginnen, der sonst nicht stattfinden würde.*

Kommen Jugendliche betrunken nach Hause, haben sie sich für gewöhnlich auf die erwartbare Strafpredigt vorbereitet, nicht aber auf Fragen, wie der Abend war oder wie es ihnen geht. Sowohl die Andersartigkeit des Gesprächs als auch die größere Verwundbarkeit durch die Schuldgefühle oder weil etwas geschehen ist, worüber sie mit jemandem sprechen wollen, erhöhen die Chancen, dass ihr Antworten auf eure Fragen erhaltet. Damit könnt ihr einen seltenen Einblick in einen sonst verborgenen Teil des Lebens der Jugendlichen erhalten. Vielleicht bekommt ihr sogar eine Antwort auf die Frage, wie es den Teens geht oder auf der Party ergangen ist.

Gespräche statt Standpauken

Wenn Jugendliche Standpauken erwarten, sind diese meistens überflüssig. Wartet damit lieber bis zum nächsten Morgen, wenn eure Kinder mit Kater oder Kopfschmerzen aufwachen. Wenn es dann überhaupt noch nötig ist ...

Meine Erfahrung zeigt, dass die Momente, in denen die Jugendlichen selbst wissen, dass sie eine Grenze übertreten haben, die besten Voraussetzungen für Gespräche bieten. Vielleicht können ihnen diese Gespräche dann sogar das Gefühl geben, dass ihr doch noch in der Lage seid, miteinander zu reden, und dass so etwas wie Sicherheit tatsächlich existiert. Und vielleicht gelingt es euch, etwas von diesen Gesprächen über die Zeit zu retten und für neue Gespräche zu nutzen - auf jeden Fall sind es erste korrigierende Ansätze, dass Gespräche doch möglich sind.

Für meine Mutter, die ganz bewusst nie Alkohol angerührt hat, war es sicher nicht in Ordnung, dass ich zu Hause immer schon ein paar Bier getrunken habe, bevor ich mich mit den anderen traf. Andererseits war das die eine Stunde in der Woche, in der wir faktisch noch miteinander geredet haben. Sie hat mich kein einziges Mal ausgeschimpft, nicht einmal wenn ich mitten in der Nacht betrunken nach Hause kam. Für sie war es das Wichtigste, dass ich wieder zu Hause war. Und aufgrund der knappen Stunde, die wir gemeinsam hatten, bevor ich aufbrach, wusste sie, dass es mir gut ging. Dann durfte ich auch mal die von ihr gesetzten Grenzen überschreiten. Ich sollte jedoch erwähnen, dass sie mir niemals Bier gekauft hat oder zugelassen hätte, dass mein älterer Bruder oder mein Vater das für mich gemacht hätten. Und das war völlig in Ordnung. Denn irgendwo müssen die Grenzen verlaufen.

Auf einen Blick
- Setzt Grenzen, sonst verliert ihr die Elternrolle.
- Verhandeln bringt nichts, tauscht euch mit den Heranwachsenden aus.
- Sprecht euch mit anderen Eltern ab, wenn es um Zugeständnisse bei Partys geht.
- Vermeidet Standpauken und enttäuscht die Erwartung der Jugendlichen.

★ Wie ihr über Grenzen sprechen könnt

Es ist ein Mythos und ein Missverständnis, dass Jugendliche ein Leben ohne Grenzen wollen. Die meisten Jugendlichen wünschen sich Grenzen und verstehen, warum ihre Eltern ihnen Grenzen setzen müssen. Natürlich geben sie dies ihren Eltern gegenüber nicht immer zu. Das wäre ein zu großer Widerspruch zu dem jugendlichen Drang nach Rebellion, der ihrem Leben Farbe gibt und ihren Eltern graue Haare wachsen lässt.

Jugendliche verstehen hingegen nicht, warum man in den Diskussionen über die verschiedenen Grenzen nicht auf sie hört. Viele haben dabei den Eindruck, nicht zu ihren Eltern durchzudringen, ganz gleich, wie gut sie auch argumentieren. Deshalb wird aus diesen Diskussionen schnell Streit, der damit endet, dass die Jugendlichen auf ihre typisch dramatische Weise aus dem Zimmer stürmen.

Wenn ihr mit den Teenagern über Grenzen sprecht, müsst ihr den Wunsch eurer Kinder nach Gehör berücksichtigen, dabei aber eure eigene Integrität und eure Verantwortung als Erwachsene wahren. Damit dieser Drahtseilakt gelingen kann, müsst ihr zunächst deutlich machen, warum ihr Grenzen setzen müsst. Es geht dabei sowohl um eure Rolle als Eltern als auch um euer rein menschliches Bedürfnis zu wissen, dass die Jugendlichen in Sicherheit sind. Erklärt es beispielsweise so:

» *Ich muss dir Grenzen setzen, weil ich für dich verantwortlich bin und ich dich gernhabe. Es ist mein Job als dein Vater / deine Mutter, ein bisschen engstirnig zu sein, wie es dein Job als Teen ist, uns auf unsere Engstirnigkeit hinzuweisen.*

» *Ich muss dir Grenzen setzen, weil du sonst in Situationen geraten könntest, in denen es für dich schwierig wird, selbst die richtigen Grenzen zu ziehen. Das heißt nicht, dass ich dir nicht vertraue, ich weiß einfach, wie schwer das sein kann.*

» *Ich muss dir Grenzen setzen, damit du nicht gezwungen bist, das selbst zu tun. Manchmal ist es gut, jemanden zu haben, dem man die Schuld geben kann, wenn andere dich zu überreden versuchen. Da ist es besser auf eine übervorsichtige Mutter verweisen zu können, als zu sagen, dass dir das zu weit geht oder du dich nicht traust, etwas zu tun.*

» *Ich muss dir Grenzen setzen, weil ich mir Sorgen um dich mache und wach liege, wenn ich auf dich warte.*

Das Schwierige am Grenzensetzen ist, dass diese Grenzen den Teenagern immer willkürlich erscheinen werden. Das gilt sowohl für die Uhrzeit, bis zu der die Jugendlichen zurück sein sollen, als auch für häusliche Regeln oder Drogen. Grenzen ärgern die meisten Jugendlichen und sind der Grund für die unausweichlichen Diskussionen, die nicht selten im Streit enden. Deshalb solltet ihr deutlich machen, dass auch ihr versteht, wie willkürlich diese Grenzen wirken, dass diese aber trotzdem eine Funktion haben. Damit könnt ihr auch erklären, warum ihr Grenzen setzt, beispielsweise so:

> » Ich verstehe ja, dass es für dich willkürlich wirken muss, dass du um zwölf und nicht erst um halb eins zu Hause sein sollst, da die Welt in dieser halben Stunde vermutlich nicht gefährlicher wird. Aber würden wir halb eins sagen, könnte das dazu führen, dass wir plötzlich über ein Uhr diskutieren.
> » Irgendwo müssen wir eine Grenze setzen, und diese Grenze wird dir immer willkürlich erscheinen. Daran kommen wir nicht vorbei. Ich kenne dich gut genug, um zu wissen, dass du immer ein gutes Argument parat haben wirst, um noch eine Viertelstunde länger ausgehen zu können, egal, wie wir die Grenzen setzen.
> » Auch wenn es für dich zufällig erscheinen muss, es gibt mir Sicherheit zu wissen, wann du nach Hause kommst. Es beruhigt mich einfach, zu wissen, dass du die letzte U-Bahn nimmst.
> » Du musst verstehen, dass es bei Grenzen nicht nur darum geht, dich zu schützen und deinem Leben einen Rahmen zu geben, sondern auch darum, wie wir als Familie gemeinsam funktionieren.
> » Auch wenn eine halbe Stunde mehr oder weniger sicher keine Rolle für dich spielt, ist das für mich eine halbe Stunde, die ich weniger wach liegen muss. Und gerade weil ich alt und langweilig bin, brauche ich am Wochenende meinen Schlaf. Auch Erwachsene sind mal erschöpft.

Manchmal ist es klug, den Jugendlichen einen Schritt voraus zu sein, denn irgendwann werden sie das berühmte Argument auspacken, dass ihren Freunden deutlich weniger strenge Grenzen gesetzt werden.

Fangt es zum Beispiel so ab:

> » *Ich weiß, dass Freunde von dir sicher andere Grenzen haben. So wird es immer sein, aber das ist nicht notwendigerweise ein Argument dafür, dass du dieselben Grenzen wie deine Freunde haben musst.*
> » *Auch wenn deine Freunde vielleicht ein paar mehr Freiheiten und weniger Regeln haben, die sie befolgen müssen, bin ich mir sicher, dass es auch solche gibt, die strengere Regeln befolgen müssen. Jede Familie muss die Grenzen setzen, die für sie richtig sind, und die Grenzen, die wir setzen, funktionieren in unserer Familie.*

Habt ihr erfolgreich erklärt, warum ihr Grenzen setzt, wie ihr sie setzt, und dass ihr durchaus verstanden habt, wie zufällig diese Grenzen erscheinen mögen, habt ihr gute Chancen, dass das Gespräch nicht im Streit endet.

In dieser Phase müsst ihr auf die Bedürfnisse der Jugendlichen hören und diese berücksichtigen, um so in die Position kommen zu können, Grenzen zu setzen, ohne dass die Diskussion eskaliert. Die beste Art, dies zu tun, führt über die anerkennende Zusammenfassung der Argumente der Jugendlichen:

> » *Du hast den Eindruck, dass die Welt um halb eins nicht gefährlicher als um zwölf ist, und wenn du später gehen könntest, hätte das den Vorteil, dass du gemeinsam mit anderen aufbrechen kannst.*
> » *Du findest es ungerecht, dass für dich andere Grenzen als für deine Freunde gelten, weil ihr ja schließlich gleichaltrig seid.*
> » *Du sagst also, dass du es nicht so schlimm findest, wenn wir ohne dich essen, weil du ohnehin nichts sagen wirst, weil du enttäuscht darüber bist, dass du nach der Schule nicht mit zu deinen Freunden gehen darfst.*

» *Erst wenn ihr die Eindrücke der Jugendlichen aufgenommen und ihre Argumente gehört habt, seid ihr in der Position, eure Erfahrungen und euer Bedürfnis, Grenzen zu setzen, zu schildern:*

» *Trotzdem habe ich das Gefühl, dass mir wohler dabei ist, die Grenzen etwas enger zu ziehen. Das gibt mir einfach mehr Sicherheit. Dann bleibt auch noch ein bisschen Spielraum, sollte unterwegs mal ein Problem auftauchen.*

» *Auch wenn du viele gute Argumente vorgetragen und mich zum Nachdenken gebracht hast, habe ich das Gefühl an meinen etwas strengeren Grenzen festhalten zu müssen. Ich weiß, dass du dir sicher etwas anderes erhofft hast. Als Erwachsener muss ich Grenzen setzen und für mich ist deine Sicherheit das Wichtigste.*

» *Du kannst gut argumentieren. Das muss ich dir lassen, aber ich habe dir ja schon früher gesagt, dass es nicht nur um dich geht, sondern auch darum, wie wir als Familie am besten funktionieren, und deshalb muss ich dich auch dieses Mal enttäuschen.*

Nachdem beide Seiten ihre Ansichten dargestellt haben, ist es Zeit für ein Fazit. Da es aber schwierig sein kann, immer die Rolle der engstirnigen Eltern einzunehmen, ist es manchmal ratsam, im Vorhinein engere Grenzen zu fordern, als man eigentlich will, um einen gewissen Spielraum für Zugeständnisse zu haben. Das gibt den Jugendlichen das Gefühl, den Ausgang der Diskussion doch irgendwie beeinflussen zu können, was das Risiko einer Eskalation vermindert. Diese Taktik könnt ihr allerdings nicht jedes Mal anwenden, da ihr sonst das Risiko eingeht, durchschaut zu werden. Aber ganz gleich, wie die Diskussion ausgeht, solltet ihr am Ende eine Art Fazit ziehen:

» *Anfangs wollte ich ja, dass du um zwölf zu Hause bist, während du bis halb eins bleiben wolltest. Dann hast du ein paar gute*

Argumente gebracht, die mich überzeugt haben, weshalb ich dieses Mal einverstanden bin, wenn du erst um halb eins kommst.

» Auch wenn wir uns noch nicht einig sind, ob es besser für dich ist, um zwölf oder um halb eins zu Hause zu sein, wofür wir beide unsere unterschiedlichen Argumente haben, bin ich dieses Mal zu dem Schluss gekommen, dass du um zwölf wieder hier sein sollst.

Notizen

_____

_____

_____

_____

_____

_____

_____

_____

_____

_____

Internet und soziale Medien

Beinahe täglich wird darüber diskutiert, wie intensiv die Jugend Smartphones, Internet und soziale Medien nutzt. Nur selten nehmen die Jugendlichen selbst an diesen Diskussionen teil, außer es geht um die Handynutzung in der Schule. Für gewöhnlich führen wir Erwachsene diese Debatten. Und wenn wir darüber reden, sehen wir darin ein großes Übel, von dem wir hoffen, dass es bald vorbeigeht.

Die heutige Jugend ist die erste Generation, die mit Smartphones und sozialen Medien aufgewachsen ist. Für alle anderen sind diese Geräte und Anwendungen erst später zu einem Teil ihres Lebens geworden. Wir kennen das Leben ohne diese Möglichkeiten und sind gut ohne sie zurechtgekommen. Viele von uns sind sogar richtiggehend froh darüber, dass es in ihrer Jugendzeit noch keine sozialen Medien gab. Trotzdem entscheiden sich auch die meisten von uns für die Nutzung sozialer Medien. Wobei *entscheiden* vielleicht nicht das richtige Wort ist, da man nur selten das Gefühl hat, dass es sich dabei wirklich um eine aktive Entscheidung gehandelt hat. Wir müssen da mitmachen, weil alle anderen mitmachen und weil das der Ort ist, an dem alles geschieht. Nehmen wir nicht teil, fallen wir durchs Raster, verpassen Dinge und werden vergessen.

Die Welt der sozialen Medien wird von selbst nicht mehr verschwinden. Wir mögen darüber geteilter Meinung sein, aber auch wir sind zumeist nicht bereit, die sozialen Medien zu verlassen.

" *Die sozialen Medien sind speziell dafür designt, die Nutzenden abhängig zu machen.*

Die Abhängigkeit basiert auf unserer Furcht, nicht erreichbar zu sein, wenn etwas geschieht, etwas zu verpassen [40] und nicht mehr Teil der Welt zu sein.

Ich glaube nicht, dass Internetabhängigkeit nur die Jugend betrifft, sie durchzieht die gesamte Gesellschaft. Jugendliche sind jedoch anfälliger für die Folgen des ständigen Vergleichens und Beurteilens. Erwachsene sind meistens robuster, und wer ohne soziale Medien aufgewachsen ist, hat oftmals eine ironische Distanz zu diesen Medien. Wir nennen die Anzahl der *Freunde*, die wir auf Facebook haben, eher mit Ironie in der Stimme, belächeln die *Likes* und machen uns über die angesagten Profile lustig, die auf allen sozialen Kanälen zu Hause sind. Vielleicht folgen wir den Kardashians, aber nur die Jugendlichen, die von Kindesbeinen mit ihnen groß geworden sind, bewundern sie. Für alle, die nicht mit sozialen Medien aufgewachsen sind, wird dieser Bereich immer etwas Neues bleiben. Für die, die heute damit aufwachsen, ist es ein natürlicher Teil ihres Lebens, vergleichbar mit dem Telefon oder der Tageszeitung für uns.

Druck durch soziale Medien

Dabei ist der Druck, der von den sozialen Medien ausgeht, gerade in der problembelasteten Jugendzeit nur schwer zu ertragen. Soziale Medien schaffen das perfekte Umfeld, um sein eigenes Leben völlig unzureichend zu finden. Dies gilt insbesondere dann, wenn man zuvor schon unzufrieden damit war. Verglichen mit dem fantastischen, wenn auch unrealistischen Leben, das einem über die sozialen Medien vorgegaukelt wird, kann das eigene Leben nur farblos und langweilig erscheinen.

Die Arbeit, die hinter bewunderten Profilen steckt, bleibt jedoch ebenso unsichtbar wie all die gelöschten Bilder, die hinter dem einen fantastischen Bild stecken, das als Schnappschuss getarnt den angeblichen Alltag zeigt. Scheinbar führen dort Menschen das Leben, das wir selbst nicht hinbekommen oder für das wir nicht die richtigen Voraussetzungen haben. Sie zeigen uns ihre perfekte Bikini-Figur, nicht aber dass auch sie ihren eigenen Körper quälen und verachten. Die Unsicherheit, die hinter jedem Bedürfnis nach Bestätigung durch Likes und Kommentare steckt, verschwindet hinter retuschierten und mit Filtern geschönten Augenblicken eines anderen Lebens. Dass nicht das ganze Leben dieser Menschen gezeigt wird, sehen wir nicht. Niemand führt sein Leben so, wie es in den sozialen Medien dargestellt wird.

Dank der sozialen Medien fühlen die Jugendlichen allerdings eine ganz andere Nähe zu ihren Idolen als frühere Generationen, die die ihren immer nur für kurze Augenblicke im Fernsehen oder in Zeitschriften als Privatpersonen erlebt haben. Die heutige Jugend sieht ihre Idole rund um die Uhr und bekommt den Eindruck, dass diese Menschen auch im Alltag fantastisch sind. Durch die Zugänglichkeit und Nähe der Vorbilder erscheinen die vermittelten Idealbilder erreichbarer als früher, weshalb die Teenager diesen Idealen stärker nacheifern als früher.

99 *Mit der Erreichbarkeit entsteht aber eben auch das Gefühl, selbst fantastisch sein zu müssen.*

Nirgends wird dies deutlicher als in den Sprüchen und Ratschlägen der unterschiedlichsten Profile, die eine „Anleitung" zur Perfektion liefern: Du *kannst* zu dem werden, der du sein willst. Du *solltest* zu dem werden, der du sein willst. Das Leben, das du führen willst, ist nur einen Klick entfernt.

Für uns Erwachsene ist es oft erschreckend, welch großen Einfluss Blogger, Influencer/-innen und bestimmte Profile der sozialen Medien auf die heutige Jugend haben. Wir machen uns dann automatisch Sorgen um die Jugendlichen und haben das Bedürfnis, sie zu schützen und abzuschirmen. Aber wie können wir sie vor der Welt schützen, in der sie leben? Und sollten wir das überhaupt versuchen? Wäre es nicht viel wichtiger, dass sie lernen, damit umzugehen und darin zu leben?

Umgang mit sozialen Medien vorleben

Eine Aufgabe, um die wir Erwachsene meiner Meinung nach nicht herumkommen, ist unsere Vorbildrolle zu akzeptieren und sie anzunehmen.

Auch wenn Jugendliche Erwachsene nur selten als Vorbild beschreiben, befreit uns das weder von dieser Rolle noch von der Verantwortung. Um Jugendlichen einen gesunden Internetgebrauch und den Umgang mit sozialen Medien zeigen zu können, müssen wir uns mit der Frage auseinandersetzen, wie wir selbst mit diesen Medien umgehen. Schaffen wir es, uns aus der Welt auszuklinken, ohne Angst zu bekommen? Können wir unser Leben führen, ohne das dringende Bedürfnis zu verspüren, es auf den sozialen Medien zu teilen? Verhalten wir uns anderen gegenüber im Netz wirklich so, wie wir auch selbst im wirklichen Leben behandelt werden wollen? Genau diese Ansprüche stellen wir an die Jugendlichen, und genau deshalb müssen wir sie ihnen auch vorleben. Ihr könnt von den Teens nicht erwarten, dass sie das Smartphone auf dem Familientreffen freiwillig weglegen, wenn ihr das nicht einmal selbst schafft. Da nützt es nichts, hundert gute Gründe dafür zu haben, weshalb ihr es auf lautlos gestellt in der Tasche haben müsst, denn das machen eure Sprösslinge dann genauso. Ihr könnt von den Heranwachsenden auch nicht erwarten, dass sie andere nicht mobben, wenn ihr selbst wie Trolle agiert und am Esstisch herablassend über andere Menschen redet.

**" *Jugendliche lernen mehr aus dem, was wir tun, als aus dem, was wir ihnen sagen.*

Sollte euch die Vorbildrolle schwerfallen, wird es fast unmöglich sein, Grenzen zu setzen. Ich frage mich allerdings oft, ob wir in unserer Dinosauriergeneration das Phänomen der sozialen Medien überhaupt gut genug verstehen, um Grenzen setzen zu können. Kann man diese Welt verstehen, ohne selbst darin aufgewachsen zu sein? Sollte nicht jede Generation ihre eigenen Grenzen ziehen? Ist es nicht der Job der Jugend, die Grenzen zu überschreiten, die wir ihnen setzen? Unsere Eltern haben sich Sorgen darüber gemacht, wie der Handygebrauch unsere Generation beeinflusst, und befürchtete, die SMS-Sprache könne uns unserer sozialen und kommunikativen Fähigkeiten berauben. Sie meinten, wir würden nicht mehr miteinander reden, sondern uns nur noch Textbrocken in primitiver Sprache und unverständlichen Abkürzungen schicken. Es sei doch besser, miteinander zu telefonieren, wenn man sich schon keine durchdachten und wohlformulierten Briefe mehr schreibt, wie es früher der Fall war.

Im Nachhinein behauptet kaum noch jemand, dass Kurznachrichten der sinnvollen Interaktion und Kommunikation ein Ende bereiten oder die Qualität unserer Beziehungen verschlechtert haben. Die schlimmste Konsequenz besteht vermutlich darin, dass die kollektive Pünktlichkeit drastisch nachgelassen hat, nachdem man nun jederzeit Bescheid sagen kann, dass man sich verspätet. Für unsere Elterngeneration waren Handys und die verschiedensten Formen von Kurznachrichten neu und beängstigend. Und wie jede Elterngeneration hat sie sich Sorgen um ihre Kinder gemacht. Für uns war das aber nur ein Teil unseres Lebens, den wir bald besser beherrschten als unsere Eltern, deren Versuche, unsere Handynutzung einzuschränken, nur der Beweis dafür waren, dass sie etwas nicht verstanden hatten.

Einarbeiten, um Grenzen zu setzen

Grenzen sollen etwas innerhalb ihrer selbst bewahren und schützen oder einen Bereich nach außen abschotten. Das ist ihre Funktion. Ich empfehle nur selten, Grenzen zu setzen, die über diesen Punkt hinaus keine konkrete Funktion haben. Natürlich gibt es Ausnahmen, die zufällig erscheinen, wie zum Beispiel die Frage, wann Jugendliche abends nach Hause kommen sollen. Alle Grenzen ohne spezifische Funktion führen in erster Linie zu Frustration und Verärgerung und bestätigen das Gefühl der Jugendlichen, dass wir keine Ahnung von dem haben, was wir machen. Wenn ihr es als Eltern nicht schafft, den Teenagern zu erklären, warum ihr Grenzen setzt, also welche spezielle Funktion diese Grenze erfüllen soll, solltet ihr das Ganze vielleicht noch einmal überdenken - und sei es nur, um noch einmal an eurer Argumentation für die unausweichliche Diskussion zu arbeiten.

Wenn wir den Zugang zum Internet und den sozialen Medien für die Jugendlichen begrenzen wollen, ist es entscheidend, dass wir wissen, was wir tun. Wir müssen wissen, warum wir das tun. Wir müssen also die digitale Welt kennen, um zu wissen, wo wir welche Grenzen zum Schutz der Jugendlichen setzen wollen. Leider neigen wir aber dazu, die Grenzen dort zu setzen, wo uns die Kenntnis fehlt. Das ist für gewöhnlich einfacher, als uns intensiv mit den Dingen zu beschäftigen.

> **In der heutigen Zeit sind Eltern jedoch verpflichtet, sich in die sozialen Medien einzuarbeiten, in denen die Jugendlichen aufwachsen.**

Und zwar unabhängig davon, welche Gedanken oder Vorurteile wir damit verbinden, und ganz gleich, wie froh wir darüber sind, dass es diese Anwendungen in unserer Jugend noch nicht gab. Tun wir das nicht, werden wir in Diskussionen landen, in denen wir das Gefühl der Jugendlichen, nicht verstanden zu werden, nur bestätigen. Soziale Medien werden ein Teil des Lebens unserer Kinder bleiben. Die Frage ist, ob wir bereit sind, an diesem Teil ihres Lebens teilzuhaben.

Das heißt aber nicht, dass wir niemals begrenzen sollten, wie intensiv die Jugendlichen die sozialen Medien nutzen oder wie sie sich darin verhalten. Oft ist das notwendig, um sie selbst oder andere zu schützen. Für Teenager, die Schwierigkeiten mit ihrem Leben haben, können soziale Medien ein Teil des Problems sein oder dieses aufrechterhalten. Die sozialen Medien sind häufig der Ort, wo Jugendliche gemobbt werden oder selbst andere mobben. Dann müssen wir als Erwachsene einschreiten und Grenzen setzen, um sie davor zu schützen oder die anderen zu schützen. Dafür müssen wir aber wissen, wie diese Medien funktionieren, warum wir Grenzen setzen und welche Konsequenzen diese Grenzen haben.

Außerdem müssen wir in der Lage sein, die Grenzen verständlich und auf eine gute Weise zu vermitteln. Wenn ihr das schafft, reduziert sich das Risiko, das die unausweichliche Diskussion über die Grenzen, die ihr setzen wollt, in einen Streit ausartet.

Offen für Argumente sein

In der Diskussion solltet ihr offen für die Argumente der Jugendlichen sein. Vielleicht gibt es gute Gründe dafür, warum die Jugendlichen so abhängig von ihren Smartphones und den sozialen Medien sind. Gründe, die sie vielleicht nur höchst ungern mit euch teilen wollen. Möglicherweise haben einige Kontakt zu Menschen, um die sie sich Sorgen machen und für die sie erreichbar sein wollen. Andere können eine enorme Angst davor haben, durchs Raster zu fallen, wenn sie nicht mehr dabei sind. Viele Jugendliche leben ihre sozialen Bindungen im Netz aus. Ohne Smartphone fühlen sie sich allein und abgeschnitten vom Rest ihres Rudels. Die Welt geht ohne sie weiter, und dieses Gefühl kann sehr real und schmerzhaft sein. In beiden Fällen müssen wir uns darüber im Klaren sein, dass es für die Jugendlichen ein viel einschneidenderes Erlebnis ist, wenn wir ihnen ihre Telefone wegnehmen oder die Internetverbindung kappen, als wir uns vorstellen können. Es ist gut möglich, dass sie uns als Reaktion darauf aus ihrem sozialen Medienleben ausschließen und gar nicht mehr über das reden, was sie dort erleben und machen. Dann verlieren wir den Zugang zu einem wichtigen Bereich ihres Lebens und berauben uns damit der Möglichkeit, über all das zu sprechen, womit sie dort konfrontiert werden. Sich durch Zwang Zugang zu verschaffen ist für Eltern völlig unmöglich. Solche beidseitigen Grenzen führen schließlich dazu, dass man überhaupt nicht mehr miteinander reden kann.

Konkrete Taten sanktionieren

Wenn dennoch Sanktionen nötig werden, ist es hilfreich, wenn sie in Verbindung mit einem konkreten Vergehen der Jugendlichen stehen und nicht scheinbar grundlos erfolgen. Eine Regel ist dann am leichtesten zu kommunizieren und erzielt bei den Jugendlichen den größten Lerneffekt. Zu beachten ist dabei, dass die schmerzhaftesten Strafen nicht immer auch die effektivsten oder die mit dem größten Lerneffekt sind. Den Jugendlichen das Handy wegzunehmen, weil sie zu spät nach Hause gekommen sind oder getrunken haben, ist wenig sinnvoll. Weder das Zuspätkommen noch das Trinken haben ja etwas mit dem Smartphone zu tun. Vielleicht war das Gerät der einzige Grund dafür, weshalb die Jugendlichen es überhaupt noch nach Hause geschafft haben, sei es als Wegweiser, Taschenlampe oder um sich eine Mitfahrgelegenheit zu verschaffen. Es hilft auch nicht sonderlich, die Internetverbindung zu kappen, wenn die Jugendlichen Schwierigkeiten in der Schule haben oder zu viel Zeit in ihren Zimmern verbringen. Ihr erreicht damit nur, dass sie nicht mehr nachschauen können, welche Hausaufgaben sie machen müssen, wann die nächsten Arbeiten anstehen oder welche Aufgaben sie von den digitalen Plattformen der Schule herunterladen müssen. Ob sie euch das wissen lassen würden, ist dabei nicht einmal sicher. Ihr nehmt den Teenagern mit dieser Strafe vielleicht auch noch ihre wichtigsten sozialen Kontakte, denn die können durchaus welche im Netz sein. Ihre physische Isolation von anderen bestraft ihr, indem ihr sie auch noch digital isoliert.

Falls die Jugendlichen jedoch andere mobben, kann es helfen, ihnen das Telefon wegzunehmen. Ihr könnt auch das Internet abschalten, wenn es das Netz ist, das die Teens am Schlafen hindert, sodass sie sich in der Schule nicht konzentrieren können. Es muss jedoch immer einen Zusammenhang zwischen der Handlung des Jugendlichen und der Konsequenz geben, die ihr zieht, und diesen Zusammenhang müsst ihr den jungen Leuten ebenso kommunizieren wie den Zeitpunkt, wann die Internetverbindung gekappt wird. Die Jugendlichen müssen die Möglichkeit haben, das abzuschließen, womit sie beschäftigt sind, so wie sie es auch im realen sozialen Leben tun würden. Die Hemmschwelle, sie abrupt aus dem Internet zu reißen, sollte genauso groß sein, wie sie aus einem Spiel, einem Gespräch oder einem Kinosaal zu zerren.

Wir alle haben Anspruch darauf, uns anständig zu verabschieden. Das gilt auch für Kontakte im Internet.

Auf einen Blick

- Beschäftigt euch mit den sozialen Medien, damit ihr wisst, was die Jugendlich dort erleben.
- Seid offen für die Argumente der Teens.
- Lebt ihnen den Umgang mit dem Handy vor.
- Sanktioniert nur konkrete Vergehen, und zwar nur mit Maßnahmen, die einen Bezug dazu haben.

★ Gespräche über Internet und soziale Medien

Erwachsen sein heißt unter anderem anzuerkennen, dass man nicht mehr cool ist, auf jeden Fall nicht in den Augen seiner Kinder. Cool sein zu wollen könnt ihr getrost vergessen. Für Erwachsene ist es dafür zu spät. Ihr habt auch gar nicht die Zeit, all das, was für Jugendliche neu und wichtig ist, ständig auf dem Schirm zu haben. In der Welt der Jugendlichen steht ihr vollkommen im Abseits.

Sich mit den sozialen Medien auseinanderzusetzen heißt, in die Welt der Jugendlichen einzutreten. Damit will ich nicht sagen, dass wir uns nicht auch in den sozialen Medien bewegen oder diese in unserem Alltag nutzen. Wir sind aber nicht damit aufgewachsen und werden sie deshalb nie so verstehen wie die Generationen, für die diese Medien immer schon da waren.

In einem Gespräch über soziale Medien wird unsere Abseitsposition deshalb immer durchscheinen.

Wir sind nicht mehr cool, und es ist Jahre her, dass wir zuletzt auf dem neuesten Stand waren. Wir sind wie ein alter PC mit altem Browser und ausrangierten Computerspielen, die abstürzen, sobald zu viel Werbung aufpoppt. Trotzdem erwarten wir, dass Jugendliche uns zuhören, als wären wir allwissende Experten. Eine solche Haltung ist kein guter Ausgangspunkt für ein konstruktives Gespräch.

Besser sollten wir akzeptieren, dass wir im Abseits stehen und daher die Kompetenz und Expertise der Jugendlichen brauchen, um sie besser verstehen zu können. Indem wir bewusst die Perspektive eines Dinosauriers oder Anfängers einnehmen, können wir den Jugendlichen mit echter Neugier begegnen, und diese Neugier kann das Gespräch beleben und in neue Bahnen lenken. Ihr könntet folgendermaßen beginnen:

> » *Ich muss zugeben, dass ich mich da nicht so gut auskenne.*
> *Um das verstehen zu können, brauche ich echt deine Hilfe.*
> » *In der Welt der sozialen Medien bist du der Experte, da brauche ich deine Kompetenz.*
> » *Da ich ein Dinosaurier aus einer anderen Zeit bin, musst du mir das Leben, das du in den sozialen Medien führst, erklären.*
> » *Kann sein, dass ich die blödesten Fragen der Welt stelle, aber ich bin einfach neugierig und will das wirklich wissen …*

In vielen Fällen ist eure Neugier und euer Interesse die Voraussetzung dafür, dass die Jugendlichen euch als offen genug erleben, um euch Zugang zu einer Welt zu gewähren, die sie sonst vor euch verschlossen halten würden. Es kann auch hilfreich sein, aus derselben Perspektive zu erklären, warum es so wichtig ist, dass sie euch Zugang gewähren, beispielsweise so:

» *Als Erwachsener mache ich mir schnell Sorgen über alles, was ich über das Leben der Jugendlichen in den sozialen Medien höre und lese. Ein Grund dafür ist sicher, dass wir Erwachsenen eigentlich viel zu wenig wissen. Deshalb fände ich es toll, wenn wir ein bisschen offener darüber reden könnten.*

» *Für Eltern ist es beklemmend, die Welt und das Milieu, in dem die eigenen Kinder aufwachsen, nicht zu kennen. Eltern denken dann automatisch das Schlimmste. Und wenn wir das Schlimmste denken, können wir nicht mehr auf offene, gute Art darüber reden.*

» *Für mich ist die Welt der sozialen Medien, die du beschreibst, sehr fremd und ganz anders als die, in der ich aufgewachsen bin. Deshalb hoffe ich, dass es in Ordnung ist, wenn ich dir ein paar Fragen stelle, wie es sich anfühlt, in dieser Welt und mit all diesen Sachen aufzuwachsen.*

» *Ich frage, weil mich das wirklich interessiert.*

» *Vermutlich bedränge ich dich immer so, weil ich Angst habe. Und diese Angst habe ich, weil ich nichts über die Welt der sozialen Medien weiß, in der du lebst. Ich habe keine Ahnung, welchen Einfluss diese Welt auf dich hat. Was ich darüber weiß, weiß ich von anderen. Es wäre aber bestimmt besser, wenn ich diese Informationen von dir bekommen würde, oder?*

» *Wahrscheinlich hätten wir weniger Probleme und würden weniger streiten, wenn ich ein bisschen mehr darüber wüsste. Ich muss nicht alles hören, nur ein bisschen.*

Auch in den weiteren Gesprächen solltet ihr neugierig und ehrlich bleiben, auch was die folgenden Themen angeht. Ihr begebt euch jetzt in eine Umgebung, die ihr nicht kennt und von der ihr nichts wisst. Deshalb ist es eure Aufgabe, offene Fragen zu stellen und keine Schlussfolgerungen zu ziehen. Nur so erfahrt ihr mehr über das Leben und die Haltungen eurer Kinder im Internet und in den sozialen Medien. Das wiederum trägt

291

zu einer besseren Informationsbasis bei, was mögliche Grenzen angeht, die ihr setzen wollt. Ihr könnt beispielsweise folgende Fragen stellen:

> » *Vielleicht ist das eine blöde Frage, aber warum schicken Jugendliche sich so viele Nacktbilder?*
> » *Es gibt eine Sache, über die ich mir schon viele Gedanken gemacht habe. Glaubst du, dass man sich in den sozialen Medien immer mit den anderen vergleicht?*
> » *Was meinst du? Ist es möglich, von sozialen Medien abhängig zu werden?*

Auch aus eurer Dinosaurierperspektive könnt ihr Fragen stellen. Insbesondere wenn ihr zu beschreiben versucht, wie ihr in entsprechenden Situationen reagiert hättet. Oft führt der Zeit- und Altersunterschied zu Reflektionen, weil ihr von unterschiedlichen Startpunkten ausgeht und echte Neugier an den Erlebnissen der anderen zeigt:

> » *Ich glaube, es würde mich komplett fertig machen, die ganze Zeit über so viel Kontakt zu anderen zu haben, auf jeden Fall in meinem Alter. Machen dich all die Kontakte nie müde?*
> » *Ich glaube, es würde mich komplett überfordern, die ganze Zeit über so viel von meinem Leben zu teilen. Erst recht, wenn ich wüsste, dass die anderen das kommentieren und beurteilen. Ich glaube, ich hätte dann das Gefühl, nie wirklich frei zu haben. Hast du nie den Wunsch, dich mal richtig ausklinken zu können?*
> » *Wenn mir jemand etwas derart Schlechtes sagen würde, wie es dir die Leute schreiben, würde ich – glaube ich – durchdrehen. Wirst du nicht wütend oder traurig, wenn Leute dir so etwas schreiben?*
> » *Ich wüsste nicht, wie ich auf solche Nacktbilder reagieren würde. Vermutlich würde ich jemanden anrufen. Redet ihr viel darüber, wir ihr mit den Bildern und dem Bilderteilen umgehen sollt?*

Für Eltern ist es mitunter schwer, anerkennend auf die Antworten der Teens zu reagieren und sie nicht zu korrigieren oder infrage zu stellen. Ihre Antworten sind sehr weit von dem Leben entfernt, das wir selbst als Jugendliche geführt haben. Fast automatisch entsteht damit in uns die Angst, wie sich all das auf die Jugendlichen auswirken wird, die wir so lieb haben. Als Erwachsene verspüren wir den akuten Drang, sie zu schützen. Aber leider können wir sie nicht vor der Welt schützen, in der sie leben. Keine der von uns gesetzten Grenzen werden diese Welt auf lange Sicht aussperren. Deshalb muss das Ziel des Gesprächs darin bestehen, die Teenager bestmöglich darauf vorzubereiten, sich selbst Grenzen zu setzen. Dafür solltet ihr darüber sprechen, wie wichtig es ist, sich eigene Grenzen zu setzen:

» *Für mich hört sich das alles ziemlich beklemmend an. Das muss ich eingestehen. Ich schätze es aber wirklich, dass wir darüber reden können. Ich halte das für wichtig und hoffe, dass wir es fortsetzen können. Nur wenn wir über diese Dinge reden, können wir uns auf all die unterschiedlichen Situationen vorbereiten, die dir in den sozialen Medien begegnen könnten. Und nach allem, was du mir erzählt hast, kann ein bisschen Vorbereitung nicht schaden.*

» *Ich glaube, es ist wichtig, schon vorher über diese Themen gesprochen und sie genau durchdacht zu haben. Deshalb freut es mich, wie viel ihr in eurem Freundeskreis darüber sprecht. Es ist wichtig, ein ganz bewusstes Verhältnis dazu zu haben.*

» *In einer Welt, in der die ganze Zeit über so viel geschieht, ist es wichtig, eine reflektierte Beziehung zu all den Entscheidungen zu haben, die wir ständig treffen müssen. Keine Generation vor euch hatte so viele Wahlmöglichkeiten wie ihr.*

» *Wenn die Welt sich so schnell dreht und die ganze Zeit über so viel passiert, ist es sicher klug, sich schon vorher ein paar Gedanken darüber zu machen, wo die Grenzen verlaufen sollen. Es ist viel zu anstrengend, sich diese Frage in jeder Situation neu zu stellen.*

Notizen

_____

_____

_____

_____

_____

_____

_____

_____

_____

_____

Let's talk about sex

Für Jugendliche ist es unvorstellbar, dass ihre Eltern Sex haben, sieht man mal von dem einen Mal ab, für das sie der lebende Beweis sind. Sich die Eltern als sexuelle Wesen vorzustellen, ist zu schmerzhaft und peinlich. Umgekehrt ist es für die Eltern nicht weniger schmerzhaft, die Jugendlichen als sexuelle Wesen zu sehen.

> *Kinder bleiben ihr Leben hindurch Kinder, und Kinder haben wie Mama und Papa niemals Sex.*

Mit anderen Worten verläuft das beinahe obligatorische und immer ziemlich unangenehme Gespräch über Sex zwischen zwei Parteien, die in den Augen der jeweils anderen weder Sex haben noch an Sex denken.

Wenn man mir die Frage stellt, was man tun kann, damit dieses Gespräch weniger peinlich wird, antworte ich bewusst ausweichend. Ich habe keine Antwort. Und auch für mich ist ein solches Gespräch unangenehm. Zum Glück wollen die Jugendlichen mit Psychologen aber nie über Sex reden. Das ist der Job der Schulgesundheitsfachkräfte, wenn es denn solche an der Schule gibt.

Ich weiche der Frage gern aus, indem ich sie bewusst falsch verstehe und stattdessen darauf eingehe, warum dieses Gespräch geführt werden muss. Außerdem ist das „warum" viel wichtiger als das „wie". Es geht in diesen Gesprächen nicht darum, jeden nur erdenklichen Aspekt der körperlichen Liebe und ihrer physischen Folgen in Form von Nachwuchs oder Geschlechtskrankheiten zu beleuchten. Das finden die Jugendlichen leicht über Google heraus. Ihr könnt euch ja mal den Verlauf ihrer Suchanfragen anschauen. Was die Jugendlichen hingegen nur selten googeln, sind die rechtlichen Folgen von Geschlechtsverkehr.

Ein Gespräch über Grenzen

Die heutige Generation norwegischer Jugendlicher hat ihren ersten sexuellen Kontakt für gewöhnlich im Alter von 17 bis 18 Jahren, Mädchen etwas früher als Jungen[41]. In Deutschland sind sie dabei - statistisch gesehen - sogar ein Jahr jünger[42]. Mehr als die Hälfte der Jugendlichen hat mit 13 Jahren bereits Kontakt mit Pornos im Netz gehabt. Jungen fangen damit eher an als Mädchen[43]. Für beide Geschlechter gilt, dass sie ihre ersten sexuellen Erfahrungen häufig in einem von Drogen oder Alkohol benebelten Zustand mit einem nicht geplanten Partner oder einer Partnerin machen. Folglich debütieren viele Jungen in angetrunkenem Zustand mit einem ebenso benebelten Mädchen einzig auf der Erfahrung von vier Jahren Pornoschauen. Das ist weder für den Jungen noch für das Mädchen eine gute Basis und eine eindeutige Antwort auf die Frage, warum man dieses Gespräch führen sollte. Tun wir das nicht, überlassen wir die Verantwortung für die sexuelle Erziehung unserer Kinder der Pornoindustrie. Und damit auch die Frage, welche Grenzen sie für sich und andere ziehen müssen.

Dies erklärt auch, warum wir den Fokus des Gesprächs nicht auf irgendwelche technischen Details lenken sollten. Für einen Vater sollte es viel wichtiger sein, seinem Sohn beizubringen, Frauen zu respektieren. Außerdem ist das im Gespräch deutlich angenehmer als auf die Technik einzugehen, die die Jugendlichen im Laufe ihres Lebens schon erlernen werden.

> 99 *Ein Gespräch über Sex sollte ein Gespräch über Grenzen sein, sowohl eigene Grenzen als auch die der anderen.*

Vermittelt dabei, dass jeder Mensch Grenzen hat, die respektiert werden müssen, auch wenn diese Grenzen vielleicht nicht mit den eigenen übereinstimmen. Die Grenzen der anderen zu übertreten, ist ein Übergriff, auch wenn man sich dessen selbst gar nicht bewusst ist.

Ebenso wichtig ist es, über die Folgen von Grenzüberschreitungen zu reden. Was passiert, wenn man sich verleiten lässt, die eigenen Grenzen oder die der anderen zu übertreten? Eltern und Erwachsene müssen mit den Jugendlichen auch über die Grauzonen der sexuellen Nötigung bis hin zum Übergriff sprechen.

Vor einem solchen Gespräch solltet ihr euch auf einiges gefasst machen, denn es ist alles andere als sicher, dass eure Werte und Grenzen auch mit denen der Jugendlichen übereinstimmen.

Teenager sind von Natur aus grenzenlos, insbesondere wenn es darum geht, Beziehungen, eigene Positionen und ihr Selbstbewusstsein zu schützen. Außerdem sind sie durch Pornos und Popkultur Rollenbilder von Männern und Frauen gewöhnt, die für Erwachsene nur schwer zu akzeptieren sind. Oftmals sind Männer darin gefühllose Drecksäcke und Frauen allzeit bereite Sexobjekte, die sich nur allzu leicht überreden und ausnutzen lassen. Die Medien drängen die Jugendlichen in diese Rollen, aber welche Eltern schaffen es schon, in ihrem kleinen Kind, einen „Drecksack" oder ein „leichtes Mädchen" zu sehen?

Es ist deshalb wenig erstaunlich, dass Eltern in Reportagen immer wieder ihr Entsetzen über das Frauenbild zum Ausdruck bringen, dass ihre bald erwachsenen Jungen kultivieren. Aber nur wenige Eltern sind bereit, sich öffentlich in den Medien als Eltern eines verbalen Vergewaltigers zu äußern.

Ebenso wissen die wenigstens, was ihre Kinder in den sozialen Medien und an den unterschiedlichsten geheimen Orten so von sich geben. Wenn ihr die Jugendlichen näher kennenlernt, werdet ihr dabei auch Seiten entdecken, mit denen ihr euch nicht identifiziert oder die ihr nicht toleriert und ganz sicher nicht mit dem unschuldigen Kind verbinden könnt, das euch vor langer Zeit der Storch gebracht hat.

Vorbereitung auf schwierige Situationen

Zum Glück kultivieren nicht alle Jugendlichen diskriminierende oder stereotype Geschlechterrollen. Bei den meisten wecken solche Bilder eher Abscheu. Das heißt aber nicht, dass ein Gespräch über Sexualität und Grenzen überflüssig ist, da die Entscheidungskraft im Jugendalter nicht immer gleich stark ist und eure Kinder durchaus in Situationen geraten können, auf die sie nicht vorbereitet sind und die sie nicht gut genug durchdacht haben. Dies gilt insbesondere unter Alkoholeinfluss. Bei vielen sexuellen Übergriffen ist der Täter durch den Alkoholeinfluss nicht in der Lage einzuschätzen, ob er gerade übergriffig wird. Unter Umständen trifft das auch für das Opfer zu. Vielleicht erkennt es erst im Nachhinein, was da passiert ist. Auch auf solche Situationen müssen Jugendliche vorbereitet werden.

„ *Es darf keinen Zweifel daran geben, was ein sexueller Übergriff sein könnte, damit die Jugendlichen das auch unter Alkoholeinfluss erkennen.*

Dasselbe gilt für die Frage, was man filmen und im Internet teilen darf. Jemand muss die unangenehmen Fragen stellen, denn es ist mehr als fraglich, ob die Jugendlichen das selbst tun werden. Andernfalls sind die Jugendlichen den Launen des Augenblicks ausgesetzt, und die hängen nicht selten von der Promillezahl ab.

Um es noch einmal auf den Punkt zu bringen: Ein stockbesoffener Jugendlicher sollte nicht zum ersten Mal darüber nachdenken, was eine Vergewaltigung ist, wenn er sich über ein ebenfalls betrunkenes, nur leicht bekleidetes Mädchen hermacht, mit dem er zuvor herumgeknutscht hat. Im nüchternen Zustand würde er sich vermutlich darüber im Klaren sein, dass das Mädchen deutlich sagen muss, was sie will, und dass die Abwesenheit von Widerstand nicht gleichbedeutend mit einer Einwilligung ist. Im betrunkenen Zustand sollte er sich diese Gedanken nicht machen müssen. Jugendliche geraten immer wieder in Situationen, in denen sie nicht auf ihre unmittelbare Entscheidungskraft vertrauen sollten, dafür sind Alkohol und ihre Triebe zu große Gegenspieler.

Die absoluten No-Gos
Was also dieses Thema angeht, müssen Erwachsene moralisieren. Es ist unsere Verantwortung, klar zu sagen, dass nicht alles in Ordnung ist.

>> *Sexuelle Gewalt, Verbreitung von pornografischem Material, sexuelle Übergriffe und Nötigung dürfen in keinem Fall relativiert werden.*

Dafür sind die Konsequenzen für alle Beteiligten einfach zu ernsthaft.

Wenn ich mit Jugendlichen über diese Themen spreche, fokussiere ich immer auf die möglichen Konsequenzen für Opfer und Täter, schließlich weiß ich nicht, welche Rolle für mein Gegenüber am relevantesten ist. Gleichzeitig versuche ich, das Gespräch so alltäglich und realistisch wie nur möglich zu führen, da die Jugendlichen sich in den skizzierten Szenarien wiedererkennen müssen. Sonst verstehen sie nicht, dass sie tatsächlich in entsprechende Situationen geraten könnten, und würden das Gesagte nur als irgendwelche irrwitzige Taten von kranken Köpfen abtun, die sie verurteilen und mit denen sie nichts zu tun haben.

Weder als Erwachsener noch als psychologische Fachperson kann ich garantieren, dass das Gespräch dadurch weniger unangenehm wird, ich kann aber garantieren, dass es dadurch deutlich an Relevanz gewinnt.

Als Eltern von Teenagern müsst ihr diese Gespräche führen, wie unangenehm sie auch sein mögen. Ihr könnt euch damit trösten, dass diese Gespräche für alle Beteiligten peinlich sind. Das bedeutet aber nicht, dass ihr etwas falsch macht. Ihr macht nur euren Job und der ist eben manchmal unangenehm.

Auf einen Blick

- Es geht nicht (nur) um die körperlichen Aspekte, sondern um die rechtlichen.
- Bereitet die Jugendlichen auf schwierige Situationen vor.
- Die Grenzen von Menschen müssen respektiert werden.
- Macht deutlich, was absolut nicht geht!

★ Konkrete Tipps für das Gespräch über Sex

Als Erwachsene müssen wir manchmal unangenehm sein, aber nur wenig wirkt auf Jugendliche peinlicher, als wenn wir versuchen, cool zu sein. Besonders deutlich wird das in Gesprächen über Sex. Der Beginn des Gesprächs ist daher entscheidend für die Richtung, die es nehmen soll. Hier fokussiere ich in erster Linie darauf, wie ihr das Gespräch einleiten und ihm einen Rahmen geben könnt.

Legt ehrlich dar, warum ihr es für wichtig haltet, dieses Gespräch zu führen. Ohne cool sein zu wollen, müsst ihr zunächst sagen, worüber ihr sprechen wollt, und warum ihr dieses Gespräch sucht. Betont in diesem Zusammenhang, wie ernst es ist, wenn man die Grenzen anderer Menschen überschreitet. Als Erwachsener tut ihr den Teens keinen Gefallen, wenn ihr die Konsequenzen bagatellisiert. Ihr könnt es folgendermaßen formulieren:

> » Ich möchte mit dir über das Thema Sex sprechen. Es ist nämlich wichtig, dass wir darüber reden, wie wesentlich es ist, Grenzen zu setzen und die Grenzen anderer Menschen zu respektieren.
> » Es gibt viele Situationen, in denen die Grenzen, was in Ordnung ist und was nicht, undeutlich werden. Deshalb halte ich es für wichtig, vorher darüber zu sprechen.

» *Außerdem kann man leicht in Situationen geraten, die man weder geplant noch irgendwie kommen gesehen hat. Und die Konsequenzen können echt dramatisch sein.*

» *Kann sein, dass ich eine etwas altmodische Sicht auf die Dinge habe oder dass die Sachen, die ich in der Zeitung und im Netz gelesen habe, mich aufgeschreckt haben. Deshalb ist es sicher das Beste, wenn ich ein bisschen mehr von dir höre. Vielleicht mache ich mir dann weniger Sorgen und bin auch weniger nervig.*

Indem ihr den Jugendlichen erklärt, auf was ihr euch in dem Gespräch fokussieren wollt, vermittelt ihr auch, worüber ihr nicht sprechen werdet. Manchmal ist es aber trotzdem angebracht, diesen Punkt noch einmal deutlich auszusprechen:

» *Ich werde dich nichts Konkretes über das Thema Sex fragen, außer du hast das Bedürfnis, darüber zu sprechen. Darüber brauchst du dir also keine Sorgen zu machen.*

» *Du weißt sicher schon, wie man Sex hat, und falls nicht, bin ich bestimmt der/die Letzte, von dem/der du das hören willst.*

» *Sag bitte einfach Bescheid, wenn ich zu persönlich werde. Mir ist natürlich klar, dass es dir ziemlich unangenehm ist, mit mir über dieses Thema zu sprechen.*

» *Nur damit es gesagt ist, ich werde dir keine Beispiele aus meinem Sexleben liefern.*

Auch wenn wir als Erwachsene die Konsequenzen sexueller Übergriffe nicht bagatellisieren oder relativieren dürfen, ist es wichtig, im Gespräch eine offene Haltung zu bewahren und offene Fragen zu stellen:

» *Vielleicht ist das eine blöde Frage, aber redet ihr im Freundeskreis viel über Sex?*

» *Redet ihr dabei auch über Grenzen und Übergriffe?*
» *Kennst du jemanden oder hast du von jemandem gehört, der schon einmal einem Übergriff ausgesetzt war oder wegen eines Übergriffs angeklagt wurde?*
» *Wie reagiert ihr, wenn ihr so etwas hört? Stresst euch das?*

Nach dem Einstieg ist es wichtig, dass ihr empathisch zuhört und niemanden verurteilt. Nur so bekommt ihr als Eltern Information über die Ansichten und Haltungen eurer Kinder. Wenn ihr als Richter auftretet, erzählen sie euch entweder Unsinn oder sie stellen sich quer. Fragt daher noch einmal offen nach:

» *Okay, du sagst mir also, dass ihr mehr über Sex als über Grenzen sprecht?*
» *Es kommt mir so vor, als hättet ihr schon von Übergriffen gehört, aber diese nicht selbst erlebt?*
» *Es hört sich so an, als wäre das etwas, was nur den anderen passiert? Auf anderen Schulen?*

Wieder besteht das Ziel der Fragen darin, die Jugendlichen zum Nachdenken zu bringen und nicht irgendeine Schlussfolgerung zu ziehen. Als Eltern solltet ihr die Jugendlichen zu eigenen Schlussfolgerungen verhelfen, in deren Folge sie dann ihre eigenen Grenzen festlegen. Auf lange Sicht helfen ihnen nur die selbst gezogenen Grenzen durch das Leben – nicht die Grenzen, die wir ihnen setzen.

Abschließend solltet ihr versuchen, einen Raum zu öffnen, um zu zeigen, dass ihr auch weiterhin als Gesprächspartner zur Verfügung steht. Besonders wichtig ist das für den Fall, dass eure Kinder später einmal in Situationen geraten, in denen sie jemanden zum Reden brauchen. Bietet es den Jugendlichen beispielsweise so an:

» *Ich bin froh darüber, dass wir dieses Gespräch führen konnten, auch wenn es sicher ein bisschen unangenehm war. Entscheidend ist, dass du weißt, dass du mit mir über das Thema sprechen kannst, wann immer du willst.*

» *Auch wenn es anfangs ein bisschen komisch war, bin ich froh über unser Gespräch. Ich bin unglaublich stolz auf dich, dass du es so gut schaffst, über das Thema zu sprechen, und ich hoffe, dass du mich nicht als zu altmodisch und urteilend empfunden hast.*

» *Glaub es oder nicht, aber für mich ist es viel wichtiger, dich richtig zu kennen, als dich auszuschimpfen.*

Notizen

---

sieben

Gegen die Wand und taube Ohren

Denkt immer dran: Auch diese Zeit geht vorbei!

Eltern von Jugendlichen erleben zwei Reaktionen: Man kann gegen eine Wand anrennen oder auf taube Ohren stoßen. Natürlich bin ich mir im Klaren darüber, dass keine der beiden Möglichkeiten sonderlich verlockend klingt oder in irgendeiner Weise Trost spendet. Wenn man wieder einmal gegen eine Wand angerannt ist, solltet ihr euch aber damit trösten, dass das vorbeigeht. Die Teenagerjahre sind ein Ausnahmezustand, der nicht ewig andauert. So war es schon immer.

Ich mache mir nur selten wirklich große Sorgen um die Jugendlichen, die zu mir kommen. Als Hausaufgabe bitte ich sie sogar, ihren Eltern mitzuteilen, dass ihr Psychologe sich keine wirklichen Sorgen um sie macht. Aber wie bei allen Hausaufgaben wird auch diese Aufgabe nicht immer erledigt. Im Gegenteil wird gerade sie auffallend oft vergessen.

Des Weiteren dürft ihr nicht vergessen, dass auch eure Verbindung als Erwachsene zu eurem Kind in dieser Zeit eine Ausnahmesituation und nicht repräsentativ für die Beziehung ist, die ihr nach der Jugendzeit zu euren Kindern haben werdet. Ein paar schwierige oder schweigsame Jahre bedeuten nicht, dass der Rest des Lebens demselben Muster folgen muss. Bei den meisten gehen die Probleme vorüber oder sie verändern sich. Nach den Jugendjahren geht es darum, eine Beziehung auf Augenhöhe zu euren Kindern zu entwickeln. Oftmals muss man sich dafür neu kennenlernen, und zwar außerhalb des engen Eltern-Kind-Rahmens. Ein Neustart der Beziehung ist erforderlich, was die Chance für einen neuen Umgang miteinander bietet. Eure Verbindung ist nicht für den Rest des Lebens durch die turbulenten Jugendjahre gekennzeichnet. Es wird andere Möglichkeiten geben, und wo solche Möglichkeiten existieren, gibt es Hoffnung und Trost.

In der Zwischenzeit geht es darum durchzuhalten, geduldig zu sein, und jede Gelegenheit für Kontakt und Gespräche zu nutzen. In vielerlei Hinsicht ist es wie das Fischen mit einem Netz: Man legt es aus und hofft darauf, dass sich etwas darin verfängt. Einige werden zu dem Schluss kommen, dass bestimmte Themen oder Uhrzeiten den besten Fang gewährleisten. Bei anderen wird es weiterhin dem Zufall überlassen sein, wann ein Fisch sich in den Maschen verfängt. Ich kann euch dazu nur den Tipp geben, aus euren Erfolgen zu lernen. Die meisten von uns haben zwar eine viel bewusstere Beziehung zu ihren Fehlern als zu ihren Erfolgen,

> *aber als Eltern von Teenagern könnt ihr aus euren Erfolgen viel mehr lernen als aus euren Fehlern.*

Ihr könnt nämlich weder wissen, warum etwas fehlgeschlagen ist, noch mit Sicherheit davon ausgehen, dass es besser gelaufen wäre, wenn ihr etwas anders gemacht hättet. Ist etwas gut gelaufen, ist das aber ein sicheres Indiz.

Eltern erleben die Jahre mit Jugendlichen als eine schwere persönliche Prüfung, bei der man immer wieder mit der Ablehnung der Menschen klarkommen muss, die man doch so liebt. Ich möchte hier noch einmal betonen, wie wichtig es ist, diese Ablehnung nicht persönlich zu nehmen, denn in der Regel ist sie nicht persönlich gemeint.

Wenn man nicht mehr miteinander redet, ist das unangenehm, ja geradezu schmerzhaft und beklemmend. Normalerweise ist das aber weder gefährlich noch so außergewöhnlich, dass es einen bedrücken müsste. Einige Jugendliche können einfach nicht mehr reden, auch wenn sie es gern täten. Für eine kurze Zeit im Leben wissen sie einfach nicht mehr, wie sie sich mitteilen sollen. Diese Zeit ist merkwürdig, und sowohl Jugendliche als auch Eltern fühlen sich dann in Rollen gefangen, die sich langsam auflösen.

Zum Glück geht das vorbei. Irgendwann sind die Jugendjahre zu Ende. Erinnert euch immer wieder daran und sprecht auch mit anderen Erwachsenen darüber. Erwachsene müssen sich gegenseitig Halt geben und untereinander austauschen. Paradoxerweise ist der Erfahrungsaustauch unter Eltern von Kleinkindern viel verbreiteter als unter Eltern von Teenagern, obwohl Letztere viel stärker davon profitieren könnten.

Eltern von Jugendlichen fühlen sich oft allein. Die Versagensangst und die Scham darüber, dass man sein eigenes Kind nicht mehr erreicht, machen einsam. Ich glaube, das Gefühl der Scham ist dafür verantwortlich, dass man seine Erfahrungen seltener teilt und sich mehr und mehr isoliert fühlt. Ich kann allen Eltern von Jugendlichen nur raten, sich zu öffnen und mit anderen zu reden.

**" *Nehmt Kontakt zu anderen Eltern auf, baut Verbindungen auf und teilt Erfahrungen und Informationen.* **

Ich garantiere euch, dass die meisten Eltern, mit denen ihr sprecht, dasselbe Bedürfnis haben, sich auszutauschen.

Die Jugendlichen dürfen ruhig erfahren, dass ihre Eltern mit anderen Eltern reden, und für euch als Eltern ist es gut zu wissen, dass es anderen genauso geht wie euch. In gewisser Weise sind die Schwierigkeiten von Teenager-Eltern ein Tabuthema, weshalb jedes Paar allein in seinem Boot sitzt.

Auch manche Ehepartner empfinden das so. Vielleicht haben sie nicht ganz die gleiche Beziehung zu ihren Kindern oder sie nehmen verschiedene Rollen in puncto Grenzensetzen ein. Diese Unterschiede müssen aber nicht problematisch sein, solange die Partner sich über die Regeln einig werden. Seid pragmatisch. Vielleicht fühlt es sich für eine gewisse Zeit an wie *guter Bulle, böser Bulle,* aber ihr müsst nicht für den Rest eures Lebens in diesen Rollen gefangen sein. Es ist auch nicht sicher, dass die Beziehung, die in der Jugendzeit die stärkere war, dies auch im Erwachsenenleben bleibt.

Viel wichtiger als die Rolle, die ihr in der Jugendzeit einnehmt, ist, dass ihr gemeinschaftlich Zugang zu den Jugendlichen behaltet. Bei einigen Eltern wird ein Elternteil eine etwas strengere Rolle als der andere einnehmen müssen. Das ist nicht gefährlich, solange man loyal zueinandersteht und sich über die Regeln einigt.

Abschließend werde ich versuchen, die zwei Fragen zu beantworten, die mich dazu gebracht haben, dieses Buch zu schreiben:

1. Was sollten aus Sicht der Jugendlichen ihre Eltern über sie wissen?
2. Was brauchen die Heranwachsenden von ihren Eltern?

Die erste Frage lasse ich direkt von den Jugendlichen beantworten, indem ich eine Zufallsauswahl von Antworten wiedergebe, die ich in einer Klasse gesammelt habe:

» *Dass ich mir Mühe gebe.*
» *Dass ich nicht weiß, warum es mir so geht.*
» *Dass ich mit dir reden will.*
» *Dass ich Angst habe.*
» *Dass es mir davor graut, in die Schule zu gehen.*
» *Dass ich es höre, wenn sie sich streiten.*
» *Dass ich tatsächlich alles unter Kontrolle habe.*
» *Dass ich es so gut mache, wie es nur geht.*
» *Dass es mir leidtut, ich Spaghetti aber echt nicht mehr sehen kann!!!*

Wenn ich die Jugendlichen direkt frage, kreisen die meisten Antworten darum, dass sie sich Mühe geben. Ihre Eltern sollen wissen, dass sie alles tun, um es zu schaffen, auch wenn sie mal Misserfolge oder zu viel Angst vor einer Prüfung haben. Es gibt einen Grund dafür, warum die Jugendlichen so sind, wie sie sind. Auch wenn sie den nicht immer selbst verstehen.

Oft stelle ich noch eine Folgefrage:

3. Was ist denn die beste Art, euren Eltern diesen Punkt zu vermitteln?

Doch darauf erhalte ich nur selten gute Antworten. Manchmal kommen Kommentare, dass ich bei ihnen zu Hause anrufen oder ein Treffen in der Schule arrangieren soll, bei denen sie dann aber nicht anwesend sein wollen. Nur selten wollen die Jugendlichen ihren Eltern diesen Punkt selbst mitteilen, und doch wünschen sie sich, dass ihre Eltern darüber Bescheid wissen. Es ist fast so, als wünschten und fürchteten sie gleichermaßen, dass ihre Eltern sie besser kennenlernen.

> *Für Jugendliche ist es immer unangenehm, ihre Eltern an sich ranzulassen, das heißt aber nicht, dass sie dieses Bedürfnis nicht haben.*

Sie tun, was sie können, trauen sich aber oft nicht, etwas zu erzählen. Damit ist das Gespräch über dieses Thema meistens schon beendet und die Jugendlichen kehren zu der sichereren zweiten Frage zurück, was sie von ihren Eltern brauchen. Auf diese Frage antwortete niemand, dass er coolere Eltern braucht. Stattdessen antworten sie, dass sie gesehen werden wollen, auch wenn sie sich verstecken. Sie wollen gehört werden, auch wenn sie nichts sagen. Nicht selten antworten sie einfach nur, dass sie verstanden werden wollen, obwohl sie sich selbst nicht verstehen.

> *Das wichtigste Fazit lautet, dass ihr als Eltern eure Kinder liebhaben solltet, ganz gleich, wie es gerade läuft.*

So einfach ist das. Und so verdammt schwer.

Quellen und Anmerkungen

1 Vgl. infantile Amnesie. In Stangl, W. (2021). *Online Lexikon für Psychologie und Pädagogik*. https://lexikon.stangl.eu/5740/infantile-amnesie, letztmalig abgerufen am 17.05.2021.

2 Vgl. Kontrolle. In Stangl, W. (2021). *Online Lexikon für Psychologie und Pädagogik*. https://lexikon.stangl.eu/20319/kontrolle, letztmalig abgerufen am 17.05.2021.

3 Vgl. Empathie. In Stangl, W. (2021). *Online Lexikon für Psychologie und Pädagogik*. https://lexikon.stangl.eu/1095/empathie, letztmalig abgerufen am 17.05.2021.

4 Vgl. Selbstwertgefühl. In Stangl, W. (2021). *Online Lexikon für Psychologie und Pädagogik*. https://lexikon.stangl.eu/627/selbstwertgefuehl, abgerufen am 17.05.2021.

5 Vgl. Emotionsregulation. In Stangl, W. (2021). *Online Lexikon für Psychologie und Pädagogik*. https://lexikon.stangl.eu/7274/emotionsregulation, letztmalig abgerufen am 17.05.2021.

6 Vgl. Gruppenzwang. In Stangl, W. (2021). *Online Lexikon für Psychologie und Pädagogik*. https://lexikon.stangl.eu/15535/gruppenzwang, abgerufen am 17.05.2021.

7 Vgl. Prüfungsangst. In Stangl, W. (2021). *Online Lexikon für Psychologie und Pädagogik*. https://lexikon.stangl.eu/12794/pruefungsangst, letztmalig abgerufen am 17.05.2021.

8 Vgl. Jugendegozentrismus. In Stangl, W. (2021). *Online Lexikon für Psychologie und Pädagogik*. https://lexikon.stangl.eu/7378/jugendegozentrismus, letztmalig abgerufen am 17.05.2021.

9 Vgl. Depression. In Stangl, W. (2021). *Online Lexikon für Psychologie und Pädagogik*. https://lexikon.stangl.eu/294/depression, letztmalig abgerufen am 17.05.2021.

10   Vgl. Angststörung. In Stangl, W. (2021). *Online Lexikon für Psychologie und Pädagogik.* https://lexikon.stangl.eu/1164/angststoerung, letztmalig abgerufen am 17.05.2021.

11   Vgl. Panikattacke. In Stangl, W. (2021). *Online Lexikon für Psychologie und Pädagogik.* https://lexikon.stangl.eu/3771/panikattacke-panikstoerung, letztmalig abgerufen am 17.05.2021.

12   Vgl. emotionale Ansteckung. In Stangl, W. (2021). *Online Lexikon für Psychologie und Pädagogik.* https://lexikon.stangl.eu/10177/emotionale-ansteckung, letztmalig abgerufen am 17.05.2021.

13   Vgl. Bakken, A.: *Ungdata 2018. Nasjonale resultater.* NOVA Rapport 8/18. Oslo: NOVA. https://fagarkivet.oslomet.no/handle/20.500.12199/5128?show=full, letztmalig abgerufen am 17.05.2021.
Anm. des Übersetzers: Ungdata ist eine nationale norwegische Sammlung von Studien über Kinder und Jugendliche, bei denen Schüler und Schülerinnen im ganzen Land auf Fragen nach ihrem Wohlbefinden und ihren Freizeitaktivitäten antworten.

14   Vgl. Statista: Nier, H.: *Psychische Erkrankungen bei Kindern & Jugendlichen.* https://de.statista.com/infografik/20041/psychische-erkrankungen-bei-kindern-jugendlichen/, letztmalig abgerufen am 17.05.2021.

15   Vgl. Deutsche Gesellschaft für Psychiatrie und Psychotherapie: Psychosomatik und Nervenheilkunde e.V.: *Basisdaten Psychische Erkrankungen.* Stand Oktober 2020. https://www.dgppn.de/_Resources/Persistent/a2e357dac62be-19b5050a1d89ffd8603cfdb8ef9/20201008_Factsheet.pdf, letztmalig abgerufen am 17.05.2021.

16   Vgl. Bakken, A.: a. a. O.

17   Vgl. Statista: a. a. O.

18 Vgl. Essstörung. In Stangl, W. (2021). *Online Lexikon für Psychologie und Pädagogik.* https://lexikon.stangl.eu/11/essstoerung, letztmalig abgerufen am 17.05.2021.

19 Vgl. Internalisierung. In Stangl, W. (2021). *Online Lexikon für Psychologie und Pädagogik.* https://lexikon.stangl.eu/3881/internalisierung, letztmalig abgerufen am 17.05.2021.

20 Vgl. Bakken, A.: a. a. O.

21 Vgl. Trauma. In Stangl, W. (2021). *Online Lexikon für Psychologie und Pädagogik.* https://lexikon.stangl.eu/647/trauma, letztmalig abgerufen am 17.05.2021.

22 Vgl. Stressreaktion. In Stangl, W. (2021). *Online Lexikon für Psychologie und Pädagogik.* https://lexikon.stangl.eu/4147/stressreaktion, letztmalig abgerufen am 17.05.2021.

23 Vgl. erlernte Hilflosigkeit. In Stangl, W. (2021). *Online Lexikon für Psychologie und Pädagogik.* https://lexikon.stangl.eu/1293/erlernte-hilflosigkeit, letztmalig abgerufen am 17.05.2021.

24 Vgl. Selbstbewusstsein. In Stangl, W. (2021). *Online Lexikon für Psychologie und Pädagogik.* https://lexikon.stangl.eu/17822/selbstbewusstsein, letztmalig abgerufen am 17.05.2021.

25 Vgl. posttraumatische Belastungsstörung. In Stangl, W. (2021). *Online Lexikon für Psychologie und Pädagogik.* https://lexikon.stangl.eu/581/posttraumatische-stoerung, letztmalig abgerufen am 17.05.2021.

26 Vgl. Verhaltensmuster. In Stangl, W. (2021). *Online Lexikon für Psychologie und Pädagogik.* https://lexikon.stangl.eu/5706/verhaltensmuster, letztmalig abgerufen am 17.05.2021.

27 Anmerkung des Übersetzers: Dieses Kapitel wurde an die deutschen Verhältnisse angepasst. Während es in vielen norwegischen Schulen feste Schulpsychologen oder -psychologinnen gibt, werden diese Funktionen in Deutschland eher von Schulsozial-

arbeitern und Sozialarbeiterinnen, Vertrauenslehrkräften oder dem Schulpsychologischen Dienst übernommen.

28 Vgl. nonverbale Kommunikation. In Stangl, W. (2021). *Online Lexikon für Psychologie und Pädagogik.* https://lexikon.stangl. eu/9461/nonverbale-kommunikation, letztmalig abgerufen am 17.05.2021.

29 Vgl. Bewertungsangst. In Stangl, W. (2021). *Online Lexikon für Psychologie und Pädagogik.* https://lexikon.stangl.eu/16119/ bewertungsangst, letztmalig abgerufen am 17.05.2021.

30 Vgl. Schulverweigerung. In Stangl, W. (2021). *Online Lexikon für Psychologie und Pädagogik.* https://lexikon.stangl.eu/619/ schulverweigerung, letztmalig abgerufen am 17.05.2021.

31 Vgl. Mobbing. In Stangl, W. (2021). *Online Lexikon für Psychologie und Pädagogik.* https://lexikon.stangl.eu/445/formen-des-mobbing, letztmalig abgerufen am 17.05.2021.

32 Vgl. Kneppe, Lars Halse (2013): *Spiseforstyrrelser hos menn, en litteraturstudie:* https://www.duo.uio.no/bitstream/handle/ 10852/38067/Halse-Kneppe-Hovedoppgave.pdf?sequence= 1&isAllowed=y, letztmalig abgerufen am 17.05.2021.

33 Vgl. ebenda.

34 Vgl. ebenda.

35 Vgl. Magersucht. In Stangl, W. (2021). *Online Lexikon für Psychologie und Pädagogik.* https://lexikon.stangl.eu/552/ magersucht, letztmalig abgerufen am 17.05.2021.

36 Vgl. Bulimie. In Stangl, W. (2021). *Online Lexikon für Psychologie und Pädagogik.* https://lexikon.stangl.eu/67/bulimie-bulimia-nervosa, letztmalig abgerufen am 17.05.2021.

37 Vgl. Impulskontrolle. In Stangl, W. (2021). *Online Lexikon für Psychologie und Pädagogik.* https://lexikon.stangl.eu/5535/ impulskontrolle, letztmalig abgerufen am 17.05.2021.

38 Vgl. Van Gelder, Russel N.: *A tablet that shifts the clock,* Proceedings of the National Academy of Sciences, Volume 112, Issue 4, 2015, pp. 946/947.

39 Vgl. erlernte Schlaflosigkeit. In Stangl, W. (2021). *Online Lexikon für Psychologie und Pädagogik.* https://lexikon.stangl.eu/7870/erlernte-schlaflosigkeit, letztmalig abgerufen am 17.05.2021.

40 Vgl. fear of missing out. In Stangl, W. (2021). *Online Lexikon für Psychologie und Pädagogik.* https://lexikon.stangl.eu/14716/fear-of-missing-out, letztmalig abgerufen am 17.05.2021.

41 Vgl. https://www.bufdir.no/Foreldrehverdag/Ungdom/Ungdom_og_seksualitet, letztmalig abgerufen am 17.05.2021.

42 Vgl. Statista: *Anteil der Jugendlichen, die bereits zum ersten Mal Geschlechtsverkehr hatten. 2021.* https://de.statista.com/statistik/daten/studie/6728/umfrage/jugendliche-die-bereits-geschlechtsverkehr-hatten/, letztmalig abgerufen am 17.05.2021.

43 Vgl. https://www.medietilsynet.no/globalassets/publikasjoner/barn-og-medier-undersokelser/2020/201015-barn-og-medier-2020-hovedrapport-med-engelsk-summary.pdf, letztmalig abgerufen am 17.05.2021.
Vgl. Statista: *Anteil der Jugendlichen in Deutschland, die schon mindestens einmal Kontakt mit Pornografie hatten, nach Alter und Geschlecht im Jahr 2011.* https://de.statista.com/statistik/daten/studie/295416/umfrage/umfrage-unter-jugendlichen-in-deutschland-zum-kontakt-mit-pornografie/, letztmalig abgerufen am 17.05.2021.

Autoreninfo

Lars Halse Kneppe ist ausgebildeter Journalist und Psychologe. Er arbeitet als Schulpsychologe an mehreren weiterführenden Schulen in Oslo direkt mit den Jugendlichen zusammen. Er fragt sie zu ihren Bedürfnissen auf Augenhöhe. Es gibt viele Bücher, in denen die Ansichten von Autoren oder Eltern darüber dargelegt werden, was junge Menschen wollen und brauchen. Kneppe aber spricht mit den Jugendlichen selbst. Woran denken sie und welche Sorgen haben sie? Was brauchen sie von ihren Eltern? Lars Halse Kneppe vermittelt Eltern auch in Lesungen und Vorträgen, welche körperliche und mentale Veränderungen Jugendliche durchleben und wie Eltern das erkennen und begleiten können.

Lars Halse Kneppe hat das führende Lehrbuch über Essstörungen bei Jungen geschrieben und ist Vorstandsmitglied und stellvertretender Vorsitzender der Organisation „Beratung zu Essstörungen".

Teenager sind oft schweigsam und Eltern haben dabei meist das Gefühl, sie würden mit einer Wand reden. Kneppe selbst war übrigens als Teenager ebenfalls sehr schweigsam. Erst als Erwachsener erkannte er, dass seine Jugend für seine Eltern sieben harte, weil stille Jahre bedeuteten. Er erzählt im Buch von seinem Erlebnis, als er mit zwanzig Jahren zum Weihnachtsfest nach Hause kam: „Im Laufe der Woche zu Hause bemerkte ich, dass meine Mutter mich heimlich beobachtete, so als wolle sie sicherstellen, dass ich tatsächlich ich selbst war. Während des Weihnachtsessens trafen sich unsere Blicke. Sie sah mir fest in die Augen und sagte: „Ich bin einfach nur froh, dass du wieder eine nette Person geworden bist. Man kann wieder mit dir reden. Immerhin hast du sieben Jahre gar nicht mit mir gesprochen!"

Impressum

Bibliografische Information der Deutschen Nationalbibliothek
Die Deutsche Nationalbibliothek verzeichnet diese Publikation in der Deutschen National-
bibliografie; detaillierte bibliografische Daten sind im Internet über http://dnb.dnb.de abrufbar.

Es wurde größte Sorgfalt darauf verwendet, dass die in diesem Werk gemachten Angaben
korrekt sind und dem derzeitigen Wissensstand entsprechen. Für dennoch wider Erwarten im
Werk auftretende Fehler übernehmen Autorinnen und Autoren, Redaktion und Verlag keine
Verantwortung und keine daraus folgende oder sonstige Haftung. Dasselbe gilt für spätere
Änderungen in Gesetzgebung oder Rechtsprechung. Das Werk ersetzt nicht die professionelle
Beratung und Hilfe in konkreten Fällen. Das Wort Duden ist für den Verlag Bibliographisches
Institut GmbH als Marke geschützt.

Die Webseiten Dritter, deren Internetadressen in diesem Werk angegeben sind, wurden vor
Drucklegung sorgfältig geprüft. Verlag und Autorinnen und Autoren übernehmen keine Gewähr
für die Aktualität und den Inhalt dieser Seiten oder solcher, die mit ihnen verlinkt sind. Alle
Rechte vorbehalten. Nachdruck, auch auszugsweise, verboten.

Das Buch erschien unter dem Original-Titel I hodet på en tenåring: *Hva trenger ungdom fra
foreldrene sine?* bei © CAPPELEN DAMM AS 2019 in Norwegen.

Diese Übersetzung wurde mit finanzieller Unterstützung von NORLA veröffentlicht.

© Duden 2021   D C B
Bibliographisches Institut GmbH, Mecklenburgische Straße 53, 14197 Berlin

Redaktionelle Leitung Susanne Klar
Übersetzung Günther Frauenlob
Lektorat Dr. Ulrike Schimming, www.letterata.de
Herstellung Alfred Trinnes
Layout und Satz Veronika Neubauer
Umschlaggestaltung zero-media.net
Umschlagabbildung Heide Benser via Getty Images
Druck und Bindung AZ Druck und Datentechnik GmbH,
Heisinger Straße 16, 87437 Kempten

Printed in Germany
ISBN 978-3-411-75668-1
Auch als E-Book erhältlich: ISBN 978-3-411-91365-7
www.duden.de

PEFC zertifiziert
Dieses Produkt stammt aus nachhaltig
bewirtschafteten Wäldern und kontrollierten
Quellen.

www.pefc.de

PEFC™
PEFC/04-31-2260